HEYNE

Das Buch

Gewalttätige Unterdrückung und ständige Demütigungen prägten das Leben der Frauen in Afghanistan. Die Schwestern Sulima und Hala, die in Kabul aufgewachsen sind, schildern mitreißend, wie man hinter dem Schleier lebt – und überlebt. Von einer Pilgerreise nach Mekka kehrt ihr Vater als fanatischer Gläubiger zurück. Seinem Wort muss von nun an blind gehorcht werden, ein Verstoß gegen die Schleierpflicht führt zu sofortiger körperlicher Züchtigung. Trotz dieser ständigen Bedrohung kämpft Sulima für die Erziehung und die Rechte der Mädchen und Frauen. Nach dem Tod des Vaters engagiert sie sich auf politischer Ebene. Doch als ein persönlicher Feind von ihr an die Macht kommt, muss Sulima überstürzt aus dem Land fliehen.

Die 16 Jahre jüngere Hala wächst unter der Schreckensherrschaft der Taliban auf. Die brutalen Restriktionen, die zuvor eher im Rahmen der Familie galten, betreffen nun die ganze Gesellschaft. Frauen dürfen nur noch tief verschleiert auf die Straße, drakonische Strafen folgen auf die kleinste Verletzung der neuen Sittengesetze. Doch Hala trotzt der Bedrohung und richtet eine geheime Schule für Mädchen ein. Als die Taliban ihre Spur aufnehmen, muss auch sie unter größter Gefahr aus Afghanistan nach Amerika fliehen. Dort landet sie als illegale Einwanderin erst einmal im Gefängnis.

Sulima und Hala
mit Batya Swift Yasgur

Gefangen hinter dem Schleier

Unser Leben in Afghanistan
und unsere Flucht in die Freiheit

Aus dem Amerikanischen
von Gertrud und Martin Bauer

WILHELM HEYNE VERLAG
MÜNCHEN

HEYNE ALLGEMEINE REIHE
Band-Nr. 01/13750

Die Originalausgabe
BEHIND THE BURQA
erschien bei John Wiley & Sons, Inc.

Umwelthinweis:
Dieses Buch wurde auf
chlor- und säurefreiem Papier gedruckt.

Deutsche Erstausgabe 10/2002

Printed in Germany 2002
Umschlagillustration/Montage: AP (Hintergrund), dpa
Umschlaggestaltung: Hauptmann und Kampa
Werbeagentur, CH-Zürich
Satz: Buch-Werkstatt GmbH, Bad Aibling
Druck und Bindung: Elsnerdruck, Berlin

ISBN: 3-453-86828-5

http://www.heyne.de

Für unsere Heimat
Für die afghanischen Frauen
Und für Madarjan

Zum Schutz der beteiligten Personen sind alle Namen (außer denen international bekannter Politiker) und einige Einzelheiten geändert.

Erster Teil

Sulima

Ich spreche aus dem Dunkel
Ich spreche aus dem Dunkel der tiefen Nacht
Ich spreche aus dem Dunkel der tiefen Nacht
Wenn du in mein Haus kommst, o mein Freund
Dann bring mir ein Licht
Und eine kleine Öffnung, damit ich die fröhliche Menge
Auf der Gasse sehen kann.

Forugh Farrochsad (1934–1967)

Dieses Gedicht hat eine Perserin verfasst, aber es könnte für die Frauen Afghanistans geschrieben sein. Denn auch sie rufen nach einem Freund, der ihnen Licht bringen könnte und eine kleine Öffnung, damit sie die Außenwelt sehen können. Lieber Freund, bitte bring uns Licht und eine Öffnung.

1

Ich bin im Paradies.

Der feuchte grüne Teppich des Rasens kitzelt meine Zehen, als ich auf die atemberaubende Farbenfülle der Blumen zulaufe. Die Beete sind üppig und gepflegt und leuchten in allen Farben des Regenbogens. Ich schlendere weiter in Richtung der Obstgärten. Die Sonne küsst meine Wangen, der Wind lacht in meinem Haar ... und dann plötzlich Stille. Ich bin im kühlen Schatten der Obstbäume angelangt. Scharlachrote Granatäpfel, goldene Birnen, die auf den Pflücker warten, Mandeln und Quitten ... die reifen Früchte hängen über mir, ein Dach voll süßer Genüsse. Neben mir fällt eine Birne vom Baum, ein Geschenk vom Himmel für das kleine Mädchen, das glücklich lachend unter den Bäumen herumtanzt. Voll Entzücken beiße ich hinein. Der Saft läuft mir übers Kinn, und ich bin hingerissen von all dem Frieden und der Schönheit ringsum.

Ich werde immer hier leben, und die Obstgärten, das Gras und die Blumen werden ein Kokon sein, der mich vor den Dornen der Welt beschützt. Ich schließe die Augen und schlafe ein.

Ich bin auf Babajans Farm.

Das sind meine frühesten Erinnerungen. Einen großen Teil meiner Kindheit verbrachte ich im Osten Afghanistans, in den Gärten Babajans, meines Großvaters mütterlicherseits. Er war ein freundlicher, liebenswürdiger und einfühlsamer Mann. Er trug einen beigen *chappan*, das traditionelle Gewand, und einen *karakul*, die weiche, ovale Lammfellmütze.

Er und Bibijan, wie wir meine Großmutter nannten, lebten zusammen mit Kindern, Enkeln, Cousins, Cousinen und diversen anderen Familienmitgliedern in einem weitläufigen Haus. Aber »Haus« ist eigentlich nicht der richtige Ausdruck, es war mehr eine Art Gehöft, fast schon ein Dorf: eine Anzahl miteinander verbundener Häuser mit mehreren Baderäumen, teils drinnen, teils im Freien, und einer gemeinsamen Moschee. Das Ganze war von einer Mauer umgeben. So eine Anlage heißt bei uns *kalla*.

Mein Großvater war früher Gouverneur der Provinz gewesen. Er war nicht nur reich, sondern auch ein großzügiger und gütiger Mensch. Sein Haus stand nicht nur der Familie, sondern auch allen Reisenden offen. »Warum wollt ihr Geld für einen Gasthof ausgeben, wenn ihr hier absteigen könnt?«, pflegte er zu sagen. So wurde sein Heim zu einem sicheren Hafen für alle, auch für Fremde. Selbst nach seinem Tod blieb es dabei, und so saßen bei den Mahlzeiten im Gästehaus – das *mehmankhana* genannt wird – immer fünfundzwanzig bis dreißig Menschen zusammen.

Bibijan und Babajan hatten ein ganz besonderes Verhältnis zueinander. Mein Großvater war schon einmal verheiratet gewesen, aber seine erste Frau war jung gestorben. Dann heiratete er meine Großmutter, und sie war von da an die einzige Frau in seinem Leben. Das war für einen wohlhabenden Mann seiner Generation sehr unüblich. Der eheliche Friede der beiden durchdrang das Haus wie ein guter Geist, auch lange nach seinem Tod noch. Sobald ich Großvaters Reich betrat, fiel alle Anspannung von mir ab. Sein Heim war mein Hafen und blieb es, bis ich 1979 Afghanistan verließ.

Ich bin 1954 geboren. Obwohl ich oft lange Zeit in Babajans Reich verbrachte, wuchs ich doch eigentlich bei meinen Großeltern väterlicherseits, Aghajan und Guljan, auf. Auch sie lebten im Osten Afghanistans. Aghajan, der Vater meines Vaters, war ein sehr reicher und mächtiger Mann, ein angesehener Richter und ein gerissener Geschäftsmann. Als er in den Osten zog, war das Land dort noch billig, und als später die Grundstückspreise stiegen, wurde er schnell reich. Wie andere Afghanen seiner Generation und seiner Klasse gab er sein Geld nicht für Autos und Pferde aus. Stattdessen kaufte er sich weitere Frauen und noch mehr Land.

Auch Aghajans Besitzung war schön, aber sie wirkte ungepflegt. Aghajan hielt nichts von kostenaufwändigen Gartenanlagen, und so blieb das Land naturbelassen und spiegelte in seiner Ungezähmtheit den Charakter meines Großvaters wider. Denn unter Aghajans kontrolliertem und korrektem Äußeren lauerte ein unberechenbares Temperament, eine Wildheit, die uns alle in Schrecken versetzte. Wenn ich mir seine Besitzung vor Augen halte, seine Gärten, den Fluss, die wilden Blumen, die vernachlässigten Obstgärten und die Äcker, dann sehe ich, dass das alles bei guter Pflege hätte schön sein können, aber statt dessen wirkte es rau und unfreundlich.

Aghajan war ein schwieriger Mensch. Er ertrug es nicht, wenn er einem anderen verpflichtet war – vielleicht fühlte er sich dann machtlos, und Macht und Kontrolle bedeuteten ihm alles. Er schlug zum Beispiel grundsätzlich jede Einladung aus. In Afghanistan ist Gastfreundschaft einer der höchsten Werte. Afghanen sind tief beleidigt, wenn man eine Einladung ausschlägt, und sie lassen ein Nein nicht leicht als Antwort gelten. Und so musste Aghajan, ob er wollte oder nicht, doch oft an Gastmählern in anderen Häusern teilnehmen. In solchen Fällen sandte er den Gastgebern Reis, Schafe und andere Geschenke, um sich zu revanchieren.

Als ich älter wurde, glaubte ich noch ein weiteres Motiv dafür zu erkennen, dass Aghajan auf diese Weise für sein Essen bezahlen wollte, wenn er eingeladen war. Er und Babajan waren weitläufig verwandt, und beide waren reich und angesehen. Es gab zwar keine Feindschaft und keinen Hass zwischen ihnen, aber doch eine gewisse Rivalität. Babajan war bekannt für seine Freigebigkeit, und ich vermute, dass Aghajan auch als großzügig gelten wollte – aber das entsprach eben nicht seinem Charakter. Im Gegenteil, er war sogar richtig geizig. Jede Ausgabe reute ihn. Gewiss, Reisende und Arme waren ihm willkommen – aber es gab nichts umsonst. Er baute eine Anzahl Häuser auf seinem Grund, in denen arme Leute mietfrei leben konnten, aber sie mussten sich dafür um die Obstgärten kümmern oder rings um die Kalla für Sicherheit sorgen.

In Aghajans Haus herrschte die Spannung, die sich aus mühsam beherrschten Konflikten ergibt. Seine vier Frauen lagen ständig im Streit miteinander. Natürlich durften sie ihn nicht lautstark austragen, weil man von Frauen erwartete, dass sie für Frieden im Haus sorgten und nicht auffielen. Wenn kein Mann im Haus war, erlaubten sich die Frauen den Luxus zu schreien, zu fluchen und zu toben, aber in Anwesenheit der Männer beschränkten sie sich auf leises Zischen, auf böse Blicke, gemurmelte Verwünschungen und verkniffene Lippen. Sie stritten, sprachen tagelang nicht miteinander und nahmen allmählich den Kontakt wieder auf – nur um ihren ewigen Zyklus wieder von vorn zu beginnen. Manchmal zwang sie ein besonderes Ereignis, wie zum Beispiel *Id* – das Fest des Friedens und der Vergebung, mit dem man das Ende des Fastenmonats Ramadan begeht –, zur Versöhnung. Aber ansonsten konnte man nur hoffen, dass der Streit im Lauf der Zeit einschlief – bis zum nächsten Mal jedenfalls.

Aghajan behandelte Guljan zwar als seine älteste Frau mit großer Achtung und sprach mit ihr immer höflich und liebenswürdig. Aber die meiste Zeit verbrachte er mit seiner vierten und jüngsten Frau. Die Nächte dagegen gehörten fast ausschließlich seiner zweiten Frau. Das war absonderlich, weil er sie sonst vollkommen ignorierte. Er sprach nie mit ihr und behandelte sie untertags mit der größten Verachtung. Aber er besuchte sie fast jeden Abend in ihren Räumen – sehr viel öfter als seine anderen Frauen zusammen. Das erfuhr ich erst als Erwachsene, und es bestätigte und verstärkte meinen Eindruck, dass Großvater ein rätselhafter und schwieriger Mann war.

Am schwierigsten aber war das Verhältnis zwischen dem Großvater und meinem Vater. Vater arbeitete als freier Fotograf; hauptsächlich machte er Familienbilder. In der übrigen Zeit kümmerte er sich um die Landwirtschaft des Großvaters, um Weizen, Reis, Sesam und Baumwolle, und zwar völlig ohne jede Bezahlung. Aghajan war der Meinung, es sei genug Lohn, dass wir bei ihm kostenlos wohnen und essen durften. Entnervt beschloss schließlich Abajan, mein Vater, eine eigene Sesamölfabrik zu gründen.

»Aber meine Sesamernte darfst du nicht verarbeiten«, sagte Aghajan mit einer Stimme so hart wie seine Ackergeräte. »Wenn du wirklich glaubst, dass du Geld brauchst – ich wüsste zwar nicht wofür, nachdem du gratis bei mir wohnst und an meinem Tisch isst –, dann mach es wie ich. Kauf dir Land. Es gehört sich nicht, dass mein Sohn Sesamöl verkauft wie ein Bauer.«

Abajan schwieg. Mit seinem Vater stritt man nicht. Und ganz bestimmt widersprach man nicht. Das Wort eines Vaters war so bedeutend wie die Worte des Korans. Dem Vater gab man so wenig Widerworte wie Gott. Aber Abajan kam zu einem Entschluss. Er würde fortziehen und sein Glück in der fernen Stadt Kabul versuchen. Und er würde es allein schaffen. Er würde nicht mehr bei Aghajan wohnen, und er würde auch kein Geld von ihm annehmen, falls er ihm etwas anbot. Nie mehr wollte er Aghajan dankbar sein müssen.

Meine Mutter, die wir Madarjan nennen, war überglücklich, aus dem Haus des Schwiegervaters zu entkommen, wo sie in der Hackordnung ganz unten gestanden hatte. Alle anderen Frauen bedienten sich vor ihr – beim Essen, bei Kleidung, Geld und anderen Annehmlichkeiten –, und sie musste lauern, ob etwas übrig blieb. Das war eine ständige Demütigung für Madarjan. Als Tochter eines reichen und großzügigen Mannes war sie an respektvolle Behandlung und materiellen Komfort gewöhnt gewesen. Meine Mutter ist eine sehr würdevolle, beherrschte und geduldige Frau. Sie beklagte sich nicht und wandte sich auch nicht um Hilfe an ihre Eltern. Sie wartete ab und duldete schweigend, aber sie war von tiefer Dankbarkeit erfüllt, als Abajan beschloss, nach Kabul zu ziehen.

Ich war damals fünf Jahre alt. Mein älterer Bruder, Abdelkarim, war neun, meine Schwester Husna zwei, und Madarjan war wieder schwanger. Abajan zog seine Karriere als Fotograf diesmal deutlich professioneller auf. Er knüpfte Verbindungen zu Illustrierten und zu Regierungskreisen, und es ging aufwärts. Aber seine Familie wuchs schneller als das Geschäft, und als mein Bruder Abdelasim geboren wurde, mussten meine Eltern wieder zu Aghajan zurückkehren. Vater musste die Kosten für den Unterhalt seiner Familie eine Weile auf andere Schultern laden, und Madarjan brauchte Hilfe bei der Geburt und im Wochenbett. Aghajan bedrängte Vater zu bleiben, aber Vater widerstand. Jetzt war Kabul seine Heimat. Wir kehrten dorthin zurück, als das Baby ein paar Wochen alt war, und blieben die nächsten Jahre dort.

Es dauerte lang, bis Vater sich endgültig etabliert hatte. Zuerst reichten seine Einkünfte als Fotograf nicht zum Leben, und er beteiligte sich mit einem Minibus an einer Busgesellschaft. Wir zogen oft um, und langsam wurden unsere Wohnungen größer, als es mit Vaters Geschäft aufwärts ging. Als ich sieben war, zogen wir in das große Haus, das auch noch lang in Familienbesitz blieb, als ich Afghanistan schon verlassen hatte. Unsere Familie wuchs ständig weiter. Als Abdelasim zwei war, wurde mein Bruder Abdelzamin geboren, dann, 1964, meine Schwester Gula. Unsere Brüder wurden nicht mit ihren vollen, offiziellen Namen gerufen. In Afghanistan ist es Brauch, dass der Vater für alle seine Söhne einen Namensbestandteil aussucht, der für ihn oder seine Familie einen wichtigen Wert bezeichnet, wie zum Beispiel »Mut« oder »Ergebenheit in Gottes Wille«. Unser Vater wählte *Abdel,* was »Diener Gottes« bedeutet. Aber im täglichen Leben wird dieser Zusatz weggelassen, und wir nannten unsere Brüder Karim, Asim und Zamin.

1970 gab es zwei große Ereignisse in der Familie. Nach einer Reihe von Fehlgeburten brachte Mutter meine Schwester Hala zur Welt; und mein Onkel Murid und seine Frau Nasima starben bei einem Autounfall. Meine Eltern adoptierten ihre kleine Tochter, meine Cousine Surya, die damals drei Jahre alt war. Wir nannten Surya von Anfang an Schwester, denn das war sie für uns auch wirklich. Keiner im Haus unterschied zwischen ihr und den leiblichen Kindern. Es war typisch für meinen Vater, dass er die Verantwortung für seine Nichte übernahm und sie wie seine eigene Tochter aufzog.

Wir lebten in einem großen Haus mit sechs Schlafzimmern. Ich teilte mein Zimmer mit Husna. Karim hatte ein eigenes Zimmer, Asim und Zamin teilten sich ein Zimmer, desgleichen Gula und Surya. Das jüngste Kind schlief immer im Zimmer der Eltern. Als wir heranwuchsen, wechselte Husna zu Gula, Surya und Hala, und ich hatte ein Zimmer für mich allein. Das letzte Schlafzimmer belegte mein Onkel Daoud, der damals an der Universität Kabul studierte, mit Tante Layla. Daoud war nur einer von vielen Verwandten, die während ihrer Zeit an der Universität mit uns lebten. Aber er blieb sogar noch nach Beendigung des Studiums. Wenn Onkels oder Cousins zu Besuch kamen, schliefen sie in den Zimmern der Jungen auf dem Boden.

Unser Haus war immer voll von Verwandten, meist jungen Männern, die in Kabul studierten. Weil sie zur Familie gehörten, durften sie im Haus wohnen und mit uns essen, obwohl wir Mädchen anwesend waren. Gäste, die nicht mit uns verwandt waren, wurden in einem eigenen kleinen Gebäude untergebracht, dem Gästehaus oder *mehnamkhana*. Diese Unterkunft war für männliche Gäste gedacht, die nicht mit den Mädchen der Familie zusammen essen durften. Mein Vater war sehr gastfreundlich, und so war das Gästehaus üblicherweise voll belegt. Oft handelte es sich bei den Gästen um Studienfreunde unserer Cousins, aber die Gastfreundschaft meines Vaters erstreckte sich auch noch weiter. Einer von Aghajans Nachbarn zum Beispiel führte einmal einen langwierigen Prozess, der seine ständige Anwesenheit in Kabul erforderte. In den ganzen zwei Jahren, die der Prozess dauerte, wohnte dieser Mann in unserer *mehnamkhana*.

Die Vielzahl der Gäste bedeutete natürlich eine Menge Arbeit für die Frauen. Wir kümmerten uns um die ganze Wäsche, auch um die der Gäste. Bei den Mahlzeiten bedienten wir die Gäste, dann zogen wir uns zurück. Ich selbst musste mit ungefähr sechs Jahren mit der Hausarbeit beginnen. Vorbei waren die Tage der Freiheit und des Glücks auf Babajans Besitz oder auch auf Aghajans Farm. Nun musste ich meine jüngste Schwester und das Baby hüten. Ich lernte, wie man Tassen abspült, und verbrachte viel Zeit am Spülbecken. In Afghanistan ist Teetrinken so etwas wie Atmen. Man tut es immer. Wenn ein Gast kommt, bekommt er ganz selbstverständlich Tee. Man fragt gar nicht, ob er Tee möchte, sondern bringt einfach eine Kanne voll, und dazu ein Tablett mit Zucker, Bonbons und kleinen Kuchen. Der endlose Strom von Besuchern erzeugte eine endlose Menge von schmutzigem Geschirr, das die Frauen immer und ewig abspülten.

Im Zentrum dieses riesigen, ständig wechselnden Familienkreises stand mein Vater. Er war unbestritten das Oberhaupt, und wenn er nicht arbeitete, dann hielt er in seinem Wohnzimmer oder Besucherzimmer Hof. Ich servierte unzählige Tassen Tee für unzählige Männer, die mit meinem Vater über Politik, Religion oder Geschäfte reden wollten. Abajan war ein kluger Kopf und ein brillanter Disputant. Und er war eine ausgeprägte Persönlichkeit, genau wie sein Vater. Leidenschaftlich, hartnäckig, eigensinnig und wortgewandt verstand er es, seine Gäste für seine politischen Ansichten zu gewinnen.

Abajan war vom Kommunismus fasziniert, jedenfalls in meiner Jugendzeit, bevor er sich der Religion zuwandte. Er hielt seinen Freunden lange Vorträge über Marx und Lenin, über wirtschaftliche Gleichheit aller Menschen und darüber, wie die Reichen die Armen unterdrücken. Er stritt und debattierte stundenlang, und oft konnte man ein triumphierendes »Aha!« hören, wenn er mal wieder ein schlagendes Argument gebracht hatte und der Gegner nichts zu erwidern wusste.

Abajan drückte mit seinem Charisma und seiner Eigenart dem ganzen Haushalt seinen Stempel auf. Er las viel und war immer darauf bedacht, sich fortzubilden, und was er gelernt hatte, wurde im Haus angewandt.

»Wir werden unsere Gewohnheiten ändern, um etwas für unsere Gesundheit zu tun«, verkündete er eines Abends nach dem Essen, als ich etwa sieben Jahre alt war, kurz nachdem wir nach Kabul umgezogen waren. »Wisst ihr, wenn wir vom Boden essen, können Keime in unser Essen kommen.«

»Was sind Keime?«, fragte Karim.

Abajan warf ihm einen finsteren Blick zu, wie immer, wenn er fand, Karim stelle dumme Fragen – was meistens der Fall war.

»Das sind ganz winzige Dinger, so klein, dass wir sie ohne Vergrößerungsglas gar nicht sehen können. Aber sie sind überall, und wenn wir sie essen, können sie uns krank machen. Wir bringen sie mit dem Schmutz an unseren Füßen ins Haus, selbst wenn wir die Schuhe ausziehen. Es ist unhygienisch, nur ein Tuch auf dem Boden auszubreiten, wenn wir essen. Ich lasse einen Tisch machen, damit das Essen nicht mehr auf dem Boden liegt.«

Wir waren so viele Personen, dass er mehrere Tische machen lassen musste. Sie wurden nach den Mahlzeiten zusammengeklappt und weggeräumt. Abajan verbot uns auch, mit den Fingern zu essen. In Afghanistan isst man üblicherweise mit den Händen, ohne Besteck. Es kam uns sehr eigenartig vor, dass wir mit Messer, Gabel und Löffel essen lernen sollten.

Die Arbeit in der Küche wurde immer schwieriger, auch weil Abajan die Überzeugung gewann, Früchte seien mit

Keimen bedeckt und müssten mit Desinfektionsmitteln abgewaschen werden. Wasser allein war ihm nicht gut genug. Er bestand darauf, dass alles Obst mit Kaliumpermanganat gewaschen wurde, und weil er den Frauen nicht zutraute, dass sie das gründlich genug machen würden, nahm er die Säuberung von Obst und Gemüse höchstpersönlich in die Hand. Es kam so weit, dass er sogar selbst alles Obst und Gemüse einkaufte, um sicherzugehen, dass nur die allerbesten und saubersten Produkte ins Haus kamen. Ich hoffte, Abajan käme auf den Gedanken, auch das Geschirr würde nicht gut genug gespült, und würde diese undankbare Aufgabe selbst übernehmen, aber so weit kam es leider nicht.

Abajan kümmerte sich auch sehr um unsere Ernährung. »Kinder brauchen eine gewisse Mindestmenge an Nahrung«, belehrte er uns. »Ihr geht nicht aus dem Haus, bevor ihr diese Mindestmenge gegessen habt.« Er rechnete für jeden von uns aus, wie viele Kalorien wir, je nach Gewicht und Alter, brauchten, um gesund zu bleiben. Er überwachte uns bei den Mahlzeiten mit scharfem Auge. »Nein, Husna, du darfst nicht in die Schule gehen. Du hast erst einen halben Wecken *naan* und ein bisschen Marmelade gegessen. Wenn du das übrige Brot isst und dazu ordentlich Marmelade, kannst du gehen.«

Im Herbst kaufte Abajan immer Äpfel und Karotten. Er presste selbst Saft daraus und bestand darauf, dass wir vor der Schule ein Glas Apfel- oder Karottensaft tranken. Im Winter gab er uns nach dem Frühstück Walnüsse zu essen und sagte, diese Extrakalorien würden uns warm halten. »Walnüsse enthalten ungesättigte Fettsäuren, und die sind gut für euch«, erklärte er.

Einmal gab es eine schwere Cholera-Epidemie in Kabul. Als ich von der Schule heimkam, stand Abajan mit grimmig entschlossenem Gesicht vor dem Badezimmer, in der Hand einen Nachttopf.

»Solange die Cholera wütet, werdet ihr euer großes Geschäft auf diesem Nachttopf erledigen«, sagte er. »Und dann zeigt ihr es mir. Ich will sichergehen, dass kein Blut darin ist. Ich will mich überzeugen, dass es gesund aussieht.«

Wir krümmten uns vor Verlegenheit. »Muss das wirklich sein?«, wagte ich zu fragen. Obwohl man eigentlich den Eltern nicht widersprechen durfte, ermutigte uns Abajan immer zu fragen – zumindest damals, als wir jung waren, vor seiner religiösen Erweckung.

»Gesundheit ist wichtiger als Genierlichkeit«, sagte er, und von da an gehörte die Stuhlkontrolle bei jeder Epidemie zur häuslichen Routine.

Man sieht, Abajan war in manchen Dingen bemerkenswert aufgeklärt – in anderen aber war er bemerkenswert rückständig. Sogar vor seiner Wendung zur Religiosität, die ihn verwandelte und die ganze Familie durcheinander brachte, war er betont selbstherrlich, duldete keinen Widerspruch und keine Laxheit und nahm keine Rücksicht auf die Gefühle seiner Familie. Was unsere physischen Bedürfnisse anbetrifft, war er fortschrittlich, aber für seelische Bedürfnisse hatte er kein Verständnis.

Zum Beispiel hatte er Lieblinge unter den Kindern. Genauer gesagt: *Ich* war sein Liebling.

»Wo ist meine Sula?« war seine erste Frage, wenn er das Haus betrat.

»Hier bin ich, Abajani!« Ich kam aus der Küche gerannt, strahlend vor Freude, dass ich so ausgezeichnet wurde. »Abajan« bedeutet »Vater«, und die Verkleinerungsform »Abajani« soviel wie »liebster Vater« – insofern ist es in etwa die afghanische Version von »Papa«.

»Ah, da ist ja mein Schatz!« Er hob mich hoch und umarmte mich. »Möchtest du mit mir zu Onkel Gummi gehen?«

Natürlich wollte ich. Hand in Hand spazierten wir zu Abajans bestem Freund. Ich nannte ihn Onkel Gummi, weil er mir bei jedem Besuch Kaugummi schenkte. Wir klopften an seine Tür, und Abajan rief: »Hier sind Nazir Obaidi und die schöne Sulima!«

Manchmal nahm mich Abajan auch mit auf den Markt,

wenn er Obst und Gemüse einkaufte. Manchmal begleitete ich ihn zum Fotografieren, und wenn er mir erlaubte, etwas für ihn zu halten, schwoll mir das Herz vor Stolz. »Das ist meine Tochter Sulima«, erzählte er jedem, der es hören wollte. »Ist sie nicht tüchtig? Als junger Mann habe ich immer zu mir gesagt: Eines Tages will ich eine schöne, tüchtige Tochter haben, die mir bei der Arbeit hilft.«

Es ist natürlich berauschend für ein kleines Mädchen, wenn ihr Vater sie dermaßen bevorzugt. Ich fühlte mich geschmeichelt – aber es ängstigte mich auch, denn Vater machte kein Hehl aus seiner Vorliebe für mich. Und Karim hasste mich dafür. Als ältester Sohn sollte eigentlich er der Bevorzugte, der Gesalbte sein. *Ihn* sollte Abajan für seine Tüchtigkeit loben, mit *seiner* Schönheit und Klugheit sollte er prahlen. Statt dessen zeigte Abajan ganz offen sein Entzücken über mich, und ebenso offen seine Verachtung für Karim. Es ging sogar noch über Verachtung hinaus. Abajan spielte uns direkt gegeneinander aus und fachte die Eifersucht meines Bruder absichtlich an.

Mittwochabend. Schulaufgaben-Abend. Einmal in der Woche mussten wir mit unseren Schulsachen antreten, und Abajan fragte uns aus.

»Habt ihr diese Woche alle Hausaufgaben gemacht? Lasst sehen.«

Wir schlugen unsere Aufgabenhefte und Arbeitsblätter auf, und Abajan studierte sie eingehend.

»Karim, warum hast du die ersten zwei Fragen hier nicht beantwortet?«

Karim sah zu Boden. »Ich – ich habe die Fragen nicht verstanden.«

»Sulima, komm her.«

Das Herz klopfte mir, als ich vortrat. Ich hatte Karim früher am Abend meine Hilfe angeboten, aber er hatte mich weggestoßen. »Ich brauche kein kleines Mädchen zur Hilfe. Ich kann das selbst.«

»Wie viel ist 120 durch 60?«

Ich schaute schnell zu Karim, dann zu Abajan. Wenn ich richtig antwortete, würde Karim leiden und später natürlich auch ich. Wenn ich mich dumm stellte, würde Abajan zornig werden, und ich würde auf jeden Fall leiden. Die Entscheidung war schwierig, aber sie fiel wie immer schnell.

»Die Antwort lautet zwei, Abajani.«

Abajan blickte Karim finster an, dann wandte er sich freundlich an mich. »Bring mir die Fliegenklatsche«, befahl er. Als ich zögerte, wiederholte er den Befehl. »Wenn du sie nicht sofort bringst, schlag ich dich auch damit.«

Ich brachte das Folterinstrument aus der Küche.

»Jetzt schlag Karim damit. Ein großer Junge wie er, mein Erstgeborener. Er sollte die Antwort wissen. Es sollte nicht sein, dass ein kleines Mädchen ihm helfen muss.«

Karim Schmerzen zufügen war das Letzte, was ich wollte. Erstens tat er mir wirklich Leid. Das Lernen fiel ihm offensichtlich schwer, und für mich war es leicht. Es war nicht seine Schuld. Zweitens wusste ich, dass Karim sich rächen würde, sobald Abajan außer Sicht war. Vielleicht könnte ich ihn mit der Fliegenklatsche nur ganz leicht berühren … vielleicht würde er es gar nicht merken? Vielleicht wäre er dann später gnädiger?

Vorsichtig fuhr ich ihm mit der Fliegenklatsche über den Hosenboden. Manchmal durchschaute Abajan dieses Manöver und befahl: »Schlag ihn fester!« Manchmal aber war er auch zufrieden damit und wandte sich wieder unseren Heften zu.

Ich wusste, dass ich später dafür bezahlen musste. Ein plötzlicher, harter Schlag aufs Ohr, ein Tritt vors Schienbein, wenn keiner hinsah. Eines Morgens war meine Matratze durchnässt, als ich aufwachte, und Karim lief zur Mutter und rief: »Sulima hat ins Bett gemacht.« Madarjan runzelte missbilligend die Stirn und befahl mir, das Bett neu zu beziehen. Diese Hilflosigkeit! Hätte ich ihr erzählt, dass Karim nachts Wasser in mein Bett geschüttet hatte, hätte er sich noch sadistischere Strafen für mich ausgedacht. Eines Tages stellte ich fest, dass mein Taschengeld aus der Dose, in der ich es aufbewahrte, verschwunden war. Ich wusste, dass Karim es gestohlen hatte – *aber ich konnte nichts tun.*

Ähnliche Szenen gab es regelmäßig am Montagabend, wenn Abajan uns alle zum wöchentlichen Benimmunterricht versammelte. Jede Woche belehrte er uns über einen speziellen Aspekt der Etikette.

»Wenn ihr irgendwo zu Besuch seid, dann sagt ›Guten Tag‹ und ›Wie geht es Ihnen?‹ Ihr rührt nichts an. Ihr dreht nicht ohne Erlaubnis das Radio an. Wenn man euch etwas zu essen anbietet, dann schlagt nicht gierig zu. Ihr nehmt nur ein Stück. Wandert nicht ohne Erlaubnis im Haus herum. Wenn das Essen aufgetragen wird, starrt nicht hin, als ob ihr am Verhungern wärt. Nehmt es gar nicht zur Kenntnis.«

Am folgenden Montag fragte er uns aus. Husna, Asim und Zamin antworteten zu seiner Zufriedenheit, und Abajan nickte anerkennend. Dramatisch wurde es erst, wenn die Reihe an mich und Karim kam. Unweigerlich scheiterte Karim an einer Frage, und unweigerlich antwortete ich richtig. Und unweigerlich kam die Fliegenklatsche ins Spiel.

Manchmal versuchte ich mit Madarjan über meine Probleme mit Karim zu sprechen. Sie empfahl mir Geduld und Mitgefühl. »Was hast du davon, wenn du dich über ihn ärgerst? Er ist nur so böse, weil er sich geniert.«

»Er sollte sich lieber dafür genieren, wie er mich behandelt«, grollte ich.

Madarjan umarmte mich. »Denk daran, Sulima, die beste Rache ist es, wenn man gut zu seinem Feind ist. Beschäme ihn mit deiner Güte. Lass dich von Ärgernissen nicht beirren und achte auf das Gute in jedem Menschen.«

Das war Madarjans Philosophie. Sie legte uns immer nahe, versöhnlich, verständnisvoll und liebreich zu sein, auch denen gegenüber, die uns weh taten. Seit Jahren versuche ich, ihre Einstellung der Welt gegenüber und die Wirkung, die sie auf mich hatte, zu verstehen. Wollte Madarjan mich zu einem Fußabstreifer erziehen? Entsprang ihre Philosophie nicht einer Kultur, die ich schon ablehnte, die Frauen zur Unterwürfigkeit zwang und Männern jeden Missbrauch erlaubte? Ich habe mich sehr bemüht, Madarjans Prinzipien mit meinen eigenen Erfahrungen in Einklang zu bringen – mit meiner Arbeit für die Befreiung unterdrückter afghanischer Frauen, meiner Flucht vor den Kommunisten, meinem Leben mit einem gewalttätigen Ehemann, mit den Erniedrigungen, die ich als Immigrantin in einem fremden Land erduldete. Es muss wohl einen Weg geben, sich von Ärgernissen nicht beirren zu lassen, sogar wenn man um etwas kämpft, was man als richtig erkannt hat. Ich werde mich weiter bemühen.

Aber als Kind fand ich ihre Einstellung unbefriedigend, obwohl Madarjan in ihrer Sanftheit ungemein tröstlich war. Normalerweise gab Madarjan mir keine konkrete Antwort auf die Fragen, die mich quälten, vor allem die, welche sich auf die offensichtliche Ungleichbehandlung der Frauen bezogen. Warum mussten Frauen die Männer um Erlaubnis fragen, wenn sie das Haus verlassen wollten? Weil es so richtig ist. Warum mussten Frauen die ganze Wäsche machen? Weil das eine Frauenaufgabe ist. So war es immer. Warum müssen die Frauen den Männern gehorchen? Das lehrt der Koran. Obwohl wir keine strenggläubigen Muslime waren, setzte die Erwähnung des Korans jeder Diskussion ein Ende. Die höchste Autorität hatte gesprochen.

So war meine frühe Kindheit gemischt aus Angst und Stolz, aus Groll wegen der dienenden Rolle der Frauen und einer widerwilligen Akzeptanz dieser Rolle, weil Madarjan, die ich liebte und achtete, sie so ruhig annahm. Und auch, weil mein Papa, mein Abajani, der mich anbetete und den wiederum auch ich anbetete, diese Rolle der Frau als richtig hinnahm und dementsprechend ein Leben als unangefochtener Herr des Hauses führte. Ungerechtigkeit war der Preis der Liebe, und Abajans Liebe war das Wichtigste für mich.

2

Dann veränderte sich Abajan. Jedes Detail dieses Tages ist so fest in meine Erinnerung eingebrannt, als wäre es gestern gewesen. Ich war erst zehn Jahre alt, aber dieser Tag markierte das Ende meiner Kindheit.

Natürlich traten diese Veränderungen nicht alle an einem einzigen Tag ein. Es war nicht so, dass Abajan, berührt vom Zauberstab einer bösen Fee, sich plötzlich vom liebevollen, zärtlichen Papa meiner Kindheit in den abweisenden, strengen Vater meiner Jugendjahre verwandelt hätte. Der Wandel hatte sich über Monate hingezogen; begonnen hatte er mit seiner Rückkehr aus Mekka.

Zunächst bemerkte ich Abajans beginnenden Fanatismus gar nicht, und dass er die religiösen Pflichten strenger befolgte, hielt ich für etwas Vorübergehendes. Seine neuen Befehle und Gewohnheiten amüsierten mich, wenn sie mich auch ein bisschen irritierten. Wie ernst sollte man sie nehmen? Er war schließlich nie ein besonders frommer Mann gewesen. Er hatte freilich immer in der Moschee gebetet und den Koran zitiert – besonders, um die Benachteiligung der Frauen zu rechtfertigen. Er hatte freilich vom Propheten Mohammed stets mit Achtung gesprochen, wie alle Afghanen damals. Aber die Religion war für ihn nie ein zentrales Anliegen gewesen. Es war der Kommunismus, aus dem er seine Leitgedanken bezog. Und im Leben war ihm immer seine Arbeit das Wichtigste gewesen; die Religion gab nur den Hintergrund, die Folie ab.

Die Reise nach Mekka hatte gar nicht einmal als Pilgerreise begonnen. Ein Auftrag führte ihn hin; er sollte für eine Illustrierte die heiligen Stätten fotografieren. Er war ganz unauffällig abgereist, ohne besondere Rituale, ohne großes Getöse, ohne Feierlichkeit. Er warf mir eine Kusshand zu wie üblich und versprach, mir etwas mitzubringen, wie vor jeder anderen Reise auch. Ich winkte meinem geliebten Papa zum Abschied zu und trollte mich in die Küche, um beim Abwasch zu helfen. Ich ahnte nicht, dass ich den Vater, den ich gekannt hatte, nie wieder sehen würde.

Ein anderer Mann kehrte zurück – ein Hadschi, ein Mann, der die Pilgerfahrt nach Mekka absolviert hatte. Mekka ist für die Moslems die heiligste Stätte auf der Welt, weil sie glauben, dass Mohammed dort seine Offenbarungen empfangen hat. Die Pilgerfahrt nach Mekka ist ein Akt der Frömmigkeit, und die Hadschis werden als heilig geehrt. Manche betrachten sich selbst als Angehörige einer Elite und entwickeln einen ganz neuen religiösen Eifer. Sie fühlen sich verpflichtet, bessere Muslime zu werden und auch andere zu besseren Muslimen zu machen. Einer von diesen war mein Vater. Er war erfüllt von einer neuen religiösen Begeisterung, sagte sich von früheren Überzeugungen los und weihte sich dem Islam.

»Es gab eine Zeit in meinem Leben«, sagte er später einmal, »da glaubte ich an den Kommunismus. Aber in Mekka erkannte ich, dass er ein schlechtes System ist. Er ist gottlos. Er ist falsch. Also musste ich den anderen Weg wählen, den richtigen Weg. Den Islam.«

Ich erkannte die Bedeutung dieser neuen Religiosität nicht. Meine Augen sahen nicht, wie hart und streng sein Gesicht geworden war. Meine Ohren hörten nicht, dass sich in die üblichen Montagslektionen scharfe Töne mischten. Ich registrierte nicht, dass die gewohnten zärtlichen Formeln fehlten, Worte wie »meine schöne Tochter«, und dass er nicht mehr ausrief: »Wo ist meine Kleine, wo ist meine Sula?« Ich war zu sehr mit meinen Alltagspflichten beschäftigt, um auf so kleine Veränderungen im Verhalten meines Vaters Acht zu geben.

Als er alle Frauen im Haus bat, in Zukunft ihr Haar zu bedecken, sagte ich mir, er verlange ja nichts Besonderes oder gar Schlimmes. Es war doch bloß eine Kleinigkeit. Eine Unbequemlichkeit. Also band ich mir gehorsam ein Kopftuch um. Manchmal rutschte es ab, und meine Haare kamen zum Vorschein, dann band ich es neu und fuhr mit meiner Arbeit fort. Warum sollte Sula ihrem geliebten Abajani seinen Wunsch nicht erfüllen, besonders wenn es um etwas so Unbedeutendes ging?

Bis der Tag kam, der alles veränderte. Wir machten uns zum Essen fertig. Vor jeder Mahlzeit mussten sich alle die Hände waschen. Die Erwachsenen wurden dabei von den Kindern bedient, die Krüge und Schüsseln brachten, beim Waschen halfen und schließlich das gebrauchte Wasser wieder wegtrugen.

Ich beuge mich vor, um Abajan das Becken zu reichen. Das Kopftuch ist mir vom Kopf in den Nacken geglitten. Na und? Ich werde es gleich wieder richtig aufsetzen. Ich strecke ihm das Becken hin , und dann –

Warte. Was geschieht? Abajan kommt auf mich zu. Nur einen Schritt, aber –

Aber das ist nicht mein Abajani. Das ist ein anderer. Sein Gesicht – dieser Blick – so habe ich ihn noch nie gesehen. Jemand hat kalte Steine an die Stelle seiner Augen gesetzt. Ruhig, lass das Becken nicht fallen. Warum zittern mir die Hände?

Er tut noch einen Schritt. Und noch einen. Ich möchte zurückweichen, aber meine Füße sind wie angewurzelt. Er greift nach meinem Kopftuch.

»Sulima.«

Wer ist Sulima? Bin ich nicht die kleine Sula?

»Ja, Abajani?«

»Weißt du, was ich zu mir sagte, als ich ein junger Mann war?«

Und ob ich das weiß! Er hat mir auf unseren kleinen Aus-

flügen so wunderbare Sachen gesagt. Er hat mich in seine Träume eingeweiht, und wir sind Hand in Hand durch ihre Korridore gewandert. »Als ich jung war, sagte ich zu mir selbst: Eines Tages werde ich eine schöne Tochter haben. Und dann wurdest du geboren, und mein Wunsch war Wirklichkeit geworden.« »Eines Tages werde ich ein kleines Mädchen haben, und wenn sie alt genug ist, werden wir zusammen Blumen fotografieren.« Ich höre das Echo dieser Träume, aber –

Aber das Kopftuch zieht sich enger um meinen Hals. Noch enger. Ich bekomme keine Luft mehr! Er zieht mich zu sich. Wie aus weiter Ferne höre ich seine Stimme: »Als ich jung war, sagte ich zu mir: Wenn ich jemals eine Tochter habe, dann muss sie ihr Haar bedecken. Und wenn ihr Kopftuch herunterrutscht, werde ich es so fest zusammenziehen, dass sie erstickt.«

Plötzlich lässt er los. Ich taumele zurück. Verschütte das Wasser nicht, halte es ruhig. Hör zu, er spricht wieder.

»Lass dich nie wieder mit unbedecktem Haar erwischen.«

An den Rest der Mahlzeit kann ich mich nicht erinnern. Sicher hat mich Madarjan später zu trösten versucht, indem sie mir in ihrer sanften Art die Hand streichelte. Sicher hat Husna mich aufzuheitern versucht, als wir in der Küche das Geschirr spülten. Und sicher hat sich Karim riesig über meine Demütigung gefreut und mir noch ein paar Schläge als Zugabe verabreicht. Aber ich kann mich an nichts erinnern als an die Augen meines Vaters, die wie Pistolenkugeln aus Eis mein Herz durchbohrten.

Von diesem Tag an herrschten Angst und Schrecken in unserem Haus. Cousins und Onkel, die sich für die Kommunisten engagierten, waren bei uns nicht mehr willkommen. Wir Kinder durften keine Meinung mehr äußern, die von der unseres Vaters abwich. Wir durften keine Fragen mehr stellen. Wenn wir einen Fehler machten, wurden wir beschimpft oder geschlagen. Wenn unsere Mutter uns beschützen wollte – und sie versuchte es immer –, wurde sie getadelt. Wir hatten unsere Lektionen gefälligst gut zu lernen; für menschliche Irrtümer oder abweichende Meinungen gab es keinen Raum mehr.

Ich lernte meine Lektion nur zu gut, aber es war nicht die Lektion in Gehorsam, Demut und religiöser Hingabe, die mein Vater mir eintrichtern wollte. Ich lernte Wachsamkeit. Ich war immer in Alarmbereitschaft und wartete auf den nächsten Angriff, das nächste Verhör, den nächsten Wutausbruch. Ich lernte, mich mit meinen Schwestern lautlos zu verständigen, durch ein Augenzwinkern, einen Blick, ein Nicken. Wortlose Botschaften, die warnten oder von Mitgefühl und Kameradschaft sprachen. Ich lernte die hohe Kunst der Tarnung und Geheimhaltung und versteckte meine wahren Gefühle unter dem Schleier töchterlichen Gehorsams.

Und ich lernte den Islam zu hassen. In meinem Innern erklärte ich der Religion, die meines Vaters Seele vergiftet und ihn mir entfremdet hatte, den Krieg. All meine alten Fragen und Vorwürfe, die nie beantwortet worden waren, drängten nun, da ich sie nicht mehr zu unterdrücken versuchte, mit Gewalt nach oben. Nie wieder würde ich Madarjan kläglich fragen: »Warum muss ich Wäsche waschen und Karim nicht?« Oder: »Tante Layla hat den ganzen Tag am Herd geschwitzt, aber wenn Onkel Daoud heimkommt, wird er wie ein König bedient.« Es hatte keinen Sinn mehr, solche Fragen zu stellen, weil ich nicht mehr bereit war, ja nicht einmal mehr versuchen wollte, Antworten gelten zu lassen, die immer dem gleichen Muster folgten: »Das sagt der Koran« oder »So war es immer. Gott will es so.« Ich zog meine Schlachtlinie ganz klar: Wenn das Gottes Wille ist, wenn der Koran das lehrt, dann weg damit. Ich will nichts damit zu tun haben. Ich hasse den Koran. Ich will mein Leben daran setzen, seine Macht zu brechen und statt dessen den Frauen, denen er Unrecht getan hat, Macht zu geben. Und wenn es »immer so gewesen ist«, dann ist das umso mehr ein Grund, die Dinge jetzt zu ändern, damit es in der Zukunft Gleichheit und Gerechtigkeit geben kann.

Jetzt, da ich erwachsen bin, halte ich es für falsch, eine Religion zu hassen. Ich bin zwar keine gläubige Muslimin und werde es auch nie sein, aber ich denke doch, dass der Islam gültige ethische und spirituelle Lehren enthält und dass die Religion nicht durchwegs schlecht ist. Und wenn man eine Religion hasst, dann tut man den redlichen und guten Menschen, die daran glauben, Unrecht. So bin ich nach vielen schmerzvollen Jahren zu der Erkenntnis gelangt, dass ich den Islam nicht für die grausame Behandlung der Frauen verantwortlich machen kann. Leute wie mein Vater – der ironischerweise als moderater Muslim gelten muss, weil er seinen Töchtern eine Schulbildung ermöglichte – und die Taliban verdrehen die eigentlichen Lehren des Islam. Aber damals nagte die groteske Ungerechtigkeit an mir und machte mich bitter und wütend.

Mein Vater war nicht der Einzige in unserem Haus, der das so genannte Gesetz des Islam gewaltsam durchsetzte. Mein Großvater war genauso tyrannisch und genauso brutal. Aghajan konnte es nicht verwinden, dass sein Sohn von ihm weder Geld noch Nahrung annehmen wollte. Trotz seines Geizes hielt er es für seine Pflicht, seinen Reichtum mit Kindern und Enkeln zu teilen. Mit seiner Weigerung, etwas anzunehmen, unterhöhlte Abajan die Autorität seines Vaters als Patriarch der Familie. Aghajan versuchte ständig, seinem Sohn wenigstens Geschenke aufzudrängen, aber Abajan war genauso stur wie er. »Meine Kinder sollen nicht sehen müssen, dass ich Almosen annehme«, sagte er, wenn er wieder einmal eine Zuwendung zurückwies. »Meine Kinder sollen sehen, dass ich schwer arbeite, um meine Familie zu ernähren.«

»Was dein Vater dir in seiner Großzügigkeit schenkt, ist kein Almosen«, protestierte Aghajan. Aber Abajan blieb unerbittlich. Um seine Stellung als Oberhaupt des Hauses zu festigen, jedenfalls in Kabul, lud er seine jüngeren Brüder ein, bei uns zu leben, solange sie in Kabul studierten. Als Ältester fühlte er sich für sie verantwortlich und unterstützte sie, obwohl er sich dadurch eine schwere Bürde auflud und unseren Lebensstandard reduzieren musste.

Aghajan fühlte sich brüskiert und machte kein Hehl aus seiner Missbilligung. Schon bevor der Ton in unserem Haushalt sich änderte, verbreitete er Angst um sich. Wir Kinder gingen auf Zehenspitzen, wenn er zu Besuch bei uns weilte, und atmeten erleichtert auf, wenn er abreiste. Aber als bei uns die Religion an die Macht kam, assoziierte ich Aghajans Furcht einflößende Präsenz immer mehr mit der Herrschaft der Religion. Auch er war einer der Männer, welche die Religion als Machtinstrument benutzten, um die Frauen zu unterdrücken.

Eines Nachmittags kam Aghajan zu Besuch. Ich saß auf meinem Bett und machte Hausaufgaben, als er die Stufen zur Veranda heraufstampfte. Als er an meinem Zimmer vorbeikam, das direkt neben dem Hauseingang lag, erhaschte er durch einen Spalt im Vorhang einen Blick auf mein Haar. Bei der Arbeit war mir das Kopftuch herabgeglitten.

Aghajan explodierte. Er stürmte ins Haus, raste zu meinem Zimmer, stieß die Tür auf und schüttelte fluchend die Fäuste. Madarjan stürzte herbei, um mir zu helfen, wie sie es immer tat, wenn Vater oder Großvater uns beschimpften oder schlugen. Sie hob zitternd die Hand und versuchte ihn zu beruhigen. »Bitte, sie ist doch noch ein Kind«, flehte sie.

»Auch ein Kind sollte ein bisschen Anstand besitzen, und mit zehn ist man kein Baby mehr. Sie ist ein Schandfleck. Ein Gräuel! Deine Tochter ist schamlos. Sie ist ein Flittchen, nichts anderes. Sie sollte ausgepeitscht werden!« Er stürmte hinaus.

»Bitte sei in Zukunft immer sehr genau mit dem Kopftuch«, flüsterte Madarjan. Ihre Stimme zitterte von unterdrückten Tränen. »Ich habe Angst davor, was sonst alles passieren kann.«

Auch ich hatte Angst und nahm mir ihre Worte zu Herzen. Ich trug das Kopftuch gewissenhaft bis zu Abajans Tod und strengte mich an, es so fest wie möglich zu binden.

Ich wusste, dass Mutter mich und uns alle liebte. Meine Schwestern und ich nannten sie *fereschta,* Engel, und fühlten uns gewärmt durch ihre tröstliche Güte. Aber ihre Unterwerfung unter die Grausamkeit religionsfanatischer Männer verstärkte nur meinen Hass auf den Islam. Die alltäglichen Ungerechtigkeiten, die ich als Mädchen erlitt, gossen Öl ins Feuer meines Hasses. Warum musste ich zu Hause bleiben und auf das Baby aufpassen, und Karim durfte hinaus? Warum musste ich die endlose Menge Gläser spülen, die von Heerscharen Tee trinkender Onkel, Tanten, Großeltern und Gästen beschmutzt wurden, während meine jüngeren Brüder Asim und Zamin mit ihren Freunden spielten? Ich kochte vor Wut auf die Religion, die solches Unrecht hervorbrachte.

Und so wurde ich mit zehn Jahren zur Kämpferin für Frauenrechte. Natürlich fehlten mir die Worte, um mich so zu nennen. Solche Begriffe waren mir noch nie zu Ohren gekommen. Ich konnte nicht in Worte fassen, was ich vorhatte. Ich handelte einfach. Es mag vielleicht scheinen, dass man mit zehn Jahren noch arg jung ist für eine Freiheitskämpferin. Die meisten Zehnjährigen sind noch Kinder, unschuldig und sorglos, und ihre wichtigste Aufgabe ist, die Schularbeiten gut zu erledigen.

Als ich viele Jahre später mit meiner Tochter in die Vereinigten Staaten kam, stellte ich fest, dass ihre amerikanischen Freundinnen immer noch mit Barbiepuppen spielten, auch wenn sie schon zehn waren. Aber afghanische Mädchen werden früher erwachsen als amerikanische, vielleicht weil sie sehr früh schon zu Hausarbeiten herangezogen werden, angefangen vom Abspülen über das Wäschewaschen bis zur Versorgung der jüngeren Geschwister. Mit zehn Jahren haben sie kein Interesse mehr daran, Haushalt zu spielen, und sie haben auch gar keine Zeit für solche Kindereien. Ich persönlich wurde nicht nur durch die häusliche Arbeit ins Erwachsensein katapultiert, sondern auch durch den religiösen Wandel meines Vaters und durch meine Stellung in der Familie. Ich war das älteste Mädchen und wollte, dass meine kleinen Schwestern in einer besseren Welt leben sollten. Wie mein Vater als ältester Sohn sich seiner Verantwortung bewusst war, so fühlte auch ich mich als älteste Schwester verantwortlich für die jüngeren Mädchen. Ich gelobte, das Unrecht, das den Frauen angetan wurde, zu beenden. Das empfand ich als meine Pflicht, als meine Aufgabe auf dieser Welt. Das hat sich bis heute nicht geändert.

Der Zeitpunkt war günstig, wenn ich mich für die Rechte der Frauen einsetzen wollte. In Afghanistan stand ein Wechsel bevor – ein Wechsel, der Chancen für die Befreiung der Frauen bot. Sogar in meinem jungen Alter spürte ich, wie wichtig das war. Und ich war entschlossen, bei dem, was da kommen mochte, dabei zu sein.

3

Es kam eine Zeit der Unruhe. Eine Zeit der Bewegung. Eine Zeit der Aufregung und der Möglichkeiten für dauerhafte Veränderungen. Es war eine Zeit, die den Frauen Chancen bot.

Als ich neun Jahre alt war, wurde eine neue Verfassung beschlossen, die für die Wahl der Führer demokratische Verfahren einführte. Zum ersten Mal würde Afghanistan durch das Volk regiert werden. Die erste Parlamentswahl fand statt, als ich zehn war. Eins der großen Wahlbüros war nur ein paar Straßen von unserem Haus entfernt, und auf dem Schulweg sah ich die großen Plakate, welche die Menschen aufforderten, für die Kandidaten zu stimmen. Es war eine riesige Überraschung für mich, dass auch Frauen kandidierten. Ich verglich die Botschaften und Slogans der Kandidatinnen mit den Botschaften, die mir in unserem Haus vermittelt wurden, und das Ergebnis berauschte mich förmlich. Hier gab es Frauen, die öffentlich sprechen durften, sogar vor Männern! Es gab Frauen, die sich an der Regierung beteiligen konnten, welche bisher den Männern vorbehalten gewesen war! Hier gab es eine Chance, eine weltliche Regierung einzusetzen, welche die Macht haben würde, die engen und grausamen Beschränkungen aufzuheben, die uns durch männliche Religionsführer auferlegt worden waren.

Ich schlich mich aus dem Haus, um in diesem Wahlkampfbüro mitzumachen. Ich durfte eigentlich das Haus nicht ohne Erlaubnis verlassen, aber ich hielt mich nicht daran und verließ mich darauf, dass mein zartes Alter mich vor Strafe schützen würde. Ich war noch jung genug, um als

Kind zu gelten, und kleine Mädchen waren nicht den gleichen Beschränkungen unterworfen wie erwachsene Frauen. Diese Freiheit nutzte ich aus, um regelmäßig auszugehen. Jedes Mal mit einer anderen Ausrede: »Ich gehe zu Dina und mach mit ihr Hausaufgaben.« »Ich kaufe Käse auf dem Markt.« Dann eilte ich hinüber zur Wahlkampfzentrale. Ich stellte mich zu den anderen Frauen auf die Straße, und wir hielten Transparente hoch und skandierten Slogans für die Kandidatinnen. »Hoch Anahita!«, riefen wir im Chor. Wenn ich eine Frau bemerkte, die nicht mitmachte, sprach ich sie an: »Komm zu uns! Ruf auch ›Hoch Anahita‹!«

Anahita gewann einen Sitz im Parlament, genauso wie andere Frauen, die sich zur Wahl gestellt hatten. Ich platzte fast vor Stolz in dem Bewusstsein, dass ich einen kleinen Beitrag zu diesem Sieg geleistet hatte. Anahita wurde später eine wichtige Gestalt in der Frauenrechtsbewegung, und ich hatte die Ehre, sie persönlich kennen zu lernen.

Stolzgeschwellt und begeistert von diesem Triumph, begann ich, während der Schulpausen auf andere Mädchen einzureden. Ich wollte bei ihnen das Bewusstsein dafür wecken, dass sie schlecht behandelt wurden. Wenn sie das erst einmal zur Kenntnis nahmen, würden sie bald Lust haben, etwas dagegen zu unternehmen.

»Behandeln dich deine Eltern schlechter als deine Brüder? Findest du das fair? Möchtest du daran etwas ändern?«

Einige Mädchen zogen nur eine Grimasse, schnaubten verächtlich und gingen weiter. Ich lernte schnell, dass es keinen Sinn hatte, weiter in sie zu dringen. Ich bemühte mich um diejenigen, die sich für meine Worte zu interessieren schienen. Sehr bald konnte ich unterscheiden, wer für meine Argumente empfänglich war und wer kein Interesse hatte oder zu ängstlich war, um zuzuhören.

Mit den Mädchen, die mir aufnahmebereit schienen, sprach ich über Gleichheit.

Denjenigen meiner Freundinnen, die nicht zur Schule gehen durften, brachte ich Bücher, und ich drängte sie, lesen zu lernen. Obwohl ich noch so jung war, hatte ich schon erkannt, dass Bildung wichtig war. Ohne Bildung konnten Frauen niemals hoffen, mit Männern gleichgestellt zu werden. Später half ich meinen Freundinnen, lesen zu lernen. Viele von ihnen hatten die Meinung ihrer Eltern, Bildung sei nichts für Frauen, bereits verinnerlicht.

Diese frühen Bemühungen waren sehr wichtig für mich. Ich konnte meine kleinen Flügel bei Freundinnen und Gleichgestellten erproben. Ich lernte viel dabei. Wen man ansprechen und wen man in Ruhe lassen soll. Wie man ein Argument vorbringt. Wie man heimlich für eine Sache arbeitet. Die meisten meiner Freundinnen waren zu verängstigt, um etwas zu unternehmen – und außer dem Lesen gab es damals für sie auch keine Möglichkeit, etwas zu tun. Wenn sie zu Hause rebelliert hätten, hätten ihre Eltern ihnen verboten, auszugehen, oder sie sogar geschlagen. Ich musste mir ein weiteres Tätigkeitsfeld suchen.

Ich begann die Mütter, Schwestern und Tanten meiner Mitschülerinnen anzusprechen, dazu auch meine eigenen Tanten. »Es ist nicht fair, dass wir die ganze Hausarbeit machen müssen.« »Männer dürfen kommen und gehen, wann und wie sie wollen, ohne ihre Frauen zu fragen. Aber wir müssen unsere Männer, Väter, Onkel oder Brüder um Erlaubnis bitten, wenn wir das Haus verlassen wollen. Wenn sie Nein sagen, dürfen wir nicht gehen.«

Ich musste am Anfang viel Mut aufbringen, um so mit Erwachsenen zu reden. In Afghanistan gibt es ein ethisches Prinzip namens *ehteram,* das Kinder zu Achtung vor den Älteren verpflichtet. Ich war nur ein Teenager, und obwohl ich schon viele Erwachsenenpflichten erfüllte, wurde doch von mir erwartet, dass ich den Erwachsenen gehorchte und ihnen Achtung erwies. Ich kam mir aufdringlich und ungezogen vor, wenn ich Frauen, die meine Mutter hätten sein können, mit solchen Fragen konfrontierte. Und manche nahmen es auch nicht günstig auf. Manche empörten sich ganz offen darüber, dass ich versuchte, das empfindliche Gleichgewicht zwischen Auflehnung und Resignation, das sie gefunden hatten, zu stören. Manche bewunderten mich wehmütig wegen meines Mutes, lehnten es aber ab, etwas zu unternehmen, weil sie gesellschaftliche Ächtung fürchteten oder Gewalt von Seiten ihrer Männer. Wieder andere verteidigten die Bräuche. »Es wäre gefährlich, wenn Frauen nachts ausgingen. Sie könnten überfallen werden.« »Es wäre nicht recht, wenn Frauen zu jeder Tages- und Nachtzeit auf den Straßen unterwegs wären. Man könnte sie für Huren halten. Es gäbe böse Nachrede.« »Frauen müssen sich damenhaft benehmen. Sie können nicht alles tun, was Männer machen.«

Eine Frau sagte mir, dass der Koran diese Behandlung von Frauen ausdrücklich vorschreibe und dass wir kein Recht hätten, gegen die Worte des Korans zu verstoßen.

Die Männer stehen den Frauen in Verantwortung vor, weil Allah die einen vor den anderen ausgezeichnet hat und weil sie von ihrem Vermögen hingeben. Darum sind tugendhafte Frauen die Gehorsamen und diejenigen, die (ihrer Gatten) Geheimnisse mit Allahs Hilfe wahren. Und jene, deren Widerspenstigkeit ihr befürchtet: ermahnt sie, meidet sie im Ehebett und schlagt sie! Wenn sie euch dann gehorchen, so sucht gegen sie keine Ausrede. Wahrlich, Allah ist Erhaben und Groß.

Natürlich bestärkte mich das nur in meinem Kampfgeist. Ich traute meinen Ohren kaum. Männer wurden nicht nur als überlegen betrachtet, sondern ihnen wurde ausdrücklich erlaubt, ihre Frauen zu schlagen und zu verlassen! Nun wollte ich erst recht andere Frauen um mich versammeln, die dieses Konzept so abstoßend fanden wie ich.

Denn es gab auch Frauen, in deren Augen Verständnis und Erleichterung zu sehen waren, wenn ich sie ansprach. Sie litten nicht länger in Einsamkeit. Eine andere Frau hatte ihre Ängste, ihre Erniedrigungen, die Zweifel, die in dunkeln

Winkeln ihrer Seele hausten, in Worte gefasst. Ja, sagten sie. Ja, ja. Wir werden mitmachen.

Sie wollten helfen, aber was für Möglichkeiten zur Hilfe konnte ich ihnen bieten? Schließlich war ich noch ein Kind. Ich konnte nicht aus ein paar Frauen eine Bewegung formen und ihnen einen Weg weisen, auf dem sie Veränderungen erreichen würden. Glücklicherweise wurde damals die erste Frauenrechtsbewegung in Afghanistan gegründet, Women's Democratic Organization (WDO), die Demokratische Organisation der Frauen.

Die WDO hätte ohne die Hilfe der Kommunistischen Partei keinen Erfolg gehabt. Während meiner Kinderjahre hatte sich die Sowjetunion immer größeren Einfluss auf die inneren Angelegenheiten Afghanistans verschafft, und die beiden Länder hatten sich wirtschaftlich und militärisch immer enger verbündet. Das sowjetische Engagement schien anfangs vorteilhaft für Afghanistan – jedenfalls in meinen Augen. Die Unterstützung aus der UdSSR machte es möglich, dass allerlei wünschenswerte Veränderungen hin zu einem weltlichen Staat vorgenommen wurden. 1959 zeigten sich der Premierminister und mehrere Mitglieder des Kabinetts mit unverschleierten Gattinnen und Töchtern in der Öffentlichkeit. Eine große Anzahl von Frauen nahm Arbeitsstellen an, weil das nicht mehr als Schande galt. In der Kommission, die über eine neue Verfassung beraten sollte, saßen auch zwei Frauen. Diese Verfassung garantierte den Frauen rechtliche Gleichstellung mit den Männern. Und unter den Mitgliedern des neu gewählten Parlaments waren vier Frauen.

Ich kannte also die WDO, wusste, dass Frauen an der neuen Regierung beteiligt waren, und dass es Frauen gab, die Reformen anstrebten. Aber ich hatte keine Ahnung, wie ich mit ihnen in Kontakt kommen konnte. Den Weg zeigte mir schließlich ausgerechnet ein Mann – mein Cousin Nabi, der Sohn von Onkel Daoud. Er war Mitglied der Demokratischen Volkspartei, die sich hauptsächlich aus Studenten zusammensetzte und Sozialreformen nach dem Muster des

Kommunismus befürwortete. Als er hörte, wie leidenschaftlich ich mich für Frauenrechte einsetzte, schlug er vor, ich solle mich mit ein paar Frauen treffen, welche die WDO gegründet hatten.

»Aber wie soll ich sie kennen lernen?«, fragte ich.

»Ich mach dich mit jemand bekannt, der sie kennt«, sagte Nabi.

»Wann?«, fragte ich.

»In ein paar Tagen«, antwortete Nabi.

Ein paar Tage vergingen und nichts geschah. Ich trug den Teig zur Bäckerei. Die meisten Leute hatten keinen eigenen Backofen und brachten den fertig bearbeiteten Teig zu den öffentlichen Öfen. Während das Brot im Backofen war, ging ich zum Haus meines Cousins, das ganz in der Nähe lag, um herauszufinden, warum er sich nicht mehr gerührt hatte.

Nabi öffnete mir. »Komm rein. Hier ist jemand, den du kennen lernen solltest. Er kann dir wahrscheinlich helfen.«

Der Mann, der in Nabis Wohnzimmer saß, war mir auf Anhieb unsympathisch. Sein Name war Hafizulla Amin.

»Ich weiß, dass du im Wahlkampf mitgeholfen hast und das ohne Wissen deines Vaters. Ich kenne diese schwierige Familiensituation nur allzu gut«, sagte er gleich. »Mein Bruder ist nämlich strikt dagegen, dass sein Sohn Assad sich für den Kommunismus engagiert. Sie haben ständig Krach miteinander. Wenn du dich engagierst, könnte dein Vater Ärger bereiten. Aber junge Leute tun nun mal, was sie wollen. Jedenfalls macht das mein Neffe so, obwohl sein Vater gegen ihn ist.« Er lächelte. Das sollte mich wohl für ihn einnehmen, ich sollte mich verstanden fühlen. Aber er kam mir unaufrichtig vor. Er schwätzte weiter. »Trotzdem ist mein Bruder ein wunderbarer Mann. Wir kommen aus einer guten Familie. Wir sind alle sehr klug. Wir sind starke Charaktere. Wir leben für unsere Ideale. Wenn wir etwas wollen, kann uns nichts aufhalten. Mein Bruder ist kein schlechter Mensch, musst du wissen.« Er quasselte unentwegt über seine Familie und seinen Bruder; ich kam überhaupt nicht zu

Wort. Ich fand ihn grässlich. Was für ein Angeber! Ich sagte noch schnell, warum ich gekommen war, und verabschiedete mich mit der Begründung, ich müsse nach meinem Brot sehen.

Zu meiner Überraschung meldeten sich ein paar Tage später zwei Frauen von der WDO bei mir. Offenbar hatte Hafizulla Amin ihnen von mir erzählt. Sie luden mich zu einer Versammlung ein, und sehr bald wurde ich aktives Mitglied der WDO. Endlich gehörte ich zu einer Organisation, die Aufmerksamkeit erregte und etwas für die Bildung der Frauen tat. Endlich hatte ich Gefährtinnen, die die gleichen Ideale vertraten. Endlich stand ich in Kontakt zu einer Gruppe Gleichgesinnter, mit denen ich arbeiten und von denen ich lernen konnte. Und die Frauen, die ich für die Sache der Gleichheit gewann, konnte ich an die WDO verweisen. Meine Aufgabe war es nun, neue Mitglieder für die Organisation zu werben.

Ganz unerwartet fand ich in meiner eigenen Familie Unterstützung. Mariam, eine Schwester meines Vaters, die nur ein Jahr älter war als ich, schloss sich mir an. Sie lebte eine Zeit lang bei uns, und wir schlichen gemeinsam zu den Treffen der neuen Frauengruppe. Nach ein paar Monaten reiste Mariam wieder in den Osten zu Aghajan, um dort ihre Arbeit fortzusetzen. Ich vermisste sie schmerzlich. Sie war meine einzige Gefährtin gewesen, sie hatte mich verstanden und mir in unserem Haus den Rücken gestärkt.

Es bedeutete sehr viel, Kameraden und Unterstützung zu finden, da der Widerstand gegen Frauenrechte und gegen die WDO unter Frauen wie Männern riesig war. Die WDO galt in Afghanistan als ketzerisch, sie verstieß gegen die hergebrachten Normen unserer Kultur. Anerkannt und unterstützt wurde sie nur von der Kommunistischen Partei. Der Widerspruch, der darin lag, dass eine demokratische Organisation von den Kommunisten unterstützt wurde, ging mir damals nicht auf. Die Kommunisten erkannten den Vorteil, der darin lag, dass sie sich als Einzige auf unsere Seite stellten, und warben bei unseren Frauen um Mitglieder. Viele waren zuerst widerspenstig und schlossen sich den Kommunisten am Ende nur an, weil es keine Alternative gab. Wenn die Frauenbewegung Erfolg haben sollte, mussten sie sich mit den Kommunisten zusammentun. Aber man muss auch sagen, dass die kommunistische Ideologie mit dem großen Gewicht, das sie auf Gleichheit und Befreiung von Unterdrückung legte, nicht nur für mich attraktiv war. Sie deckte sich weitgehend mit unseren Vorstellungen. Es war nur folgerichtig, die beiden Bewegungen, die gleiche Ziele zu verfolgen schienen, zu verbinden. So kam ich mit dem Kommunismus in Berührung.

Mein Leben drehte sich jetzt um meine neuen Freunde und um meine Arbeit für die Frauenbewegung. Ich ging regelmäßig zu unseren Treffen, verteilte Schriften in der Schule und setzte mich – auch öffentlich – für meine Grundsätze ein. Als ich mich daran gewöhnt hatte und mich in der einschlägigen Literatur besser auskannte, wurden meine Reden allmählich kühner.

»Frauen sollten die gleichen Privilegien haben wie Männer«, predigte ich einer Gruppe von Mitstreiterinnen und einigen neuen Rekrutinnen. »Wir sollten hohe Posten in der Regierung einnehmen dürfen. Wir sollten das Haus verlassen dürfen, ohne unsere Väter oder Brüder um Erlaubnis zu bitten. Wir sollten uns den Ehemann selbst wählen dürfen und sollten nicht gezwungen werden dürfen, einen Mann zu heiraten, den wir nicht lieben. Und auch in der Ehe sollte es gerecht zugehen. Wenn wir nur einen Mann haben dürfen, dann sollten auch die Männer nicht mehr als eine Frau haben dürfen.«

Eine der neuen Frauen hob schüchtern die Hand: »Aber der Koran erlaubt den Männern viele Frauen. Sogar der Prophet Mohammed hatte ja mehrere.«

Mein Zorn flammte auf; ich ließ alle Vorsicht beiseite. »Dann hat der Koran eben nicht Recht. Am liebsten würde ich ein Buch verbrennen, das den Männern mehrere Frauen erlaubt und uns solches Unrecht zufügt!« Das hatte ich Mariam sagen hören, und es hatte mir sofort eingeleuchtet.

Bei anderer Gelegenheit erwähnte ich einmal, ich sei mir gar nicht sicher, ob ich überhaupt heiraten wolle. Aus dem Publikum waren leise Schreckenslaute zu hören. »Wisst ihr, was ich wirklich will? Ich will Ärztin werden. Ich will für die Rechte der Frauen kämpfen. Aber wenn sich die Dinge nicht ändern, werde ich trotzdem heiraten. Und warum? Weil ich ohne Ehemann keine Freiheit habe. Ich kann nicht ausgehen. Ich kann zu keiner Versammlung gehen, zu keiner Party und in kein Kino. Ich darf nicht ins Konzert und nicht zur Arbeit gehen. Ich müsste meinen Vater oder meinen älteren Bruder fragen, die sich mir beide aufs Entschiedenste in den Weg stellen würden, wenn sie wüssten, was ich mache. Glücklicherweise wissen sie es nicht, sonst könnte ich diese Rede nicht halten. Aber wenn ich einen Mann heirate, der mich unterstützt, wird er mich arbeiten lassen. Er wird meine Eintrittskarte zur Freiheit sein. Denkt einmal darüber nach, Schwestern.« Meine Stimme hob sich: »Um frei zu sein, brauche ich die Erlaubnis eines Mannes. Haltet ihr das für richtig? Haltet ihr das für fair?«

Ich hatte mich in einer Hinsicht geirrt. Es stellte sich heraus, dass mein Vater genau wusste, was ich machte. Man hatte ihm hinterbracht, dass seine Tochter eine Kommunistin, eine Atheistin, eine Aufrührerin und Unruhestifterin sei. Später erfuhr ich, dass meine Schulleiterin die Hauptverräterin gewesen war. Sie hatte mich während der Schulpausen beobachtet. Und vielleicht gab es auch noch andere. Jedenfalls waren meine Aktivitäten weithin bekannt.

Ich bin gerade durch die Hintertür in die Küche geschlüpft. Ich höre seine Stimme.

»Sulima.«

Ich fahre zusammen.

Warum ist er hier? Nicht, um das Obst für das Frühstück zu waschen. Das ist längst erledigt. Nicht, um Saft zu pres-

sen. Und ganz bestimmt nicht, um Geschirr zu spülen. Es gibt nur einen einzigen Grund …

In meinen Ohren rauscht das Blut, mein Herz hämmert. Ich bin schon ein großes Mädchen. Vierzehn Jahre alt. Ich brauche seine Erlaubnis, wenn ich fortgehen möchte. Oder die eines Onkels oder Bruders. Hat er herausgefunden, dass ich nie um Erlaubnis gefragt habe?

Ein harter Griff, ein Schrei. »Bitte! Mein Arm!«

Der Griff wird noch fester. »Wo warst du?«

»B-bei Dina. Wir haben gelernt.«

Seine Stimme ist scharf wie eine Klinge. »Aha. Und wer hat dir das erlaubt?«

Schnell überlegen. Onkel Daoud? Nein, er war nicht zu Hause. Zamin? Er hatte nachmittags Unterricht. Oder vielleicht –

»Das dachte ich mir. Du hattest keine Erlaubnis.«

Bleib fest, meine Stimme, bleib fest. Ich muss das jetzt sagen: »Vater, Frauen sollten nicht die Erlaubnis von Männern brauchen, um das Haus zu verlassen.«

Seine Augen glühen, der Griff seiner Hand brennt an meinem Arm. »Lass mich nie wieder solche gotteslästerlichen Worte hören. Keine meiner Töchter wird die Lehren unserer Vorfahren und die heiligen Worte des Koran gering achten. Ich verbiete dir, dich mit Ungläubigen zu treffen und ihre Ketzereien weiterzuverbreiten. Man hat mir berichtet, dass meine Tochter durch sündhafte Aktivitäten Schande über unsere Familie bringt. Glaub nicht, dass du mich hintergehen kannst. Wenn ich erfahre, dass du mir nicht gehorcht hast, wirst du das Haus überhaupt nicht mehr verlassen dürfen.«

Ich konnte nicht schlafen. Ich zitterte immer noch. In der Einsamkeit meines Zimmers drückte ich mir das Kopfkissen auf den Mund und schluchzte lautlos. Abajan sollte mich nicht weinen hören.

Als ich keine Tränen mehr hatte, begann ich über meine missliche Lage nachzudenken. Nach kurzer Zeit schon war ich zu einem Entschluss gekommen. Ich konnte nicht mit meiner Arbeit aufhören. Das war undenkbar. Ich kämpfte um Gerechtigkeit, ich kämpfte für eine Sache, die gerecht und richtig war. Es wäre feige, sich durch Ängstlichkeit von diesem Kampf abhalten zu lassen. Ich würde mich damit auf die Seite der Ungerechtigkeit stellen. Abajan sollte mich nicht unterkriegen. Ich würde weiterarbeiten – nur noch viel vorsichtiger. Ich richtete es so ein, dass wir unsere Versammlungen bei Dina abhalten konnten. Ich konnte sie immer besuchen, weil wir zusammen zur Schule gingen.

Aber es dauerte nicht lang, bis Abajan dahinter kam, denn sein Argwohn war geweckt, und er beobachtete mich scharf. Offenbar hatte er auch Zuträger außerhalb des Hauses, die ihn über meine Aktivitäten auf dem Laufenden hielten. Einige Monate später, zu Anfang meines ersten Highschool-Jahres, hielt er mich zurück, als ich gerade zur Schule gehen wollte.

»Nur einen Augenblick, Sulima.«

»Bitte, hat das nicht Zeit, Abajan? Ich bin spät dran.«

Seine Hand legte sich schwer auf meine Schulter, seine Finger gruben sich in mein Fleisch. »Du gehst nicht in die Schule.«

Ich protestierte, aber sein Griff wurde noch fester.

»Du hast mir nicht gehorcht. Denk ja nicht, dass ich nicht Bescheid weiß. Ich habe es schon lang geargwöhnt, aber jetzt weiß ich es sicher, dass du deine ketzerische Tätigkeit fortgesetzt hast.« Ich wagte nicht zu fragen, wer mich verraten hatte. Außerdem spielte das jetzt ja auch keine Rolle mehr.

»Du musst zu deinem eigenen Besten und zum Schutz der Familie eingesperrt werden. Du darfst das Haus nicht mehr verlassen. Du kannst zu Hause weiterlernen, wenigstens vorläufig. Frauen sollten Schulbildung haben, wenn sie damit umgehen können. Aber leider kommen manche dann auf dumme Ideen und denken, sie seien den Männern ebenbürtig. Denen muss man eine Lehre erteilen.« Wieder hörte ich die Drohung in seiner Stimme. »Ich gebe dir die Chance, zu beweisen, dass du eine gute Muslimfrau bist, die ihre Intelligenz richtig nutzt und ihren Platz kennt. Ich erlaube dir, deine Studien zu Hause fortzusetzen, weil ich ein großzügiger und hochherziger Mann bin und die Frauen achte. Gib mir keinen Anlass, diesen Entschluss zu bereuen.«

Er erwartete Dank von mir, und obwohl ich mich dafür verachtete, gab ich nach. »Danke, Abajan«, murmelte ich und floh in mein Zimmer.

Als der erste Schock nachgelassen hatte, überdachte ich meine Lage. Langsam kam mir die Realität dessen, was eben passiert war, zu Bewusstsein. Es war ein gewöhnlicher Donnerstag. Ein Schultag. Meine Freundinnen saßen im Klassenzimmer und hatten Unterricht in Naturwissenschaften und Mathematik. Ich saß in meinem Schlafzimmer, und auf meiner Schulter brannten Fingerabdrücke. Ich blickte auf die Uhr. Halb zehn. Bald war Pause. Meine Freundinnen würden in kleinen Gruppen zusammenstehen und sich fragen, was mit mir los war. Dina würde mit Zafar über das morgige Treffen sprechen. Dann würde die Glocke läuten, und der Unterricht würde wieder anfangen. Ohne mich.

Würde ich je wieder aus dem Haus gehen dürfen? Wie konnte ich unter dem gleichen Dach wie mein Vater meine Arbeit fortsetzen? Würde ich je wieder zur Schule gehen? Wenn nicht, wie sollte ich dann auf die Universität kommen? Wie sollte ich Ärztin werden?

Mein Kopf drehte sich vor lauter Fragen, die Welt ballte sich zusammen zu einem Knäuel aus Schmerz und Bedrohung. Das Knäuel rotierte, schneller und schneller, bis es in einem Tränenstrom explodierte, der mich verzweifelt und erschöpft zurückließ.

Ich stand unter Hausarrest.

Ich muss eingeschlafen sein, denn ich kann mich an die nächsten Stunden nicht erinnern. Dann hörte ich Türenschlagen. Karim, Husna, Asim und Zamin waren aus der

Schule heimgekommen. Sie schwatzten über Lehrer und Hausaufgaben, und der Schmerz brannte mir in der Kehle wie Galle. Und dann wallte der Zorn in mir auf. Glühender, gewaltiger, reinigender Zorn.

Er sollte mich nicht aufhalten. Nichts und niemand durfte sich in den Weg stellen, wenn es um Gerechtigkeit, Gleichberechtigung und Befreiung ging. Ich würde einen Weg finden, ganz gleich um welchen Preis.

Ich legte mich wieder hin, und langsam nahm ein Plan in meinem Geist Gestalt an. Ich griff zum Telefon und wählte Dinas Nummer.

4

»Dina, wie schön, dich zu sehen. Was für ein hübsches Kopftuch.« Madarjan hatte Dina die Tür geöffnet. Meine Freundin hatte einen Rucksack dabei. »Willst du mit Sulima lernen?«

Dina nickte und band sich das Kopftuch um, als sie das Haus betrat. Wir hatten ausgemacht, dass alle meine Freundinnen ihr Haar bedecken sollten, damit Abajan sie nicht so bedrohlich fand.

»Ich bringe euch Tee und Kekse«, rief Madarjan ihr nach.

Wir umarmten uns, und ich schlug das Chemiebuch auf. Falls jemand hereinkam, konnte ich die verbotene Literatur unter den Schulbüchern verstecken.

»Hast du *Das Kapital* dabei?«, fragte ich begierig.

Sie nickte und zog das kostbare Buch aus der Tasche. »Wir sind bei Kapitel fünf. Jetzt bist du dran.«

»Gut. Und du kannst das dritte Kapitel aus *Der Fürst* abschreiben.«

Dina packte das Buch schnell ein.

Unsere kleine Geheimbibliothek – Bücher von Marx, Lenin, Machiavelli und anderen Staatsphilosophen – wurde in unserem Freundes- und Unterstützerkreis vorsichtig herumgereicht. Wir wussten, dass wir nicht überzeugend über Frauenrechte, Politik, Geschichte und Philosophie sprechen konnten, wenn wir nicht Leute zitierten, die bedeutender waren als wir und für unsere Ideen die theoretischen Grundlagen lieferten. Weil sich keine von uns diese Bücher alle leisten konnte, legten wir unsere Bestände zusammen und benutzten sie gemeinsam. An Fotokopierer kamen wir nicht heran, also musste jede von uns eine bestimmte Anzahl von Kapiteln aus jedem Buch mit der Hand abschreiben. Mit Hilfe von Kohlepapier machten wir jeweils sieben Kopien, die wir verteilten.

Madarjan kam mit dem Teetablett ins Zimmer, und ich versteckte *Das Kapital* schnell unter meinem Chemiebuch. Madarjan wusste zwar Bescheid über meine Arbeit, aber ich wollte sie so wenig wie möglich hineinziehen. Es war mir zuwider, dass ich sie betrügen musste, aber nur so konnte ich ihr größere Konflikte ersparen. Ich wollte sie nicht in Gefahr bringen. Sie war sowieso immer hin und her gerissen zwischen Abajan und mir. Je mehr sie gewusst hätte, desto mehr wäre sie zu meiner Kollaborateurin geworden, desto mehr hätte sie Abajan hintergehen und ihre eigenen Prinzipien verraten müssen.

Als Madarjan das Zimmer verlassen hatte und wir mit Tee und Plätzchen fertig waren, stand Dina auf, um zu gehen. »Wer kommt morgen zu dir?«

»Zafar«, antwortete ich. »Sie holt das Kapitel bei mir ab und bringt es dir. Aber sie hat meist nicht viel Zeit. Ruf mich an, dann sag ich dir, welche Seiten die wichtigsten sind. Du kannst es dann allen weitersagen.«

»Wann soll ich bei dir anrufen?«

»Morgen nach dem Abendessen. Wenn belegt ist, ruf ich dich später an. Und denk daran, wenn ich sage ›Multiplizieren‹, dann spreche ich über das Kapitel aus dem *Kapital*. Wenn ich dir Zahlen zum Multiplizieren angebe, dann handelt es sich um Seitenzahlen aus dem Kapitel. Aber wenn ich sage ›Dividieren‹, dann bedeutet das, dass zum Thema Frauen nichts Wichtiges in dem Kapitel steht. Dann kannst du dir viel Arbeit sparen.«

Die Mathematik war für uns ein wunderbarer und vielseitig verwendbarer Vorwand für lange Gespräche geworden. Mit Hilfe mathematischer Begriffe und Funktionen tauschten wir eine Fülle codierter Botschaften aus. Über mein Mathematikbuch gebeugt, übermittelte und erfuhr ich Einzelheiten über kommunistische Propaganda, über Treffpunkte, Reden und diverse Aufgaben und wirkte dabei wie eine besonders fleißige Schülerin.

Aber Abajan war weiterhin misstrauisch. Er patrouillierte häufig am Telefon vorbei, egal, ob ich im Wohnzimmer oder am Nebenanschluss in Karims Zimmer telefonierte. Damals lebte Karim nicht mehr bei uns. Er war zu den Großeltern im Osten gezogen, um den ständigen Schikanen unseres Vaters zu entgehen. Aber auch in seinem Zimmer hatte ich keine Ruhe. Abajan konnte überall lauern. Und wenn ich auch noch so unschuldig dreinschaute, verriet ich mich doch wahrscheinlich durch mein Erröten.

So war es.

»Schluss mit dem Telefonieren«, verkündete Abajan eines Abends, als ich eben Dinas Nummer wählen wollte.

»Warum?« Mein Herz hämmerte. Der Hörer rutschte mir beinahe aus der schweißfeuchten Hand.

»Ich bin sicher, dass du das Telefon für gottlose Zwecke benutzt.«

»Aber Abajan, es geht doch um Mathematik. Du hast selbst gesagt, dass ich weiterlernen soll.«

»Du hast mich schon früher angelogen, und ich bin überzeugt, dass du wieder lügst. Ich kann es nicht beweisen, aber das ist auch nicht nötig. Ein König muss seine Entscheidungen den Untertanen gegenüber nicht rechtfertigen. In diesem Haus bin ich der König, und meine Kinder müssen mir gehorchen. Leg auf.«

Ich gehorchte.

Ohne das Telefon war ich noch isolierter. Dina, Zafar und meine anderen Freundinnen kamen mir zu Hilfe, indem sie mich jeden Tag besuchten, demütig in den Tschador, den aus religiösen Gründen getragenen Schleier, gehüllt.

Abajan beargwöhnte mich weiterhin, und ich ertappte ihn oft dabei, wie er vor meiner Tür lauschte. Aber wir unterhielten uns mit Gemurmel und Geflüster und sprengten außerdem genug Chemie und Mathematik in unsere Gespräche ein, so dass er schließlich zufrieden schien und uns in Ruhe ließ.

Aber er war nicht wirklich zufrieden, und sein Verdacht war nicht ausgeräumt. Jetzt spionierte er mir zwar bei Tag nicht mehr nach, aber dafür bei Nacht umso intensiver.

Wir Kinder mussten alle um neun Uhr im Bett sein, selbst als wir schon so gut wie erwachsen waren. Abajan wollte früh Ruhe im Haus haben, damit er gut schlafen konnte, und weil er uns um fünf Uhr morgens schon wieder zum Gebet wecken musste. Das sagte er jedenfalls. Tatsächlich aber strich er nachts oft durchs Haus, um mich bei etwas Verbotenem zu erwischen. Obwohl er schon untertags gelegentlich mein Zimmer kontrollierte, klopfte er auch nachts noch manchmal an meiner Tür. Er wollte mich unbedingt auf frischer Tat ertappen.

Deshalb verschloss ich immer meine Tür, wenn ich zu Bett ging. Ich breitete meinen Gebetsteppich vor dem Bett aus und legte den Koran darauf. So konnte ich, wenn Abajan hereinkam, immer sagen, ich hätte gerade gebetet oder im Koran gelesen. Muslime beten sowieso schon fünf Mal am Tag, aber es gilt als besonders verdienstvoll, wenn man auch nachts noch zusätzlich aufsteht und betet oder im Koran liest.

Dann nahm ich mein Mekkabild von der Wand. Es war eine Fotografie, die Abajan auf jener schicksalhaften Reise gemacht hatte, welche unser Leben so grundlegend verändert hatte. Hinter dem Bild hatte ich einen Ziegelstein aus der Wand genommen und dadurch eine Nische geschaffen, in der ich meine Bücher und Papiere unterbrachte. Vorher hatte ich meine Papiere unter der Matratze versteckt, aber da hatte Abajan einmal nachgesehen und sie entdeckt. Die Prügel, die ich dafür erhielt, waren schlimm, und mir war klar, dass ich ein besseres Versteck finden musste. Ich nähte eine Tasche in meine Matratze und schob die Blätter hinein, aber sie raschelten, wenn ich mich hinlegte. Das war also auch nicht sicher genug. Aber die Nische hinter dem Bild schien mir doch ein ideales Versteck zu sein.

Ich holte also nachts das Buch, Schreib- und Kohlepapier aus der Nische, hängte das Mekkabild wieder an die Wand und machte mich an die Arbeit. Das Radio meiner Eltern hatte eine beleuchtete Senderskala. Ich holte es mir jede Nacht und schrieb bei seinem schwachen Licht aus den Büchern ab. Natürlich hörte man die Musik, wenn das Radio an war, also musste ich eine dicke Decke darüberlegen.

Eines Nachts hörte ich ein Klopfen an der Tür.

Ich konnte nach langer Übung die Sachen völlig geräuschlos in ihr Versteck bringen. Ich kroch zur Wand, schob das Bild zur Seite und schob die Papiere in die Nische. Dann öffnete ich die Tür.

»Was treibst du?« Mir wurde flau im Magen, und mein Herz klopfte, wie immer, wenn Abajan mich ansprach.

»Ich habe im Koran gelesen«, sagte ich. »Und gebetet.«

Er spähte im Zimmer herum. »Warum hast du nicht gleich aufgemacht?«

»Ich war gerade mittendrin.«

Ganz offensichtlich glaubte er mir nicht. Er tastete die Matratze unten ab. Nichts. Er schaute unters Bett. Wieder nichts. Er zog die Decke zur Seite und erblickte das Radio.

»Wieso ist das Radio unter deiner Bettdecke?«, brüllte er.

»Ich habe Musik gehört.«

»Beim Beten? Weißt du nicht, dass das eine Entweihung ist?«

Ruhig bleiben. Nur wenn du ruhig bleibst, wirkst du unverdächtig. »Ich hab das Radio zugedeckt, damit niemand gestört wird. Ich konnte es beim Beten gar nicht hören.«

»Und warum hast du es nicht vorher ausgeschaltet?«

Ruhig. Klar denken. »Ich hab's vergessen. Der Koran war mir so wichtig, dass ich an das Radio gar nicht mehr gedacht habe.«

Ich zwang mich dazu, ihm in die Augen zu schauen, zwang mich, gelassen auszusehen. Wir starrten uns an. Vater voll Zorn, ich ein Bild der Unschuld. Eins. Zwei. Drei. Dann zog er den Stecker heraus und nahm das Radio unter den Arm.

»Das Radio ist konfisziert, und zwar für immer. Nachts gibt es von jetzt an keine Musik mehr. Und auch keinen anderen Unfug.« Er warf mir noch einen bösen Blick zu und ging.

In dieser Nacht wurde nichts mehr geschrieben.

In der nächsten Nacht hatte ich eine neue Idee. Ich benutzte eine Kerze.

Wenn ich jetzt daran zurückdenke, bin ich überzeugt, dass irgendetwas oder irgendwer mich und uns alle damals beschützt hat. Ich hätte leicht das Haus in Brand setzen können. Ich warf eine Decke über meinen kleinen Tisch, kroch mitsamt meiner Kerze darunter und schrieb fieberhaft. Ich hatte schon etliche Seiten geschafft, als ich das vertraute Klopfen an meiner Tür hörte.

Schnell. Keine Zeit zum Nachdenken. Die Papiere hinter das Bild. Decke vom Tisch. Kerze heraus. Türe öffnen.

Abajan starrte mich an. »Warum bist du schwarz im Gesicht?«

Ich fuhr mir mit dem Finger über die Backe. Er war voll Ruß. Mein Gesicht war im Kerzenrauch völlig schwarz geworden.

»Ich habe bei Kerzenlicht im Koran gelesen«, sagte ich und deutete auf die unschuldig flackernde Kerze, die ihr Licht auf die Seiten warf, welche meinem Vater so heilig waren.

Wieder durchsuchte er das Zimmer. Boden. Matratze. Bett. Kleiderschrank. Nichts. Er seufzte. »Ich kann dir ja schlecht den Koran wegnehmen. Behalte die Kerze, wenn es sein muss.«

Ein kleiner Sieg. Mein kleines Licht hatte über die Dunkelheit im Haus meines Vaters, über die Dunkelheit in meinem Leben gesiegt. Die Kerze wurde meine Freundin, meine Kameradin, während ich mich Nacht für Nacht mit den Lehren großer Denker und Revolutionäre beschäftigte und während mein Geist wuchs und sich erhob wie die Flamme selbst.

Bald sah mein Mekkabild ziemlich abgenutzt aus. An der rechten oberen Ecke war es eingerissen, und man konnte die Papiere sehen. Ich kramte in Vaters Fotografien, bis ich einen passenden Ersatz fand. Wieder ein Bild aus Mekka, aber aus einem anderen Blickwinkel.

Abajan durchsuchte mein Zimmer immer noch gelegentlich. Als er das nächste Mal hereinplatzte, bemerkte er das neue Bild sofort.

»Was ist aus dem alten geworden?«, forschte er.

»Es war eingerissen, darum habe ich es ersetzt.«

Kaum hatte ich das gesagt, wusste ich schon, dass ich einen Fehler gemacht hatte. Warum sollte ein Bild, das nichts anderes zu tun hatte, als an der Wand zu hängen, plötzlich einreißen? Schon fühlte ich wieder das Hämmern in meiner Brust, die Übelkeit im Magen, den Schweiß auf meiner Stirn. Warum hatte ich nicht einfach gesagt, ich wolle das Heiligtum einmal aus einem anderen Blickwinkel sehen? Ich fände seine Fotografien so erhebend, dass ich alle paar Wochen eine andere anschauen wollte?

Sollte ich mich jetzt noch korrigieren, oder würde das die Sache nur verschlimmern?

»Aha.« Seine Stimme triefte vor Sarkasmus. »Das Bild ist ganz von selbst kaputtgegangen.«

Er trat zur Wand und nahm das Bild ab. Und alles fiel heraus. Das Buch, das ich gerade abschrieb, nämlich *Ein Schritt vorwärts und zwei Schritte zurück* von Lenin. Das Kohlepapier. Mein Schreibblock. Meine Stifte. Ein angefangener Brief an Raschid, einen Freund und Mitstreiter.

Sag was. Irgendwas. Entschuldige dich. Bettle. Berufe dich auf Gottes Gnade. Ich öffne den Mund, aber meine Kehle ist so trocken wie die Blätter des Korans. Ich möchte sprechen, aber es kommt kein Ton heraus.

Hände. Hände greifen nach mir. »Nein, bitte nicht!« Ich werde aufs Bett geworfen. »Nicht, Abajan! Nicht mit der Kette, bitte!« Geräusche sind zu hören, aber keine Worte.

Kleidung zerreißt. Ein Schwirren, ein dumpfer Aufprall, der Schock, als Metall auf Fleisch trifft. Schreie – ist das meine Stimme? Und der Schmerz, der brennende Schmerz. Wieder und wieder und wieder. Etwas Warmes tropft, sickert, strömt von meinem Rücken. Wieder und wieder. Dann wird eine Tür zugeworfen. Salzgeschmack in meinem Mund, die Tränen von Madarjan mischen sich mit meinem getrockneten Blut, als sie mir behutsam die Wunden wäscht.

Zwei Wochen lang kann ich das Bett nicht verlassen.

5

Ich schlug die Augen auf. Es war die folgende Nacht, Mitternacht. Abajan saß auf meinem Bett. Mein Herz krampfte sich zusammen. Wollte er mich wieder schlagen?

»Abajan?« Ich konnte nur flüstern.

»Du hast in diesem Brief schreckliche Dinge über mich geschrieben.«

Ich errötete im Dunkeln. Ich hatte mir Abajans Füller ausgeliehen, um an Raschid, einen Freund in der Kommunistischen Partei, zu schreiben. Ich war gerade dabei, mir den Zorn über meinen Hausarrest von der Seele zu schreiben, als die Tinte auslief und das Papier verschmutzte. Ich schrieb: »Jetzt ist die Seite so schwarz wie die Seele meines Vaters.« Dieses Blatt hatte Abajan mit allen übrigen vorige Nacht konfisziert.

Einen kurzen Augenblick fühlte ich Reue. Dann wallte gerechter Zorn in mir auf. Es war *seine* Schuld, dass ich diese Worte geschrieben hatte. *Er* hatte mit seiner Tyrannei diesen Hass erzeugt. »Tut mir Leid, Abajan«, murmelte ich.

Er schwieg lange. Woran dachte er? Und wann würde er wieder gehen? Ich lag wach, ganz verkrampft, bis er endlich aufstand und langsam aus dem Zimmer ging.

Er kam jede Nacht. Er setzte sich an mein Bett und betrachtete mich schweigend. Es war eine äußerst unangenehme und beklemmende Situation. Noch schlimmer wurde es, als er in der dritten Nacht zu weinen anfing. Ich hatte Abajan noch nie weinen sehen. Wie konnte ich ihn trösten? Was konnte ich sagen?

»Sula, Sula, ich bitte dich, bereue, bevor es zu spät ist. Du weißt nicht, was morgen ist. Bete zu Gott und bitte ihn um Vergebung.«

Vergebung? Wofür? In mir kochte schon wieder der Zorn hoch, und augenblicklich verwarf ich die Idee, meinen Vater trösten zu wollen.

Diese Szene wiederholte sich in der nächsten Nacht, und in der übernächsten wieder. Abajans Tränen waren Salz auf die Wunden, die er mir zugefügt hatte, und ich zählte ungeduldig die Minuten, bis er wieder ging.

»Du bleibst nicht in Kabul«, verkündete Abajan, sobald ich wieder gehen konnte. »Du wirst in Zukunft im Osten bei Großvater leben.«

Kabul verlassen? Und was war mit meiner Arbeit? Wie sollte ich die Frauen über ihre Lage aufklären ohne die Hilfe der WDO? Ausgerechnet jetzt sollte ich fort! Ich war schon zwei Wochen ausgefallen, was sollte werden?

Die Reise war schrecklich. Ich musste meine Freundinnen zurücklassen, meine Arbeit, alles, was mir wichtig und lieb war. Ich hatte immer noch Schmerzen und war traumatisiert von Vaters Tränenausbrüchen. Die Fahrt wurde langsamer, als das Auto sich in die Berge vorarbeitete, und der Kummer überwältigte mich. Was sollte ich tun?

Mariam begrüßte mich fröhlich, warf ihre Arme um mich und wollte mich gar nicht mehr loslassen.

»Sulima, ich bin so glücklich, dass du da bist!«

Es stellte sich heraus, dass Mariam versucht hatte, im Osten eine Frauenbewegung zu gründen. »Ich kann gut mit Leuten reden«, sagte sie, während ich auspackte. »Sie hören mir zu. Sie sind beeindruckt. Ich kann sie motivieren, und sie wollen mitarbeiten. Aber weiter kommen wir nie, weil ich nicht organisieren kann. Wir brauchen genau so jemand wie dich.«

Meine Stimmung hob sich. Vielleicht war dieser Ortswechsel das Beste, was mir passieren konnte. Hier war völliges Neuland. Ich konnte den Acker bereiten, ich konnte wirklich etwas ausrichten. Und ich würde mich nicht vor meinem Vater rechtfertigen müssen. »Sag mir, was du unternommen hast, und wie viele Frauen es gibt.«

»Im Augenblick haben wir nur Mädchen unseres Alters. Ich weiß nicht, wie man die älteren Frauen gewinnen kann.«

»Dann organisieren wir erst die Mädchen und kümmern uns später um die Frauen.«

Ich verbrachte zweieinhalb Monate im Osten, und diese Zeit gehört zu der glücklichsten, die ich je erlebt habe. Aghajan war zwar genau so fanatisch und stur wie Abajan, aber er fühlte nicht die Rachsucht meines Vaters und hatte kein Interesse daran, mich zu verfolgen und auszuspionieren. Er kam nicht auf die Idee, ich könnte mich auf gottlose Umtriebe einlassen. Abajan hatte ihn nicht informiert, weil er dachte, es würde mit meiner Arbeit vorbei sein, sobald ich aus Kabul weg wäre. Aghajan war alt und müde und interessierte sich nur für seine Farm und seine Häuser. Er reiste immer noch viel und war manchmal tagelang weg, und auch wenn er da war, sahen wir ihn kaum. Wir konnten uns auf seinem riesigen Besitz herumtreiben. Solange wir nicht direkt vor seinen Augen etwas verbrachen, hatten wir unsere Ruhe. Auch mit meiner Großmutter und seinen anderen Frauen hatten wir keine Probleme. Sie verwöhnten mich und ließen Mariam und mir viel Freiheit.

Es war einfach großartig. Wir trafen unsere Freundinnen in Aghajans Obstgärten. Das war nichts Ungewöhnliches. Im Osten gab es damals noch kein Fernsehen und auch sonst wenig Abwechslung, besonders für Mädchen. Es gab zwar Kinos, aber da durften wir nicht allein hin. Das wäre unpassend gewesen. So kamen die Mädchen in den Gärten zusammen und gingen spazieren. Sie durften unbegleitet zu ihren Freundinnen zu Besuch gehen.

Die Eltern meiner Freundinnen hatten nichts dagegen, dass ihre Töchter mich besuchten. Mein Großvater war ein bedeutender und angesehener Mann. Diese Eltern, die ihre Töchter so sorgsam bewachten, kamen gar nicht auf den

Gedanken, dass diese in Aghajans Haus etwas tun könnten, was sie missbilligt hätten. Also war es nicht schwer, die Mädchen zu unseren Treffen einzuladen.

So eine Versammlung im Obstgarten war etwas ganz anderes als eine Versammlung in Dinas Zimmer oder im Büro der WDO. Die Sonne wärmte uns das Gesicht, und köstliche Blumendüfte wehten zu uns herüber und berauschten uns fast mit ihrer Süße. Gelegentlich stieg eine von uns in einen Birnbaum und schüttelte die reifen Früchte herunter. Dann gingen wir zum Bach, wuschen die Birnen und veranstalteten ein Festmahl. Es schmeckte himmlisch. Die Birnen waren süß und zart wie Zuckerwatte. Ihr Fleisch schmolz uns fast im Mund. Wir lagen am Ufer des Baches, aßen eine Birne nach der anderen und redeten. Dann pflückten wir Melonen und stellten sie in einem Korb in den Bach, um sie zu kühlen. Am Nachmittag würden wir sie holen.

Die Versammlungen in Kabul waren ernsthaft und steif gewesen. Aber hier gab es immer Spaß und Gelächter. Wir spielten *schir jangi,* ein Spiel, bei dem einer ein Gedicht vorträgt, und der Nächste muss ein Gedicht finden, das mit dem gleichen Buchstaben anfängt, mit dem das vorige aufgehört hat. Und so weiter. Ach, wie wir Gedichte liebten! Wir nahmen die Worte berühmter Dichter und passten sie unseren revolutionären Ideen an.

Wenn du deine Augen auf mich richtest
Ist ihre Schönheit so groß
Dass du mich mit dem Schwert bedrohst
Mit der Enthauptung
Aber wenn ich das Schwert fürchtete
Würde ich nicht mit dir tanzen
Im Kreis der Liebenden.

Weil romantische Liebe verboten war, riskierte der Dichter sein Leben, wenn er die Angebetete umwarb. Wir änderten die Worte, so dass sie auf unsere Situation passten.

Wenn die großen Denker
Ihre Worte an mich richten
Durch ihre Bücher
Ist ihre Schönheit so groß
Und sie sind so wahr
Dass sie mich mit dem Schwert bedrohen
Mit der Enthauptung
Aber wenn ich das Schwert fürchtete
Würde ich zu keiner Versammlung gehen.

Nicht gerade ein Meisterwerk, aber wir waren schließlich Teenager. Wir hatten Spaß, wir amüsierten uns. Wir sangen zusammen, erzählten uns Geschichten und aßen Birnen, bis wir uns kaum mehr rühren konnten. Dann schlenderten wir ins Haus, wo ein weiteres köstliches Mahl auf uns wartete: Fleischscheiben von einem frisch geschlachteten Lamm, die mit Knoblauch im Ofen gebraten waren. Im selben Ofen wurde das Brot gebacken. Wenn es herauskam, duftete es nach Fleisch und Knoblauch. Wir füllten das Brot mit Fleisch und aßen es, und der Saft lief uns übers Kinn. Dann kehrten wir wieder in den Obstgarten zurück.

Manchmal, wenn wir gute Arbeit geleistet hatten, belohnten wir uns selbst. Einmal gingen wir ins Kino. Wir legten zusammen und bezahlten für die gesamte Frauensektion im Kino. Wir waren so viele, dass diese Unternehmung nichts Unziemliches hatte. Wir saßen auf der Galerie, die für Frauen und Kinder reserviert war, und hielten uns an den Händen, während die Handlung ihren Lauf nahm. Ich kann mich an den Film noch erinnern. Er hieß *Khamuschi,* das heißt »Schweigen«. Die Hauptfigur ist eine Krankenschwester, die sich in einen Patienten verliebt. Der Patient wiederum ist vor Schmerz wahnsinnig geworden, weil die von ihm geliebte Frau seine Gefühle nicht erwidert. Seine Pflegerin möchte ihm sein Selbstvertrauen wiedergeben; deshalb gibt sie zunächst vor, ihn zu lieben. Er wird geheilt, und als er das Sanatorium verlässt, nutzt er sein neu gewonnenes Selbstvertrauen, um seine alte Angebetete zu gewinnen. Aber dann kommt raus, dass sich die Krankenschwester mittlerweile wirklich in ihn verliebt hat. Als sie gebeten wird, ihre Strategie bei einem neuen Patienten anzuwenden, bricht sie zusammen, wird wahnsinnig und kommt ins Irrenhaus. Muss ich extra sagen, dass wir heulten wie die Schlosshunde?

Aber wir kamen nicht nur zum Vergnügen zusammen. Wir verfolgten unsere Ziele, planten und organisierten. Wir konzentrierten uns hauptsächlich auf Mariams Schule. Manchmal begleitete ich sie dorthin. Während der Pause sprach ich die Mädchen an und lud sie zu unseren Versammlungen ein. Wenn ich nicht mitgehen konnte, gab ich Mariam Artikel oder Bücher mit, die sie verteilen konnte.

In dieser Schule fand ich viele aufmerksame Zuhörerinnen. Auch manche Lehrerinnen freuten sich, wenn ich kam und ihre Schülerinnen aufklärte. Es stellte sich heraus, dass sie schon lange sehnsüchtig darauf gewartet hatten, dass sich die Stellung der Frau endlich verbesserte. Endlich kam jemand und tat etwas! Ich genoss es auch, wieder in einer Schule zu sein. Ich hatte zwar zu Hause weitergelernt, aber die Klassengemeinschaft doch sehr vermisst. Jetzt konnte ich mit Mariam in die Schule gehen, und zwar in die gleiche Klasse. Mariam war älter als ich, aber sie war, wie im Osten üblich, erst mit sieben Jahren in die Schule gekommen. Ich dagegen war mit sechs eingeschult worden und hatte einmal eine Klasse übersprungen. So traf es sich, dass wir nicht nur Cousinen und gute Freundinnen waren, sondern auch Klassenkameradinnen.

Bibijans Haus lag näher bei der Schule als das von Aghajan, deshalb lud ich oft Mädchen dorthin ein. Babajan war damals schon tot. Bibijan war zu Besuch in Kabul, aber Tante Schila lebte mit einer Menge diverser Verwandter im Haus und war gern bereit, uns bei unserer Arbeit zu helfen. Sie vermutete, dass nicht alle Mütter damit einverstanden wären, wenn ihre Töchter sich für Frauenrechte stark machten, und machte sich zur Schutzpatronin unserer Treffen. Sie bestand darauf, die Gäste an der Tür zu begrüßen. Wenn ein Mädchen von seiner Mutter begleitet wurde, dann lud Tante Schila die Mutter ein, mit ihr Haus und Gärten zu besichtigen. »Lassen wir die Kinder allein, dann können sie ungestört über ihren Kinderkram reden.«

Die Arbeit für die Frauenrechte begann für mich immer – damals wie heute – mit Bildung. Ich bin fest überzeugt, dass Frauen sich niemals aus der Unterdrückung durch die Männer befreien können, wenn sie nicht die gleichen Bildungschancen bekommen. Im Osten Afghanistans sprachen wir damals aber nicht von gleichen Bildungschancen. Dort ging es um die einfachsten Dinge: um Lesen und Schreiben. Besonders die armen Familien sahen oft keinen Sinn darin, Mädchen zur Schule zu schicken, zum Teil waren sie sogar strikt dagegen. Aber auch bei den Wohlhabenden begriffen die Mädchen oft die Wichtigkeit der Bildung nicht. Auch von ihnen konnten viele nicht lesen.

Ich erzählte den Mädchen in der Schule, dass eine gute Bildung ihnen ein besseres Leben versprach. Ich erzählte ihnen von Ländern, in denen die Frauen lesen und schreiben konnten, wo sie zur Arbeit gehen konnten, wo sie frei sein konnten. Ich drängte die reichen Mädchen, auf ihre Eltern einzuwirken, damit diese wiederum die armen Leute, die auf ihren Gütern arbeiteten, dazu anhielten, ihre Töchter zur Schule zu schicken. Wenn eine Familie sich den Schulbesuch nicht leisten konnte, sammelten wir Geld und halfen mit Heften, Stiften und Büchern aus. Oft fühlten sich die armen Leute durch den Besuch des Grundbesitzers so geehrt, dass sie bereitwillig alles taten, was er vorschlug. Die Tatsache, dass die Töchter der Reichen auch in die Schule gingen, ließ ihnen die Schule als etwas Erstrebenswertes erscheinen. Gelegentlich nahm eine Mutter oder Tante aus echtem Interesse an einem unserer Treffen teil, und wir waren begeistert, wenn sich Erwachsene uns anschlossen.

Ich bin stolz darauf, dass ich an dieser ersten Frauenbewegung im Osten einen Anteil hatte. Die Bewegung wuchs und gediehe noch lange, nachdem ich wieder abgefahren war. Zu ihrer Zerstörung haben mehrere Kräfte beigetragen. Die Kommunisten betrieben die allgemeine Alphabetisierung sehr aggressiv und nahmen keine Rücksicht auf die Mentalität der Landbevölkerung. Bildung galt bei vielen Frauen jetzt nicht mehr als Privileg, sondern als Plage, und was noch schlimmer war, als Symbol der Unterdrückung durch Fremde. Der Hass auf die Sowjets wegen ihrer Einmischung in innere Angelegenheiten Afghanistans führte zum Aufstieg der Rebellen, die schließlich die Russen zum Rückzug zwangen – der Mudschaheddin. Während der Kämpfe und hernach, als die Mudschaheddin an die Macht gekommen waren, gingen selbst die engagiertesten Frauen nicht mehr zur Schule, weil das Ausgehen viel zu gefährlich war. Und unter der Herrschaft der Taliban war es mit der Frauenbildung fast völlig vorbei. Auch jetzt, nach dem Sturz der Taliban, wird es noch Jahre, wenn nicht Jahrzehnte dauern, bis wir den Rückstand aufholen und wieder Fortschritte machen können. Ich hoffe nur, dass ich es noch erlebe.

Diese glückliche Zeit im Osten nahm ein jähes Ende, als wir die schreckliche Nachricht erhielten, dass Onkel Murid, Abajans Bruder, und seine Frau, Tante Nasima, bei einem Verkehrsunfall ums Leben gekommen waren.

Abajan kam am nächsten Tag, zusammen mit anderen männlichen Verwandten, die mit ihm zum Friedhof gingen. Aus dem ganzen Land strömten Freunde und Verwandte herbei, um den Toten zu ehren und den Hinterbliebenen zu kondolieren.

Die Frauen gingen nicht zur Beerdigung. So war es Brauch. Sie blieben währenddessen bei Guljan im Haus. Für den Augenblick waren sogar Aghajans andere Frauen freundlich und versuchten sie zu trösten. Aber es half nichts. Guljan war untröstlich. Sie sagte ständig vor sich hin: »Ich bin *bura,* ich bin *bura,* eine Frau, die ihr Kind verloren hat.« Sie wiegte sich klagend hin und her. »*Khawray may pe sar schuwey.* Möge Staub mich bedecken und begraben.«

Madarjan kam nicht zu den Trauerfeiern. Sie war mit Hala schwanger, und es ging ihr nicht gut. Die vielen Schwangerschaften hatten sie so geschwächt, dass sie nicht reisefähig war.

Nach der Beerdigung kam Abajan zu mir. Er hielt ein Blatt Papier in der Hand. »Ich möchte, dass du heimkommst«, sagte er.

Es war der Brauch, dass einige Tage nach einer Beerdigung, die auf dem Land stattfand, in einer großen Stadt noch einmal Trauerfeierlichkeiten abgehalten wurden. Darum dachte ich, ich sollte nur zu diesen Zeremonien nach Kabul reisen. »Und soll ich dann wieder hierher zu Aghajan fahren?«

Er schüttelte den Kopf. »Nein. Du sollst für immer daheimbleiben.«

Sollte das heißen, dass er seine Meinung bezüglich der Schule geändert hatte? Ich wollte mir nicht zu früh Hoffnungen machen und wartete ab.

Aber es stellte sich heraus, dass er einen ganz anderen Grund für seinen Wunsch hatte. »Wir adoptieren Murids kleine Tochter Surya. Deine Mutter kann jeden Tag niederkommen. Es geht ihr nicht gut, und sie wird sich nicht um Surya kümmern können. Wenn das Baby erst auf der Welt ist, wird es noch schlimmer werden. Wir brauchen deine Hilfe.«

Er streckte mir das Papier hin, das er in der Hand hielt. »Unterschreib das«, befahl er.

Auf dem Blatt stand mit Schreibmaschine geschrieben:

Ich, Sulima Obaidi, verspreche hiermit, von allen ketzerischen Aktivitäten abzulassen. Ich werde nicht mehr mit der Kommunistischen Partei zusammenarbeiten. Ich werde keine Versammlungen mehr organisieren und an keinen mehr teilnehmen, auch nicht mehr versuchen, Frauen dahingehend zu beeinflussen, dass sie ihren gottgewollten Platz in der Welt verlassen. Ich werde eine fromme Muslimin sein. Ich werde dem Koran gehorchen und die Lehren des Pro-

pheten in Ehren halten. Ich will eine pflichtbewusste Tochter sein und eines Tages meinem Ehemann eine pflichtbewusste und gehorsame Frau.

Natürlich unterschrieb ich. Ich hatte ja keine Wahl. Und es machte auch keinen Unterschied. Ich war meiner eigenen Ideologie genauso fanatisch treu wie Abajan der seinen. Und ich hätte meiner Arbeit genauso wenig abschwören können wie Abajan dem Koran.

Tante Fauziya empfing mich in der Haustür, und ein kleines Mädchen lugte vorsichtig aus ihren Rockfalten. Tante Fauziya umarmte mich. »Ich bin so froh, dass du wieder da bist, Sulima!« Sie blickte auf das kleine Mädchen. »Ich habe Surya bei mir gehabt seit – na, du weißt schon«, flüsterte sie. »Aber jetzt, wo du wieder da bist, kann sie bei euch leben.«

Ich schaute das süße kleine Mädchen mit den riesigen braunen Augen und dem weichen dunklen Haar an, und sie wurde auf der Stelle meine Schwester. Surya ließ Tante Fauziyas Rock los und kam zu mir. Ich hob sie hoch und umarmte sie fest.

So schlimm der Tod von Onkel und Tante auch war, Surya brachte mir Trost und Freude. Ich sorgte gern für sie und war entzückt von ihr, genau wie Madarjan und Husna. Wir waren jetzt alle Schwestern. Halas Geburt machte die Freude noch größer. Sie war ein wunderhübsches Baby, und nichts machte mir größeren Spaß, als ihre rundlichen Händchen zu halten und ihr zahnloses Lächeln zu bewundern.

Noch mehr freute ich mich, als ich erfuhr, dass Abajan in ein paar Tagen für längere Zeit in den Norden reisen wollte. Er sollte für eine Illustrierte Aufnahmen in den Bergen machen. Ich würde frei sein und arbeiten können!

Mitte September rief Abajan mich zu sich. »Sulima, ich möchte, dass du wieder in die Schule gehst und dein Abschlussexamen machst. Damit hast du dann die elfte Klasse bestanden.«

Abajan schickte mich zurück zur Schule! Es spielte keine Rolle, dass ich ein Jahr an der Schule versäumt hatte. Es kam nur darauf an, wie man beim Abschlussexamen jeder Klasse abschnitt. Wenn ich meine Sache ordentlich machte, konnte ich vorrücken. Und vielleicht war Abajan gnädig und ließ mich im letzten Schuljahr wieder normal zur Schule gehen. Ich lernte fleißig und bestand die Prüfungen gut.

Das Ende des Schuljahres kam und damit die Ferien. In Afghanistan finden die großen Ferien im Winter statt, von Ende Dezember bis Ende Februar. Ich nahm meine politische Arbeit wieder auf, aber mit der allergrößten Vorsicht. Meine Freundinnen kamen immer noch zu mir, wenn wir eine Versammlung planten, und sie sprachen viel und mit lauter Stimme über Schulthemen, wenn Vater im Haus war. Ich schrieb immer noch aus Büchern ab und hatte ein wunderbares Versteck auf dem Dach gefunden. Dort würde Abajan garantiert nicht suchen. Ich wickelte alles in mehrere Schichten Plastikfolie und beschwerte es mit einem großen Stein. Meine kostbaren Bücher und Papiere waren sicher, auch vor Regen und Schnee.

»Dein Benehmen hat sich gebessert«, sagte Abajan am Tag bevor das neue Schuljahr begann. »Du kannst wieder in die Schule gehen.«

»Danke, Abajan.«

Es war mein letztes Schuljahr. Diesmal war alles anders. Die Schulinspektorin, der meine Lehrerinnen unterstanden, war von meinen Prüfungsergebnissen beeindruckt gewesen, vor allem im Hinblick darauf, dass ich das ganze Jahr im Unterricht gefehlt hatte. So jemand wollte sie gern in der Schule behalten. Außerdem engagierte auch sie sich für die Rechte der Frauen. Sie machte sich für mich bei der Schulleiterin stark und bat, mich bei meiner politischen Arbeit nicht zu behindern. Auch mehrere Lehrerinnen boten mir Unterstützung an. Zum Beispiel erlaubte mir die Pausenaufseherin, auch nach dem Läuten im Schulhof zu bleiben, wenn ich gerade mit einer Gruppe über Frauenfragen sprach.

Dieses letzte Schuljahr lief ganz glatt; es war tatsächlich die stressfreieste Zeit, seitdem ich mit der Frauenarbeit begonnen hatte – mit Ausnahme jener zweieinhalb herrlichen Monate im Osten. Es ging zwar nicht ganz ohne Probleme ab, aber das war nichts im Vergleich zu den vergangenen Jahren. Dass ich ein Doppelleben führen musste, bedrückte mich allerdings. Ich bin ein ehrlicher Mensch und lüge nicht gern. Manchmal drücke ich mich im Gegenteil zu deutlich aus, weil ich möchte, dass mein Gegenüber weiß, wo ich stehe. Und ich weiß auch gern, wo der andere steht. Mein Leben in Abajans Haus war eine einzige, fortwährende, raffinierte Täuschung. Ich hatte keine andere Wahl, aber es war mir nicht wohl dabei.

Dazu kam die ständige Angst vor Abajan. Ich konnte seinen brutalen Überfall nicht vergessen und wusste, dass er sich wiederholen konnte, wenn ich einen falschen Schritt tat. Ich lebte wie am Rand eines Vulkans.

Aber meine Schulzeit ging dem Ende zu, und ich konnte mit den Ergebnissen zufrieden sein. Ich freute mich schon aufs nächste Jahr, wenn ich aufs College kommen würde – so dachte ich jedenfalls.

6

Wenige Wochen später lagen meine Hoffnungen in Trümmern. Die Regierung unter König Zahir Schah hatte die Universität von Kabul geschlossen, weil sie ein Treibhaus für radikale Studentengruppen war und als Gefahr für die nationale Stabilität betrachtet wurde. Genau zu der Zeit, als ich mit dem College anfangen wollte, wurde dasjenige, das mich angenommen hatte, geschlossen.

»Darf ich bitte aufs städtische College gehen, Abajan?«, bat ich.

Er schüttelte den Kopf. »Es gibt gute Gründe, warum die Regierung die Universität geschlossen hat. Das College ist ein gefährlicher Ort für die Seele. Dort herrschen ketzerische Gedanken und Ungläubige, die den Islam bekämpfen. Du hast dich gebessert, Sulima. Du hast deine aufrührerischen Ideen aufgegeben. Ich kann nicht zulassen, dass du wieder angesteckt wirst.«

In meiner Verzweiflung wandte ich mich an Dr. Amir Zahir, einen väterlichen Freund meines Vaters. Dr. Zahir war Professor, Dichter und Humanist, einer der wenigen freigeistigen Menschen, mit denen mein Vater noch freundschaftlich verkehrte. Abajan achtete ihn sehr hoch. Vielleicht konnte Dr. Zahir mir helfen.

Er hörte mir aufmerksam zu, als ich ihm unter Tränen von meiner Gefangenschaft erzählte. Ich klagte, dass ich nun mein Ziel, Ärztin zu werden, nicht erreichen konnte. »Bitte, könnten Sie nicht mit meinem Vater reden? Sie haben vielleicht Einfluss auf ihn.«

»Ich werde mein Möglichstes tun«, versprach Dr. Zahir.

Abajan war wütend, als er merkte, dass ich Hilfe von außen gesucht hatte – und ausgerechnet von einem Menschen, den er respektierte. »Wie kannst du es wagen, öffentlich die schmutzige Wäsche der Familie zu waschen! Und mich vor meinem verehrten Freund zu blamieren! Das zeigt mir nur, dass du noch immer nicht die nötige Demut gelernt hast. Du wirst nicht studieren.«

Es geschah 1972.

Ich höre ein Läuten. Die Türglocke. Ein Nachbar steht da, atemlos und zitternd. »Komm schnell! Ein Unfall. Dein Vater …«

Lauf, Sulima, lauf!

Wohin führt er mich? Die Stufen hinunter, den Weg hinunter, die Straße entlang bis zur Kreuzung. Und da sehe ich es. Das zerdrückte Wrack, das meines Vaters Auto war, an einen Baum gequetscht. Vater ist –

– dort. Auf dem Gehsteig. Was ist da auf seinem Gesicht? O Gott, nein. Blut. Es ist Blut! Seine Beine sind verrenkt wie das Blech des Autos.

Ich knie mich zu ihm. Zitternde Hände. Strömende Tränen. »Abajan!«

Er greift nach meiner Hand. »Weine nicht, meine Kleine. Ich weiß, wer das getan hat, und ich werde es überleben. Lass mich ins Krankenhaus bringen.«

Er schaut mir in die Augen, und in diesem Augenblick ist alles vergessen. Unsere Augen lassen die Kämpfe, die Konflikte, die Verbohrtheit, die ganzen Schmerzen hinter sich. Wir sind wieder Abajani und seine kleine Sula, nur wir beide. Nichts anderes hat mehr Bedeutung.

Ich wartete mit Husna im Krankenhaus. Obwohl ich meinen Glauben schon lang abgelegt hatte, betete ich jetzt wieder. Lass ihn nicht sterben. Bitte, barmherziger Gott, lass ihn nicht sterben.

Ich betete unablässig. Selbst als ich einmal auf die Toilette musste, betete ich dort weiter. Dann fiel mir ein, dass es frevelhaft war, Gottes Namen im Badezimmer anzurufen. Ich hatte so lange nicht mehr gebetet, dass ich die Vorschriften vergessen hatte. Wenn ihm nun etwas Schreckliches passierte, war es dann meine Schuld, weil ich falsch gebetet hatte? Ich fügte noch ein weiteres Gebet an, eine Bitte um Verzeihung dafür, dass ich Gottes Namen entheiligt hatte, und fuhr dann wieder mit meiner inneren Litanei fort. Lass ihn am Leben, bitte, Gott, lass ihn am Leben. Lass ihn nicht sterben.

Dann erblickte ich Onkel Nayk-Mohammed, einen der Brüder meines Vaters. Er war auf dem Weg zum Ausgang. Ich rannte zu ihm. »Wie geht es ihm?«

Onkel Nayk ging weiter.

Ich packte ihn am Ärmel. »Bitte, sag's mir. Wie geht es ihm?«

Er gab immer noch keine Antwort. Ich schaute ihm ins Gesicht und wusste Bescheid. Ich begann zu schreien.

Abajan wurde am nächsten Tag im Osten beerdigt. Eine Unmenge Leute nahmen an der Bestattung teil, Familienmitglieder, Freunde, Verwandte und Bekannte meines Großvaters. Aus dem ganzen Land kamen Busse mit Trauergästen.

Bei uns gehen nur Männer auf den Friedhof, und so blieben Madarjan, meine Schwestern und ich in Kabul und empfingen Verwandte und Freunde, die kondolieren wollten. Es waren so viele Leute, dass wir in Onkel Nayks Haus gehen mussten, das eine Schiebetür zwischen Wohn- und Speisezimmer hatte. Wir öffneten die Tür und erhielten so einen riesigen Raum, fast so groß wie ein Bankettsaal. Als älteste Tochter musste ich bei den erwachsenen Frauen sitzen – bei Madarjan, Tante Schila, Tante Freschta, Tante Layla, Tante Kamila, Tante Fauziya, weiteren Tanten und Cousinen und meinen Großmüttern – und die Gäste empfangen.

Ein paar Tage später, als die Männer der Familie wieder

aus dem Osten zurück waren, wurden die örtlichen *fateha*, die Trauerzeremonien, abgehalten. Es war Brauch, dass man in den Tagen nach dem Begräbnis im Radio bekannt gab, wo diese Zeremonien stattfinden würden. In unserem Fall sollten sich die Männer in der Moschee, die Frauen in Onkel Nayks Haus versammeln. Wir saßen nebeneinander und empfingen die Gäste. Im Hintergrund rezitierte der *kari* Verse aus dem Koran.

Im Namen Allahs, des Allerbarmers, des Barmherzigen
Meint ihr, in das Paradies einzugehen, ohne dass Allah diejenigen erkennt, die unter euch gekämpft haben, und (ohne) dass er die Geduldigen erkennt?
Und ihr wünschtet euch doch den Tod, bevor ihr ihm begegnetet. Nun sahet ihr ihn mit eigenen Augen.
Keiner wird sterben ohne Allahs Erlaubnis; (denn dies geschieht) gemäß einer zeitlichen Vorherbestimmung. Und dem, der den Lohn der Welt begehrt, geben wir davon, und dem, der den Lohn des Jenseits begehrt, geben wir davon; wahrlich, wir werden die Dankbaren belohnen.

Der *kari* war meistens ein Blinder. Weil Blinde nur schwer Arbeit fanden, lernten sie Teile des Korans auswendig und trugen sie bei Trauerfeiern vor. Jedes Mal, wenn neue Gäste eintrafen, fing der *kari* wieder von vorn an. Sein Singsang dröhnte den ganzen Tag dahin, während Gäste kamen und gingen.

Madarjan, die im vierten Monat schwanger war, weinte in den Armen der anderen Frauen. Zwei Tanten trösteten Husna. Tante Fauziya war heimgefahren nach Khairkhana und hatte Gula und die kleineren Kinder mitgenommen. Man hatte ihnen nicht gesagt, dass Abajan tot war. Madarjan hatte ihnen erzählt, er sei schwer krank und sei zur Kur gefahren. Surya erfuhr die Wahrheit von einem Schulfreund und sagte es den anderen weiter. Aber das war fast ein Jahr später.

Man erwartete von mir, dass ich stark, verlässlich und verantwortungsbewusst war. Ich war sehr reif für mein Alter. Ich war die älteste Tochter. Man erwartete, dass ich traurig war, dass ich schrie und klagte wie die anderen Frauen, dann aber meinen Schmerz mit Fassung und Würde trug. Zwei Tage lang spielte ich diese Rolle perfekt. Ich kümmerte mich um die Gäste. »Bitte, kommen Sie doch herein.« »Vielen Dank für Ihre Teilnahme.« Ich sagte mir, ich würde jetzt freier sein.

Am dritten Tag traf es mich wie ein Schlag. Mein Vater war tot. Er würde nie mehr zurückkehren. Wir würden nie mehr Gelegenheit haben, die tiefe Kluft zwischen uns zu schließen. Es war zu spät. Ich konnte mich nie mehr entschuldigen für die schrecklichen Worte, die ich mit seinem eigenen Füllfederhalter geschrieben hatte. Nie wieder würde ich seine kleine Sula sein. Der wichtigste Mensch in meinem Leben war fort.

Als mir das alles aufging, war ich völlig außer mir. Die ganzen Jahre voll unterdrückter Wut, voll Kummer und voll Sehnsucht nach dem alten liebevollen Verhältnis zwischen mir und meinem Vater brachen auf. Ich schrie. Ich weinte. Ich tobte. Ich brüllte meinen Schmerz heraus und fluchte Gott, dass er mir meinen Vater genommen hatte.

Die Familie war schockiert.

»So etwas darfst du nicht sagen«, tadelte Onkel Nayk streng. »Bereue deine Sünden, und ganz besonders die Gotteslästerungen.«

»Wir können Gott nicht verstehen. Unser Geist ist zu klein. Wir müssen uns in seinen Willen fügen«, sagte Tante Freschta.

Jeder wollte mich belehren.

»Deine Hysterie bringt ihn auch nicht zurück.« Das war Tante Layla.

»Bereue und mach Gott keine Vorwürfe«, so Onkel Daoud.

»Gott gibt und Gott nimmt. Du musst ihn preisen«, sagte Onkel Fazel, der Bruder meiner Mutter.

»Wie kann Gott neun Kinder im Stich lassen, indem er ihnen den Vater nimmt?«, klagte ich.

»Gott hat mich am Leben erhalten, und ich werde für euch sorgen«, sagte Onkel Nayk.

Ich blitzte ihn an. »Du kannst uns Geld geben, aber wer gibt uns die Liebe eines Vaters?«

Ich war wochenlang untröstlich, noch lang, nachdem die letzten Verwandten abgefahren waren. Ich brauchte keine Trauerrituale, um mich an meinen Verlust zu erinnern. Ich hatte kein Verlangen nach bunten Kleidern, nach Make-up oder Musik. Auch nach der offiziellen Trauerzeit von vierzig Tagen blieben Radio und Stereoanlage bei uns stumm.

Ich grübelte oft nach über die rätselhaften Worte meines Vaters: »Ich weiß, wer das getan hat.« Konnte sein Tod etwa kein Unfall gewesen sein, sondern etwas anderes? Mein Vater war ein hervorragender Autofahrer gewesen. Warum sollte er plötzlich die Kontrolle über seinen Wagen verloren haben und direkt in einen Baum gefahren sein? Er war ein streitlustiger und eigensinniger Mann gewesen und hatte sich durch seine unverblümte Redeweise über die Jahre viele Feinde gemacht. Vielleicht war Sabotage im Spiel? Aber nachdem ich mich in den ganzen dunklen Wochen nach Abajans Tod mit dieser Frage herumgequält hatte, kam ich zu der Einsicht, dass dieses Grübeln zu nichts führte. Man konnte der Sache nicht nachgehen, und alles Herumrätseln würde Abajan nicht zurückbringen.

Wir versuchten, unser normales Leben wieder aufzunehmen, aber nichts kam uns normal vor. Im Gegenteil, alles fiel auseinander. Karim, der neue Herr des Hauses, hatte sich im College eingeschrieben, aber das College war geschlossen, und er hatte den ganzen Tag nichts zu tun. Er begann zu trinken und auf Partys zu gehen. Die meisten Partys fanden bei uns zu Hause statt. Madarjan, Husna, Gula und ich mussten seinen Freunden Essen auftischen, wenn sie im Wohnzimmer tranken und lachten und lärmten. Abajans Einkommen war weggefallen, und unsere Ersparnisse schwanden dahin. Karim weigerte sich zu arbeiten, und die anderen waren zu jung. Bald waren unsere Ersparnisse aufgebraucht, und wir hatten selbst nicht mehr genug zu essen, von seinen gefräßigen Freunden ganz zu schweigen.

»Wir können es uns nicht leisten, hier zu bleiben«, sagte Madarjan zu Karim. »Es muss etwas geschehen.«

Karim stimmte zu, und die Familie zog zu Aghajan in den Osten. Das Haus in Kabul vermieteten wir. Auch ich ging mit in den Osten, wo Madarjan Naim zur Welt brachte. Ich freute mich aber schon darauf, in ein paar Monaten nach Kabul zurückkehren zu können, um mit dem Studium zu beginnen. Es war ausgemacht worden, dass ich bei Onkel Nayk leben sollte. Ich hoffte nur, dass die Universität rechtzeitig wieder geöffnet würde. Und tatsächlich war das der Fall. Ich schrieb mich für Medizin ein und hörte voll Freude, dass der Unterricht wieder aufgenommen wurde. Ich konnte es gar nicht erwarten, dass ich endlich wieder intellektuell gefordert sein würde und an der Universität meine Frauenarbeit fortsetzen könnte.

Ich freute mich auf einen neuen Anfang.

Ich bekam meinen neuen Anfang, aber er fiel ganz anders aus, als ich gehofft hatte. Es war der Anfang von Karims Schreckensherrschaft über mich.

7

Ich war außer mir vor Aufregung. Morgen würde ich nach Kabul zurückkehren. Nächste Woche begannen die Vorlesungen. Ich hatte gerade zu packen angefangen, als Karim ins Zimmer kam. Er hatte einen Revolver in der Hand und legte ihn ostentativ auf den Tisch.

»Was machst du?«, fragte er.

Ich packte ein paar Bücher ein. »Ich packe, weil ich morgen abfahre. Nächste Woche fange ich an der Uni an.«

»Du glaubst wirklich, ich werde dich Medizin studieren lassen?«

Ich schaute ihn scharf an. »Was soll das heißen?«

Sein Mund verzog sich zu einem Grinsen. »Ich will es nicht.«

Ich warf meine Büchertasche auf den Boden. »*Was?*«

»Jetzt bin ich das Familienoberhaupt. Wenn ich nicht will, dass du Medizin studierst, dann studierst du eben nicht.«

Der Mistkerl. Der Tyrann. Man sollte ihn schlagen. Man müsste ihn anschreien – aber ich tat nichts dergleichen. Nicht, wenn ein Revolver auf dem Tisch lag. Es kam immer wieder vor, dass ein Bruder eine Schwester tötete, wenn er sie für aufsässig, unzüchtig oder ungehorsam hielt. Das waren Tötungen aus Gründen der Ehre – die Männer hatten nicht nur das Recht dazu, sondern sogar die Pflicht, weil die Schande vom Namen der Familie getilgt werden musste. Karim hasste mich, und ich war überzeugt, dass er den Revolver nur zu gern benutzen würde.

Innerlich kochte ich. »Aber warum?« Meine Stimme war dünn vor Angst, dann brach sie. »Warum tust du mir das an?«

Das grausame Vergnügen in seinen Augen erinnerte mich an Abajan. »Weil ich es kann«, antwortete er.

Das Studium war seine Fliegenklatsche, und ich war die verzweifelte Fliege, die nicht aus noch ein wusste.

Nicht weinen, befahl ich mir. Gib ihm nicht die Genugtuung, auch über deine Gefühle zu herrschen. Mit vorgetäuschter Gelassenheit hob ich meine Tasche auf. »Ist das alles?«

»Nicht ganz. Du kannst meinetwegen Biologie studieren.«

Mit ausdruckslosem Gesicht sagte ich: »Auch recht.«

Biologie war nicht Medizin, aber es war auch interessant. Ein respektables Fach, das Aussichten für eine berufliche Karriere bot. Jedenfalls konnte ich wieder lernen. Ich wollte das Zimmer verlassen, aber Karim rief mich zurück. »Eins noch.«

Das konnte nichts Gutes bedeuten. »Nämlich?«

»Du wirst Jamal heiraten.«

»Diesen Trottel! Kommt nicht in Frage!«

»Er ist kein Trottel, und wenn du ihn nicht heiratest, kannst du nicht studieren.«

»Was hat das miteinander zu tun?« Ich knirschte mit den Zähnen.

»Jamal ist mein bester Freund. Er will dich schon lange haben. Er sagt, er bringt sich um, wenn du ihn nicht heiratest.«

Ich schloss die Augen und sah im Geist Jamal vor mir. Kein Mensch war mir je widerlicher gewesen. Er war klein und hässlich, und seine weinerliche Art ging mir furchtbar auf die Nerven. Außerdem war er schrecklich aufdringlich, lief mir dauernd nach und bat mich, ihn zu heiraten. Ich konnte mir nicht vorstellen, auch nur einen Tag mit ihm zu verbringen, geschweige denn ein ganzes Leben.

»Soll er sich doch umbringen. Das ist mir gleich.«

»Aber es ist dir nicht gleich, ob du studieren darfst oder nicht.«

»Warum tust du mir das an?« Eine rhetorische Frage.

»Ich will Jamal einen Gefallen tun. Schließlich ist er mein bester Freund.«

»Du tust ihm keinen Gefallen, wenn du ihn mit jemand verheiratest, der ihn hasst«, erwiderte ich.

»Ich will nicht, dass du Schande über die Familie bringst, indem du deinen nichtsnutzigen Freund Raschid heiratest.«

Ah, jetzt kam sein wahres Motiv zum Vorschein. »Raschid ist nicht mein Freund. Nicht in diesem Sinn.«

»Du steckst aber oft mit ihm zusammen. Wenn er nicht dein Freund ist, dann gehört es sich nicht, dass du so viel Zeit mit ihm verbringst.«

Ich hätte es Karim nie eingestanden, aber eine Zeit lang war ich wirklich in Raschid verliebt gewesen. Wir hatten zusammen für die Kommunistische Partei gearbeitet und dabei gegenseitige Zuneigung entwickelt. Der Brief, den ich damals über Abajan geschrieben hatte, war an Raschid gerichtet gewesen. In unserer Kultur durfte man nicht mit einem Mann ausgehen, deshalb beschränkte sich unser Kontakt auf philosophische Briefe und Themen, die unsere Arbeit angingen. Wenn Raschid mich hätte heiraten wollen, hätte er ganz formell meinen Bruder um meine Hand bitten müssen. Wäre mein Bruder dagegen gewesen, dann hätten wir nichts machen können. Aber es kam so, dass Raschid und ich zwei verschiedene Führer in der Partei unterstützten. Und weil die politische Arbeit der Mittelpunkt unserer Existenz und unserer Beziehung war, konnten wir nicht Freunde bleiben, als wir politisch auf verschiedenen Seiten standen. Unsere Beinahe-Romanze nahm ein trauriges Ende.

Ich hatte noch nicht gewusst, dass Karim etwas gegen Raschid hatte. Vielleicht war es wegen Raschids Engagement für die Kommunisten. Karim betrachtete sich selbst als posthume Stimme unseres Vaters. Vielleicht wollte er auch nur sein Herrschaftsbedürfnis ausleben, weil er damit seine Autorität beweisen konnte. Auf jeden Fall hasste er Raschid und versäumte keine Gelegenheit, ihn schlecht zu machen.

»Ich verbringe keine Zeit mehr mit ihm«, sagte ich.

»Das ist auch nicht besser. Dann wirst du dir an der Universität einen Freund suchen. Du wirst dich unpassend benehmen. Du wirst Schande über die Familie bringen.« Karim brüllte jetzt. »Du gehst erst zur Universität, wenn du verlobt bist!«

»Aber die Vorlesungen beginnen nächste Woche! Was verlangst du eigentlich von mir? Soll ich mich vor der Uni aufstellen und jeden Mann, der vorbeikommt, fragen, ob er mich heiraten will?«

Er zuckte die Achseln. »Das ist dein Problem. Du hast einen Monat Zeit, um einen Ehemann zu finden.«

Jetzt sollte ich mir auf einmal selbst einen Ehemann suchen. »Und was ist, wenn ich keinen finde?«

Er zuckte wieder die Achseln. »Dann heiratest du eben Jamal. Oder du studierst nicht. Oder beides.«

Madarjan saß im Nebenzimmer und hörte alles mit. Sicher blutete ihr das Herz für mich. Aber was konnte sie tun? Karim hatte einen Revolver. Und er hatte das Recht, über die Familie nach seinem Willen zu bestimmen. Er war das Oberhaupt der Familie, und auch Mutter musste sich ihm fügen.

Kein Schlaf in dieser Nacht. Ich warf mich ruhelos im Bett herum und ging alle Männer durch, die eventuell für eine Heirat in Frage kamen. Mit wem konnte ich mich so schnell verloben? Raschid kam nicht in Frage, selbst wenn Karim ihn akzeptiert hätte. Wen gab es noch? Es war üblich, innerhalb der Familie zu heiraten. Meine Eltern zum Beispiel waren Cousin und Cousine zweiten Grades gewesen. Einige meiner Cousins hatten schon Interesse an mir bekundet. Bisher hatte ich keinen Gedanken an sie verschwendet. Sie waren mir sogar ziemlich auf die Nerven gegangen, und ich hatte es lästig gefunden, dass ich dauernd ihre unwillkommenen Heiratsanträge hatte ausschlagen müssen. Jetzt plötzlich sah ich diese Möchtegern-Verehrer mit anderen Augen an. Einer von ihnen sollte mein Retter werden.

Ich trug meine Sorgen mit mir herum, und während der Vorlesungen schob ich sie in eine ferne Ecke meines Bewusstseins und versuchte mich auf die Einführung in die

Biologie zu konzentrieren. Tief in Gedanken wanderte ich von Hörsaal zu Hörsaal.

Einige Monate vergingen. Karim, der auch studierte, wohnte in einem Studentenheim, während ich bei Onkel Nayk lebte. Ich richtete es so ein, dass ich nie da war, wenn Karim kam, um über meine Heirat zu sprechen.

Das Semester ging zu Ende. In Afghanistan beginnt das akademische Jahr im März. Das erste Semester dauert von März bis Ende Juli, das zweite beginnt im September. Die Sommerferien standen bevor, und ich dachte schon, Karim hätte die Sache aufgegeben. Ich fuhr in den Osten zu meiner Familie, und Karim kam ein paar Tage später. Es waren so viele Leute im Haus – Tanten, Onkel, Cousins und Cousinen aller Verwandtschaftsgrade –, dass Karim und ich nie miteinander allein waren. Auch war Karim mit einer ganzen Schar Freunde gekommen, mit denen er trank und feierte. Ich hoffte, er hätte seine Drohung vergessen.

Am Tag bevor ich nach Kabul zurückfahren wollte, erwischte Karim mich allein. »Was ist, hast du jemand gefunden?«

»Ich bemühe mich noch.«

Sein Gesichtsausdruck erschreckte mich. Der Alkohol in seinem Atem hätte das Haus in Brand setzen können. Er war verrückt, aber ich wusste, dass er es ernst meinte und dass ich gut daran täte, einen Mann zu finden.

Ein paar Tage später sah ich ihn im Hörsaal. Yakub. Auch er war Student. Er hatte schon mehreren gemeinsamen Bekannten mitgeteilt, dass er an mir interessiert war. Yakub sah einigermaßen gut aus und war recht redegewandt. Schön. Vielleicht war er die Lösung meines Problems.

Aber ich kannte ihn kaum. Eine Heirat war ein so bedeutungsvoller Schritt. Wie konnte ich etwas so Wichtiges unternehmen mit einem Menschen, den ich nur flüchtig kannte?

Die Alternativen jedoch – Jamal heiraten oder die Universität verlassen – waren genauso wenig akzeptabel.

Ich brütete und grübelte ein paar Wochen lang, und gegen Ende des Semesters schrieb ich Yakub einen Brief des Inhalts, ich erwidere sein Interesse und wolle ihn heiraten. Er schrieb zurück und bestätigte die Abmachung. Bevor ich Karim noch informieren konnte, erhielten wir die Nachricht von Aghajans Tod.

Die nächsten Wochen vergingen mit Beerdigung und offizieller Trauer, und gleich darauf mussten Karim und ich die Semesterabschlussprüfungen nachholen, die wir in der Trauerzeit für Aghajan versäumt hatten. Erst im folgenden Semester ging ich zu Karims Wohnheim und fragte nach ihm.

Er kam nur widerwillig. »Was willst du?«, fragte er ungnädig.

»Ich habe Neuigkeiten für dich.«

Als ich ihm alles erzählte, lief sein Gesicht rot an. »Du wirst ihn nicht heiraten.«

Ich war sprachlos. »Aber warum nicht?«

»Ich mag ihn nicht!«, schrie er.

»Aber du hast selbst gesagt, ich solle mir jemand suchen.«

»Ich will, dass du die Verlobung löst.«

»Aber das wäre nicht richtig. Ich habe ihm mein Wort gegeben. Und ich habe genau das getan, was du verlangt hast.«

Karim tobte. »Mach, was du willst, aber heirate diesen Mann nicht.«

In meiner Verzweiflung wandte ich mich an Onkel Nayk, erzählte ihm die ganze Geschichte und fragte ihn um Rat.

Onkel Nayk seufzte. »Du solltest deinen Bruder inzwischen kennen. Er möchte bloß, dass du seinen Freund heiratest. Er hat nicht damit gerechnet, dass du dir wirklich einen Mann suchen würdest.«

Es war also alles nur ein Spiel gewesen. Karim spielte mit mir Katz und Maus. Aber ich hatte seine Drohungen nicht vergessen. Solange ich nicht verheiratet war, würde er mich ständig tyrannisieren. Nach der Heirat wäre ich nicht mehr Karim Rechenschaft schuldig, sondern meinem Mann. Wie ich den Mädchen in der WDO vor langem erklärt hatte, könnte ich als verheiratete Frau meine Studien fortsetzen, wenn mein Mann anständig war – und ich hatte keinen

Grund anzunehmen, dass Yakub nicht aufrichtig und anständig war. Es war vernünftig, die Verlobung aufrechtzuerhalten.

Ich war dankbar für Onkel Nayks Unterstützung, und als ich diesen Entschluss gefasst hatte, für den Augenblick auch erleichtert. Aber den Rest des Semesters lebte ich trotzdem in ständiger Angst. Karim ließ mich in Ruhe, aber ich traute ihm nicht. Er hatte seit jenem Gespräch, in dem ich an meiner Verlobung festhielt, nicht mehr mit mir gesprochen. Aber vielleicht brütete er Rachepläne aus. Die Tage schleppten sich hin, erfüllt von nagender Unsicherheit.

Ich versuchte, meine Sorgen beiseite zu schieben und mich aufs Studium zu konzentrieren. Biologie interessierte mich, ich arbeitete immer noch für die Frauenrechte und engagierte mich noch mehr für die WDO und die Kommunistische Partei. Yakub war höflich, hielt aber auf Distanz. Er kam gelegentlich zum Essen zu Onkel Nayk, aber sonst hatten wir nicht viel Kontakt. Als die Sommerferien begannen, waren wir noch immer verlobt. Ich beschloss, in Kabul zu bleiben, weil ich mich an die Szene in den letzten Ferien erinnerte. Es war unwahrscheinlich, dass Karim mich im Haus von Onkel Nayk zur Rede stellen würde. Ich hatte fast den Verdacht, dass Onkel Nayk mit ihm über meine Verlobung gesprochen und meine Rechte betont hatte, und ich vermutete, dass Karim mich aus Respekt vor seinem Onkel in dessen Haus unbehelligt lassen würde.

Das nächste Semester verging, ohne dass etwas geschah, und ich wurde allmählich ruhiger. Ich war zwar verlobt, aber in Afghanistan konnte die Verlobungszeit zwei Jahre dauern, oder auch noch länger. Ich war Karim durch meine Verlobung losgeworden, musste aber trotzdem noch lange nicht heiraten. Ich sah meinem dritten Studienjahr mit Freude entgegen. Madarjan und meine Geschwister wollten wieder nach Kabul kommen. Die Aussicht, Madarjan wiederzuhaben, machte mich glücklich. Das nächste Jahr würde besonders schön werden.

Mitten in diesem Jahr aber begann Yakub sich zu verändern. Verschwunden war der höfliche Verehrer. Er trug nicht mehr das glückliche Gesicht eines Mannes zur Schau, der die begehrte Braut gewonnen hat. Statt dessen stand ich einem Grobian gegenüber, der nur an sein Vergnügen dachte.

»Komm mit mir ins Bett«, verlangte er eines Abends und nahm mich bei der Hand.

»Aber wir sind noch nicht verheiratet«, protestierte ich.

»Das ist nicht nötig. Wir sind verlobt. Wir sind eigentlich schon Mann und Frau. Wir können tun, was wir wollen.«

»Aber ich will es nicht. Erst, wenn wir verheiratet sind.«

»Ich mag nicht mehr warten. Du lebst nicht mehr bei deinem Onkel, sondern zu Hause. Aber dein Bruder wohnt im Studentenheim und wird nichts merken.«

»Es kommt mir nicht auf meinen Bruder an. Ich möchte einfach nicht mit einem Mann schlafen, mit dem ich nicht verheiratet bin.«

Er sah mich seltsam an. »Man kann es ja auch anders machen.«

Anders? Wovon redete er?

»Nein«, sagte ich entschieden.

Er blickte finster drein und murmelte Verwünschungen. War das der Mann, mit dem ich den Rest meines Lebens verbringen sollte? Wo war ich da hineingeraten?

Yakub bedrängte mich noch einige Monate, dann verschwand er plötzlich. Anfänglich war ich erleichtert. Die Vorstellung, dass er für immer verschwunden war, war mir sehr angenehm. Dadurch hätte ich auf der ganzen Linie Vorteile gehabt – eine Verlobung, die meinen Bruder außer Gefecht setzte, und einen abwesenden Verlobten, der keine Ansprüche stellte. Aber es war mir nicht ganz wohl in meiner Haut. Wo er wohl hin war? Welcher geheimnisvolle Auftrag hatte ihn abberufen? Sollte da etwas Schlimmes dahinter stecken?

Als er zurückkam, hinkte er und ging gebeugt. In kurzen, abgehackten Worten erklärte er, er habe seine Familie in den Bergen besucht und sei vom Pferd gefallen. Er brauche Bettruhe, um sich zu erholen.

Seine Geschichte kam mir komisch vor, aber ich hätte nicht sagen können, warum. Unbehagen nagte an mir. Aber es hatte keinen Sinn, endlos darüber nachzugrübeln. Mein Verlobter hatte seine Familie besucht. Gut, er hatte mir nichts davon gesagt, aber das war in unserer Kultur nicht unnormal. Er war vom Pferd gefallen. Ich wusste, dass die Pferde in den Bergen fast so wild waren wie die Stämme, denen sie gehörten. Gut möglich, dass eines Yakub abgeworfen hatte.

Dann erhielt ich einen Anruf von meiner Freundin Badria. »Sulima, komm zu mir. Es ist etwas geschehen, was du wissen musst.«

Beunruhigt durch die Dringlichkeit, mit der sie sprach, ließ ich alles liegen und stehen und lief zu ihrem Haus. Sie öffnete die Tür und zog mich schnell hinein. »Niemand darf wissen, dass du hier bist«, flüsterte sie.

»Warum nicht?«

»Ssst«, zischte sie und zog mich schnell zu ihrem Zimmer. »Was ich dir erzähle, musst du zu deinem eigenen Besten erfahren. Aber sonst darf es niemand wissen. Niemand darf auch nur erfahren, dass ich mit dir gesprochen habe. Versprich es mir.«

Das klang befremdlich, aber Badria war meine Freundin. Sie war verstört, und ich wollte sie beruhigen. »Ich verspreche es.«

»Schwöre beim Koran.« Sie nahm meine Hand und legte sie auf das Buch.

»Ich schwöre.«

»Gut. Nun, es gibt etwas, was du über deinen zukünftigen Mann wissen musst«, flüsterte sie. »Du weißt, dass Yakub zehn Tage lang verschwunden war?«

»Woher weißt du das?«

»Pst, nicht so laut. Ich sag's dir. Mein zehnjähriger Cousin Ali verschwand zur gleichen Zeit. Yakub entführte ihn und sperrte ihn zehn Tage lang in einem leeren Haus ein. Und er hat mit ihm – du weißt schon was.«

Ich war sprachlos. Jetzt verstand ich, was er mit »anders machen« gemeint hatte.

»Schließlich ließ Yakub Ali frei. Ali lief heim und erzählte es seinem Vater. Und mein Onkel ging zusammen mit Alis Brüdern zu Yakub, um ihn zu verprügeln.«

So also war er zu seinen Verletzungen gekommen. Schönes Pferd, dachte ich bitter.

»Vielen Dank, dass du mir das erzählt hast!« Ich drückte ihr heftig die Hand. »Du rettest mich vor der Heirat mit einem Mann, der nicht vor Entführung und Vergewaltigung zurückschreckt –« Ich rang um Worte. »Ein Kinderschänder. Ein Päderast.«

»Was willst du Yakub zur Begründung sagen, wenn du die Verlobung löst? Was willst du deiner Familie sagen?«

»Dass ich herausgefunden habe, dass er homosexuell ist.«

Sie schüttelte heftig den Kopf. »Das kannst du nicht machen. Sie werden fragen, woher du das weißt, und dann musst du mich nennen. Du hast geschworen, mich nicht zu verraten. Yakub könnte kommen und meine Familie vernichten. Vater ist tot, und es ist kein Mann im Haus, der meine Mutter, meine Geschwister und mich beschützen könnte. Was immer du machst, du darfst mich nicht verraten.«

»Ich verrate dich nicht«, sagte ich, und ich hörte meine eigenen Worte wie aus großer Entfernung.

Sie brachte mich zur Tür und umarmte mich. »Was willst du zu ihm sagen? Und zu deiner Familie?«, flüsterte sie.

»Ich habe noch keine Ahnung. Ich muss mir etwas ausdenken.«

8

Ich brauchte ein paar Wochen, bis ich zu einer Entscheidung kam. Mein drittes Studienjahr war zu Ende. Wir hatten Winterferien, und Karim war wieder zu Hause. Ich war ständig mit meinem Problem beschäftigt. Natürlich musste ich mein Wort halten. Nicht, weil ich auf den Koran geschworen hatte. Der Koran bedeutete mir damals gar nichts. Aber meine Ehre und meine Selbstachtung waren mit dem Versprechen, das ich gegeben hatte, verknüpft. Außerdem musste ich Badria um jeden Preis vor Schaden bewahren, und so konnte ich niemals den wahren Grund preisgeben, aus dem ich die Verlobung mit Yakub lösen wollte. Ich musste mir etwas anderes ausdenken. Etwas Wahres und Plausibles.

Ich sagte Yakub, dass ich mit ihm sprechen wolle. Er kam zu mir, und wir gingen spazieren.

»Du bist so still«, sagte er. »Woran denkst du?«

Ich rang um Worte. »Ich habe gründlich nachgedacht und gemerkt, dass ich meine Meinung geändert habe. Ich möchte dich eigentlich doch nicht heiraten.«

Yakub war verblüfft. »Warum nicht?«

»Du wolltest, dass ich mit dir ins Bett gehe. Du hast mich mit deinen Wünschen bedrängt. Das mag ich nicht.«

»Ach, das ist alles?« Er lachte.

»Was ist da komisch dran?«, fragte ich.

»Du bist dumm. Du bist noch ein Kind. Ich habe das Recht, das von dir zu verlangen, weil wir verlobt sind. Du bist jetzt schon meine Frau.«

Ich ballte die Fäuste und unterdrückte nur mühsam den

Impuls, ihn zu schlagen. »Da täuschst du dich. Du nimmst keine Rücksicht auf meine Gefühle. Ich will keinen Mann heiraten, der mich nicht respektiert.«

Er lachte wieder. Das ging mir auf die Nerven. »Ich bin nicht einverstanden mit dem Bruch des Verlöbnisses. Also sind wir weiterhin verlobt.«

»Nein.«

Wir waren wieder bei unserem Haus angekommen. Ohne auch nur gute Nacht zu sagen, lief ich hinein.

Am nächsten Abend kam ich, in meinen Mantel gehüllt, von einer Versammlung nach Hause. Ich war in Gedanken noch bei unseren Diskussionen, als ich in unsere Straße einbog.

»Sulima! Komm schnell!«

Das war der achtjährige Sohn unserer Nachbarn. Er zog mich am Ärmel.

»Was willst du?«

»Beeil dich! Meine Schwester ist im Auto. Sie fragt nach dir. Sie braucht dich, sofort!«

Ich lief mit dem Jungen. Seine Schwester war schwanger und stand unmittelbar vor der Entbindung. Wahrscheinlich hatten die Wehen eingesetzt, und sie brauchte jemand, der sie ins Krankenhaus fuhr.

Als ich mich in das Auto hineinbeugte, packte mich jemand am Mantel. Meine Handtasche fiel auf den Boden des Autos. Bevor ich noch einen Gedanken fassen konnte, fand ich mich im Fond des Wagens auf dem Boden wieder. Eine Tür wurde zugeschlagen, der Wagen fuhr mit quietschenden Reifen an und beschleunigte schnell.

Benommen rappelte ich mich auf. Im Fahrersitz saß Yakub.

»W-wo kommst du her? Was soll das bedeuten?«

Er lachte irr. »Ich hab den Jungen dafür bezahlt, dass er dich ins Auto lockt. Er hatte gleich eine prima Idee. Schlaues Bürschchen.«

»Wo bringst du mich hin?«

»Das brauchst du nicht zu wissen.« Die Fahrt wurde immer schneller. Yakubs Gesicht war finster entschlossen.

»Yakub, lass mich raus!«

»Warum sollte ich? Ich bin dein Bräutigam. Also quasi dein Ehemann. Und genau so, wie du deinem Ehemann gehorchen musst, musst du mir gehorchen. Ich kann dich hinbringen, wohin ich will.«

»Du bist nicht mehr mein Bräutigam. Ich habe die Verlobung gelöst.«

»Mit einer recht flauen Begründung.«

»Du wolltest unbedingt Sex haben. Das mag ich nicht.«

Er schnaubte. »Das ist noch kein Grund, dein Wort zu brechen.«

Mittlerweile waren wir bei einem Haus angekommen, das mir unbekannt war. Yakub hielt an und öffnete eine Hintertür. Er packte mich bei der Hand und zog mich heraus. »Du kommst mit.«

Ich versuchte mich zu befreien, aber er war stärker als ich. Er zerrte mich zum Haus, stieß mich hinein und verschloss die Tür hinter uns.

»Wo sind wir?«

»Im Haus eines Freundes. Ich darf es benützen.«

Ich fragte mich, ob es dasselbe Haus war, in dem er den unglücklichen Ali gefangen gehalten hatte. Und dann ging mir auf, dass er mit mir das Gleiche machen wollte wie mit Ali, und Entsetzen stieg in mir auf.

Ich hatte Recht. Er kam auf mich zu und griff nach meiner Bluse.

»Lass das!«

»Ich mach mit dir, was ich will«, zischte er.

Er hielt meine Arme fest und drückte mich an die Wand. Ich spürte seinen Mund, der sich grob und übel riechend auf meinen presste. Er fummelte an meinen Kleidern herum. Ich nahm meine ganze Kraft zusammen und stieß ihn weg.

»Bitte, bitte, *bitte,* tu mir das nicht an!« Ich brach in Tränen aus.

»Warum sollte ich es nicht tun?« Er hatte mich schon wieder im Griff.

»Ich sehe ein, dass du Recht hast. Ich werde dich heiraten. Ich verspreche es. Bloß tu mir das nicht an. Warte bis nach der Hochzeit, damit wir es richtig machen können.«

Er ließ los, schaute mich aber sehr misstrauisch an. »Ich glaube dir nicht.«

Ich sank zu Boden und kniete vor ihm, beugte mich nieder und küsste ihm die Füße.

»Du hast in allem Recht. Ich habe falsch gehandelt. Du bist der Mann, du bist der König, und ich bin deine demütige Dienerin. Ich werde dich heiraten, und dann kannst du mit mir machen, was du willst.«

Ich hatte offenbar den richtigen Ton getroffen. Sein Gesicht wurde gleich freundlicher.

»So etwas höre ich gerne.«

Ich schwatzte weiter, wie ich ihn ehren und achten würde, und dass ich ihm jeden Wunsch erfüllen würde, sobald wir verheiratet waren, wenn er mich nur jetzt frei ließe. Schließlich gab er nach, half mir hoch und küsste mich wieder auf den Mund. »Ich bin froh, dass du zur Vernunft gekommen bist«, sagte er, als wir zum Auto gingen. »Ich bring dich heim, aber unter einer Bedingung. Du darfst zu keinem Menschen auch nur ein Wort über diese Sache sagen.«

Ich nickte.

»Versprich es. Schwöre.«

»Ich verspreche es. Ich schwöre. Ich werde kein Wort sagen.«

Es war ein Uhr morgens, als wir heimkamen. Ich taumelte ins Haus und stieß auf einen wütenden Karim.

»Wo warst du? Weißt du, wie viel Uhr es ist?«

»Ich bin mit Yakub aus gewesen.«

»Bleib das nächste Mal nicht so lange aus. Das gehört sich nicht für eine Frau.«

Ich schloss meine Tür hinter mir und presste die Hände an meine hämmernden Schläfen. Mein Kopf schmerzte, weil ich hart auf dem Wagenboden aufgeschlagen war. Der Kampf mit Yakub hatte mich erschöpft, und ich zitterte immer noch vor Angst. Seine Küsse schmeckten widerlich auf meinem Mund. Ich musste irgendwie aus dieser Verlobung herauskommen. Aber wie?

Vielleicht würde Karim mir helfen, wenn er erfuhr, wie gewalttätig Yakub war und was sich an diesem Abend ereignet hatte. Ich kam zwar äußerst ungern mit eingeklemmtem Schwanz zu ihm, weil er ja von Anfang an gegen diese Verbindung gewesen war, aber andererseits war er ja in gewissem Sinn verantwortlich für meine Lage. Wenn er mir nicht jenes Ultimatum gestellt hätte, wäre es nie zu dieser Verlobung gekommen.

Dann erinnerte ich mich daran, dass ich versprochen hatte, kein Wort zu sagen. Aber ich konnte mich ja auch mitteilen, ohne etwas laut auszusprechen. Schreiben war ja schließlich etwas anderes als Sprechen. Und wenn das männliche Oberhaupt der Familie auf meiner Seite stand, konnte ich die Verlobung aufheben.

Ich schüttete meinem Bruder also schriftlich mein Herz aus und schilderte Yakubs unerhörtes Benehmen in allen Einzelheiten. Ich bat Karim um Gnade. Er solle sich vor Augen halten, dass ich mit einem gefährlichen Mann verlobt war, vor dem ich große Angst hatte. Noch in der Nacht schob ich diesen Brief unter Karims Tür durch. Ich hoffte sehr, er würde die Ehre seiner Schwester verteidigen.

Aber Karim machte am Morgen ein finsteres Gesicht. »Armer Yakub. Er war gezwungen, so zu handeln, weil du ihn nicht heiraten wolltest. Er hatte jedes Recht, sein Privileg als Mann auszuüben und dir zu zeigen, wer der Herr ist. Es bleibt bei der Verlobung.«

»Aber das ist unmöglich. Ich habe Angst vor ihm.«

In unserer Kultur ist eine Verlobung eine sehr starke und verpflichtende Bindung, fast so viel wie die Eheschließung. Der Bruch eines Verlöbnisses ist ein Skandal.

»Es kommt gar nicht in Frage, dass diese Verlobung beendet wird«, brüllte Karim. »Du wirst die Sache durchziehen, weil du sonst Schande über die Familie bringst. Ich war dagegen, aber du wolltest ja nicht auf mich hören. Jetzt friss aus, was du dir eingebrockt hast.«

»Ich weigere mich, ihn zu heiraten. Du kannst mich nicht zwingen.«

»Ach nein? Du wirst schon sehen. Du wirst das Haus nicht verlassen, bis du zur Vernunft kommst.«

Karim konnte verbieten, was er wollte. Ich hatte nicht die Absicht, mich danach zu richten. Ich hatte nicht umsonst jahrelang meinem Vater getrotzt und dachte nicht daran, mich von meinem Bruder unter Hausarrest stellen zu lassen.

Am nächsten Morgen zog ich mich an wie immer. Aber als ich mein Zimmer verlassen wollte, ging die Tür nicht auf. Ich rüttelte an der Klinke und drückte gegen die Tür, aber sie gab nicht nach. Da begriff ich endlich, dass Karim mich eingesperrt hatte.

Ich schlug mit den Fäusten an die Tür. »Hallo! Hallo! Hört mich denn niemand?«

Ich hörte die üblichen Geräusche des Familienlebens. Warum kam mir niemand zu Hilfe? Ich versuchte es noch einmal.

»Bitte, lasst mich raus!«

Keine Reaktion.

Was war los mit Madarjan? Mit Asim und Zamin? Wo waren Husna und die anderen?

Später erfuhr ich, dass Karim gedroht hatte, sie zu erschießen, wenn sie mir zu Hilfe kämen. Und dann würde er mich erschießen. Ich denke oft daran, was für ein Gefühl es wohl für sie alle – und besonders Madarjan – war, dazusitzen, meine Hilferufe zu hören und nichts tun zu können.

Schließlich hörte ich, wie sich der Schlüssel im Schloss drehte. Die Tür ging auf, und Karim erschien mit grimmigem Gesicht. »Ich habe dir gesagt, ich würde dich nicht aus dem Haus lassen, bis du zur Besinnung kommst und Yakub heiratest.«

Er versperrte mir den Weg. Ich versuchte ihn wegzudrängen, aber er war stärker als ich. Er packte mich am Arm. »Du bleibst hier. Du kannst ins Bad gehen, aber ich halte vor der Tür Wache. Dann gehst du wieder in dein Zimmer. Ich bring dir was zu essen. Und daran ändert sich nichts, bis du zur Vernunft kommst. Und wenn es zu lang dauert, erschieße ich dich.«

Ich fluchte, tobte und schrie, aber er hielt mich fest. Ich bettelte und flehte, aber er blieb unerbittlich.

Ich stand wieder einmal unter Hausarrest.

»Also gut, ich heirate ihn.«

»Das hast du auch zu Yakub gesagt, damit er dich gehen ließ. Warum sollte ich dir glauben?«

»Ich fange mit den Hochzeitsvorbereitungen an.«

»Schön, du bekommst Bewährung. Aber wenn ich merke, dass du mich betrügst, sperre ich dich für immer ein.«

Die nächsten paar Monate befasste ich mich also mit den üblichen Vorbereitungen einer Hochzeit. Yakub und ich kauften Möbel, obwohl wir noch nicht wussten, wo wir wohnen würden. Ein Sofa. Ein paar Tage später einen Kleiderschrank. Küchengeräte, Wäsche. Yakub war immer noch schlecht gelaunt, aber er versuchte wenigstens nicht mehr, mich zu entführen. Ich hatte ihn offenbar überzeugen können, dass es mir mit der Heirat ernst war.

Wenn ich heimkam, breitete ich meine Erwerbungen demonstrativ aus. Karim schien zufrieden, aber ich war verzweifelt. Ich konnte die nötige voreheliche Einkauferei nicht in alle Ewigkeit ausdehnen. Das Abschlussexamen stand bevor. Sobald ich mit dem Studium fertig war, würden die Familien ein Hochzeitsdatum festsetzen. Es schien keinen Ausweg zu geben. Karim war unerbittlich. Yakub war unnachgiebig. Die Aussicht, wieder eingesperrt zu werden, war genauso schlimm wie die, einen homosexuellen Kinderschänder zu heiraten, der mich beinahe vergewaltigt hätte. Die dritte Möglichkeit war, dass mich einer der beiden Männer erschoss. Wie konnte ich da bloß herauskommen?

Vielleicht konnte mir ein Gericht helfen. Vielleicht konnte das Gericht anordnen, dass die Familie die Verlobung wegen Yakubs brutalem Überfall löste. In der Theorie waren erzwungene Heiraten nach dem islamischen Gesetz nicht erlaubt. Obwohl die Gesellschaft dieses Gesetz seit eh und je ignoriert hat, steht es doch in den Büchern. Es war meine einzige Chance.

Bei Gericht bekam ich es mit einem Angestellten zu tun, der sich meine Schilderung mit steinerner Miene anhörte. Ich überreichte ihm einen Brief mit meinem Antrag. »Einen Augenblick«, sagte er und verschwand im Nebenzimmer. Ich hörte Stimmengemurmel, dann kam er mit genau so ausdruckslosem Gesicht wieder. »Tut mir Leid, aber Sie müssen ein andermal wiederkommen. Der Herr, der dafür zuständig ist, ist nicht da.«

Am nächsten Tag lief es genauso. Am dritten Tag erklärte der Angestellte, dass wichtige Papiere verlegt worden seien. Ich solle nächste Woche wiederkommen. In der folgenden Woche aber hatten die Leute gerade keine Zeit, vielleicht nächste Woche ...

Wieder und wieder lief ich zum Gericht, meine Panik wuchs, und ich saß fester in der Falle denn je.

»Wann heiraten wir jetzt endlich?«, fragte Yakub.

»Bald«, versprach ich. »Wenn ich die Prüfungen geschafft habe.«

»Ich will nicht ewig warten.«

»Natürlich. Aber erst die Prüfungen, dann die Aussteuer. Das dauert alles.«

Er murmelte einen Fluch.

Ein paar Tage später beschloss Karim, die ganze Familie in den Osten zu bringen. Ich hatte den Verdacht, dass er mir die Unterstützung durch Madarjan und meine Schwestern rauben wollte, damit ich mich noch isolierter fühlte. Diesen Verdacht bestätigte mir Husna später. Sie hatte mitgehört, als Karim mit seinen Freunden darüber sprach, wie einsam ich mich fühlen würde. Diesmal zog ich zu Tante Fauziya.

Kaum war Karim weg, bedrängte mich Yakub, ihn sofort zu heiraten. »Keine Ausreden mehr«, sagte er.

»Aber meine Familie ist nicht da. Sie müssen bei der Hochzeit dabei sein.«

»Dann heiraten wir eben im Osten. Das ist auch näher bei meiner Familie.«

Seit neuestem war Yakubs Bruder in der Stadt, und ich hatte die beiden in Verdacht, mich entführen zu wollen. Aber diesmal würden sie mich nicht in ein Haus in der Stadt bringen. Yakub hatte gedroht, mich in die Berge zu schaffen, wo seine Familie lebte. Das waren ungebärdige, unzivilisierte Leute, beinahe Wilde. Bei ihnen herrschte das Gesetz der Wildnis. Sie waren durchaus im Stande, mich zu töten. Ich *musste* dieses Verlöbnis lösen, und zwar sofort.

Ich hatte mit der Zeit begriffen, dass mir beim Gericht jemand zuvorgekommen war. Irgendjemand hatte die Fäden gezogen, die zuständigen Leute bestochen oder sonst wie dazu gebracht, dass sie mich hinhielten.

Das konnte nur Karim gewesen sein. Vielleicht hatte er sich Geld geliehen, um jemand zu bestechen. Das sah ihm zwar nicht ähnlich, denn sonst verbrauchte er jeden Pfennig für seine eigenen Vergnügungen. Aber vielleicht war sein Hass auf mich noch größer als sein Geiz.

Wie konnte ich der Sache auf den Grund kommen?

Dann fiel mir Mahmud Reza ein.

Herr Reza war der Polizeichef von Kabul, ein hochangesehener, einflussreicher und wichtiger Mann. Er war ein guter Freund von Abajan gewesen, aber ich hatte immer den Eindruck gehabt, dass er Abajans Haltung der Familie gegenüber missbilligte. Wenn ich ihm Tee und Kuchen servierte, bemerkte ich in seinen Augen immer eine Freundlichkeit, die bei anderen nicht zu sehen war. Seine Stimme war liebenswürdiger. Ich hörte, dass er gemäßigte Ansichten hegte. Vielleicht konnte er helfen.

Herr Reza war genauso höflich, wie ich ihn in Erinnerung hatte. Er hörte mir mit sichtlicher Anteilnahme zu. »Ich bin ständig in Gefahr«, schloss ich. »Yakub ist ein Wilder. Ich glaube nicht, dass ich lang lebe, wenn ich ihn heirate. Bitte helfen sie mir, diese Verlobung zu annullieren.«

Herr Reza sah verwirrt aus. »Ich weiß gar nicht, wovon Sie reden. Verlobung? Sie und Yakub sind verheiratet.«

»Verheiratet? Gewiss nicht. Es gab keine Zeremonie, ich habe nichts unterschrieben.«

»Aber ich habe Ihre Heiratsurkunde gesehen. Sie ist im Akt.«

»Unmöglich.« Ich merkte selbst, dass meine Stimme hysterisch klang. »Das muss ein Irrtum sein.«

»Ich kann sie Ihnen zeigen.«

Er verschwand ins Nebenzimmer und kam bald mit einer Urkunde zurück, die er mir über den Tisch hinschob. »Da sehen sie es.«

Ich las das Dokument und traute meinen Augen nicht. »Aber das ist unmöglich! Wir haben nicht geheiratet. Das ist eine Fälschung.«

Über Herrn Rezas Gesicht legte sich Betrübnis. »Wenn ich ein Goldstück für jede gefälschte Heiratsurkunde bekäme, wäre ich ein schwer reicher Mann. Solche falsche Urkunden sind leicht herzustellen. Meist sind sie so geschickt gemacht, dass man zwischen echt und falsch nicht unterscheiden kann. So ist es auch bei der Ihren, die Ihr Onkel und Ihr Bruder Karim gebracht haben.«

Mein Onkel? Das war ein Schock für mich. »Welcher Onkel?«

»Ihr Onkel Nayk-Mohammed.«

Onkel Nayk? Der versprochen hatte, sich nach Vaters Tod um mich zu kümmern? Der mir bei der Verlobung mit Yakub geholfen hatte, obwohl mein Bruder dagegen war? Unmöglich. Das konnte nicht sein.

»Sind Sie sicher?«

»Im Akt steht es so. Es wird immer festgehalten, wer ein Dokument einbringt.«

Es musste wohl so sein. Es klang wahrscheinlich. Karim

allein hätte das nicht geschafft. Er hatte nicht genug Gewicht und Ansehen. Onkel Nayk dagegen ein angesehener, vermögender und einflussreicher Mann. Mit seinen Beziehungen war es für ihn ein Leichtes, bei Gericht zu erreichen, was er wollte.

»Aber es ist doch bestimmt ungesetzlich, eine Urkunde zu fälschen. Da fehlt doch bestimmt irgendein amtliches Siegel.«

»Da schaut kein Mensch so genau hin. Nicht bei solchen Sachen.«

»Können nicht Sie das machen? Können Sie nicht beweisen, dass die Urkunde gefälscht ist?« Die Stimme brach mir. Ich schlug die Hände vors Gesicht.

»Ich kann Ihnen nicht helfen.«

So saßen wir eine Zeit lang, während ich von Schluchzern geschüttelt wurde. Der Arm meines Bruders reichte bis ins Gericht. Gab es keine Hilfe? War ich wirklich der Rachsucht meines Bruders und der Ungerechtigkeit unserer Kultur ausgeliefert?

Als ich wieder aufsah, ruhten Herrn Rezas Augen auf mir.

»Ich kann Ihnen nur einen einzigen Rat geben. Finden Sie einen anderen Mann. Gehen Sie zu einem anderen Gericht, und heiraten Sie dort. Und dann bringen Sie das offizielle Dokument hierher. Ich will es mit diesem hier vergleichen, und dann wird sich zeigen, dass dieses eine Fälschung ist. Aber das kann ich erst machen, wenn Sie mit einem anderen verheiratet sind.«

»Aber es gibt niemanden, den ich heiraten könnte!«, rief ich.

Herr Reza erhob sich. Das Gespräch war beendet. »Sie kennen meine Bedingung. Machen Sie, was Sie wollen. Aber ich würde Ihnen als Freund ernstlich raten, darauf einzugehen. Und zwar schnell.«

9

Erschüttert kehrte ich zu Tante Fauziyas Haus zurück. Ich kam mir wieder einmal vor wie irgendein Ding, das den Besitzer wechseln sollte. Ich hatte genauso wenig zu sagen wie ein Schaf auf dem Markt. Oder schlimmer noch, im Schlachthaus.

Die Woche darauf erschienen zwei Polizisten bei Tante Fauziya. Sie wedelten mit einem Dokument und fragten nach mir.

»Wir müssen Sulima Obaidi wegen Ungehorsam und unpassenden Verhaltens festnehmen.«

»Was soll das heißen?«, fragte Tante Fauziya.

»Wir haben hier eine Vermisstenanzeige. Karim Obaidi, ihr älterer Bruder, hat uns mitgeteilt, dass sie ihr Heim verlassen hat und allein lebt. Das ist ein ungehöriges Benehmen für eine Frau.«

»Lächerlich. Sie lebt bei mir und meiner Familie. Karim weiß genau, wo sie ist!«

»Sie werden alle auf die Polizeiwache mitkommen müssen. Dort können Sie Ihre Geschichte erzählen.«

Wir kamen erst nach Stunden wieder zurück. Die Polizei hatte die Anklage fallen gelassen und meinen Bruder einen Idioten genannt. Aber das konnte meinen Zorn nicht besänftigen und mir die Angst vor Karim nicht nehmen. Ich hatte den Revolver nicht vergessen. Was würde ihm als Nächstes einfallen?

Ich kehrte in Gedanken zu meinem Gespräch mit Herrn Reza zurück. Wieder einmal musste ich im Geist die Liste der jungen Männer durchgehen, die Interesse für mich bekundet hatten. Tarik war laut und fluchte viel. Basir war widerlich. Aber Ibrahim ...

Ibrahim war immer höflich gewesen. Er hatte mich jahrelang brieflich gebeten, seine Frau zu werden. Er sah gut aus und konnte sich benehmen. Genau das hatte ich ursprünglich auch von Yakub gedacht, und ich hatte mich getäuscht. Aber Ibrahim kannte ich ein bisschen besser. Wir waren entfernt verwandt. Sein Vater war ein Neffe von Aghajans jüngster Frau. Ibrahims Briefe waren voller Komplimente für meine Schönheit und Intelligenz, und er versprach immer, alles tun zu wollen, um mich glücklich zu machen. Und schlimmer als Yakub konnte er schließlich nicht sein.

Ibrahim hatte vor ein paar Wochen gerüchteweise vernommen, dass ich es mir mit Yakub anders überlegt hatte. Er war zu uns gekommen und hatte mit Madarjan gesprochen. Ich war nicht dabei, aber Madarjan erzählte mir, er habe um meine Hand angehalten.

»Aber sie ist schon verlobt«, hatte Madarjan gesagt.

»Auch wenn sie verheiratet und Mutter von sechs Kindern wäre, würde ich ihre Füße küssen und sie auf Händen tragen.«

Damals hatte ich über seinen Antrag nicht weiter nachgedacht, aber jetzt lag die Sache anders.

Ich schrieb Ibrahim, ich hätte seit langem über seinen Antrag nachgedacht, auch während meiner unseligen Verlobungszeit mit Yakub. Nun wolle ich ihn heiraten, und zwar sobald die Prüfungen vorüber seien und ich mein Diplom hätte.

Ibrahim reagierte mit überschwänglicher Freude. Er war seit acht Jahren in mich verliebt. Er verstand, dass wir keine offizielle Hochzeitszeremonie haben konnten. Die Verlobung mit Yakub und die falsche Heiratsurkunde erforderten Geheimhaltung und sofortiges Handeln. Unsere Familien müssten vor vollendete Tatsachen gestellt werden.

Am Tag nach meinem Diplomabschluss heirateten wir im Gericht. Wir hatten uns ein Gericht in Khairkhana ausgesucht, dem Vorort von Kabul, in dem Tante Fauziya lebte. Später wollten wir die Heiratsurkunde auf unser zuständiges Gericht bringen, damit die Verlobung mit Yakub annulliert werden konnte.

Blumen blühten, Vögel sangen. Der Frühling war eine Zeit der Hoffnung. Vielleicht bedeutete diese Heirat für mich einen neuen Anfang.

Ibrahim hatte zwei enge Freunde, Ali und Yasir, mitgebracht, die als die zwei notwendigen Trauzeugen fungieren sollten. Wir meldeten uns an und wurden von dem zuständigen Beamten in einen kleinen Raum geführt, der nur einen Schreibtisch und ein paar Stühle enthielt.

Der Beamte schlug den Koran auf.

O ihr, die ihr glaubt, euch ist nicht erlaubt, Frauen gegen ihren Willen zu beerben. Und hindert sie nicht (an der Verheiratung mit einem anderen), um einen Teil von dem zu nehmen, was ihr ihnen (als Brautgabe) gabt, es sei denn, sie hätten offenkundig Hurerei begangen. Verkehrt in Billigkeit mit ihnen; und wenn ihr Abscheu gegen sie empfindet, empfindet ihr vielleicht Abscheu gegen etwas, in das Allah reiches Gut gelegt hat …

Er wandte sich an Ibrahim.

»Willst du, dass diese Frau nach dem Gesetz Gottes und des Korans deine Frau wird?«

»Das will ich.«

Er händigte Ibrahim eine Urkunde aus. »Unterschreiben Sie in Anwesenheit dieser Zeugen.«

Die Urkunde war ein Standard-Ehekontrakt und hielt fest, dass Ibrahim mich zur Frau nahm und versprach, mir im Fall einer Scheidung 100.000 Afghanis zu geben. Natürlich hatte Ibrahim nicht so viel Geld, aber da war er nicht der Einzige. Niemand erwartete, dass ein Ehemann sich an dieses Versprechen hielt.

Nach der Trauung bedankten wir uns bei den Trauzeugen

und standen dann verlegen auf den Stufen des Gebäudes herum.

»Es ist schon eigenartig, dass jetzt jeder wieder nach Hause geht, obwohl wir verheiratet sind«, sagte Ibrahim schließlich. »Ich sollte dich auf meinen Schultern durch die Stadt tragen, und die Menschen sollten Rosen streuen.«

»Wir können es unseren Familien noch nicht erzählen. Ich weiß noch nicht, wie wir das anfangen sollen.«

Wir vereinbarten, dass wir uns nicht einmal miteinander sehen lassen würden. Ich verabschiedete mich von meinem neuen Ehemann, und er winkte ein Taxi herbei. Als es hielt, gab er mir Geld für die Fahrt.

Auf dem Heimweg überdachte ich diesen Morgen noch einmal. Seltsam. Jetzt war ich eine verheiratete Frau. Es waren ein paar Verse aus dem Koran vorgelesen worden, ein Mann hatte ein Dokument unterschrieben, und jetzt war ich eine Ehefrau. Mein Mann bedeutete für mich den Ausweg aus der Tyrannei meines Bruders.

Als das Taxi vor Tante Fauziyas Haus vorfuhr, fühlte ich etwas, was ich vorher noch nicht kennen gelernt hatte. Es begann als Wärme auf meinen Wangen, dann in meinem Bauch. Ich dachte wieder an Ibrahim an meiner Seite, so gut aussehend und höflich, und mein Herz schlug schneller.

Ich hatte mich in meinen Mann verliebt.

Diese neuen Gefühle verwirrten mich. Sie waren so plötzlich über mich gekommen – von einem Moment auf den anderen und gänzlich unerwartet. Ich war in der Vergangenheit schon gelegentlich verliebt gewesen, zum Beispiel in Raschid. Aber das war nichts Tiefgehendes. Ich war noch nie von Gefühlen überwältigt gewesen. Wenn ich Liebesgedichte gelesen hatte, hatte ich sie immer ein bisschen töricht und übertrieben gefunden. Ich war immer vom Gehirn gesteuert gewesen, eine Intellektuelle, eine Akademikerin. Jetzt plötzlich hatte mein Herz die Herrschaft übernommen.

Ich verstand mich selbst nicht. War es die Art, wie er mich anschaute, so stolz, so liebevoll? So hatte mich noch nie jemand angesehen. War es, weil ich in ihm meinen Retter sah? War es seine Treue? Er wusste, dass er sich dadurch, dass er mich heiratete – eine verlobte Frau mit einem zornigen Onkel und Bruder –, Schwierigkeiten aufhalste, ja sogar sein Leben in Gefahr brachte.

Was immer es war, es war neu. Es war beängstigend. Es war wunderbar. Ich hätte am liebsten gesungen. Ich konnte es kaum erwarten, bis ich Ibrahim wieder sah.

Das war schon am nächsten Tag. Ich war am Anfang so schüchtern und verlegen, dass es Ibrahim auffiel. »Alles in Ordnung?«, fragte er.

Was sollte ich antworten? »Es ist nur – tja, nun, ich liebe dich.«

»Ich liebe dich auch. Aber du hast gesagt, du liebst mich schon lange. Was ist jetzt anders?«

Das konnte ich schlecht erklären, und so sagte ich: »Vielleicht ist es anders, weil wir verheiratet sind.«

Er lächelte und schaute mir tief in die Augen. Mein Herz schwoll und bebte. Ich sehnte mich danach, ihn zu berühren, aber Unverheiratete durften sich in der Öffentlichkeit nicht berühren, und unsere Ehe war ja noch geheim. Also berührten wir uns nur mit den Augen, und unsere Blicke bildeten eine Brücke, über die unsere Herzen gehen konnten.

»Ich möchte bald mit dir zusammenleben«, flüsterte er. »Ich halte es keinen Tag mehr aus. Bitte kümmere dich um die Sache bei Gericht. Dann sage ich meiner Familie Bescheid, und du kannst bei uns wohnen.«

Gleich am nächsten Tag bat ich Yakub, mich vor dem Gerichtsgebäude zu treffen.

»Ach, heiraten wir? Endlich! Ich werde da sein.«

Er kam in Begleitung seines Bruders. Beide grinsten. Zwei finstere Gestalten folgten ihnen. Die Zeugen vermutlich. Kalter Schweiß stand mir auf der Stirn. Als wir hineingingen, nahm Yakub mich beim Arm. Ich schauderte.

»Yakub, ich heirate dich nicht«, sagte ich. »Wir sind hier, weil ich die Verlobung offiziell rückgängig machen will.«

Das Grinsen wich aus seinem Gesicht. Sein Bruder machte mit geballter Faust einen Schritt auf mich zu, aber Yakub hieß ihn zurücktreten. »Was soll das heißen?«

»Ich bin seit gestern mit Ibrahim Azimi verheiratet.«

Yakubs Bruder rief den verhinderten Zeugen etwas zu, und sie verschwanden.

Inzwischen hatten wir das Büro erreicht. Ich hatte Herrn Reza am Vortag angerufen, und er hatte den Beamten davon verständigt, dass ich kommen würde. Ich trat vor. »Ich bin gekommen, um mein Verlöbnis mit Yakub offiziell annullieren zu lassen«, sagte ich und legte die Heiratsurkunde auf den Schreibtisch. »Bitte schauen Sie sich diese Urkunde an. Sie wurde gestern in Khairkhana unterzeichnet. Sie werden feststellen, dass es eine offizielle Urkunde ist, vom Gericht ausgestellt. Sie wird die gefälschte Urkunde, die sich hier im Akt befindet, ungültig machen.«

Ich dachte, Yakub und sein Bruder würden mich auf der Stelle ermorden. Aber sie wechselten einen Blick, und der Bruder wich zurück und setzte sich. Yakub stand mit finsterer Miene da, bis der Beamte mit dem gefälschten Dokument zurückkam. »Welche Urkunde ist die richtige und welche die falsche?«, fragte er.

Ich deutete auf die neue. »Das ist die richtige. Sie stellt fest, dass ich mit Ibrahim Azimi verheiratet bin. Die andere ist gefälscht.«

Der Beamte zerriss die falsche Urkunde. »Diese Frau gehört nun einem anderen«, belehrte er Yakub. Dann wandte er sich an mich. »Geh nach Hause und sei deinem Mann eine gute und gehorsame Frau.«

Yakub und sein Bruder gingen voraus und tuschelten miteinander. Als wir hinauskamen, verabschiedete sich der Bruder. »Du bist eine *fahescha*, eine gottlose Hure«, sagte er.

Yakub schwieg, bis sein Bruder verschwunden war. »Tut mir Leid, dass er das gesagt hat. Du hast schließlich ein Recht auf Glück, auch wenn du mir weh getan und dich unehrenhaft benommen hast.«

Ein Wunder geschah vor meinen Augen! Yakub würde mich in Ruhe lassen! »Danke«, sagte ich von Herzen.

»Ich ruf dir ein Taxi«, sagte er.

Ein Taxi bog um die Ecke, und Yakub winkte es heran. Es blieb stehen, und ich trat vor. Die Tür öffnete sich. Plötzlich packte mich eine Hand am Arm. Eine zweite legte sich über meinen Mund. Ich wurde von hinten gestoßen. Ich schlug wild um mich, aber der Griff war stählern. Im Nu war ich im Innern des Taxis. Die Tür wurde zugeworfen.

Ich wandte den Kopf. Im Fahrersitz saß Yakubs Bruder. Er griff mit beiden Händen nach meinem Kopf und drückte mir das Gesicht auf den Beifahrersitz. Ich sah eine Chance. Ich bekam eine Hand frei, packte ihn bei den Genitalien und zog, so fest ich konnte.

Er brüllte auf und verkrampfte seine Hände im Schritt, und ich machte mich los und sprang aus dem Auto. Yakub rannte herbei, um nach seinem Bruder zu sehen. Ich lief, so schnell ich konnte, fand schließlich ein anderes Taxi und kam zitternd und atemlos in Tante Fauziyas Haus an.

»Was ist los?«, rief sie erschrocken.

Ich wollte gerade zu erzählen anfangen, als die Tür aufflog und Yakub und sein Bruder ins Wohnzimmer stürmten. »Ihr seid alle Huren!«, schrie Yakub. »Ihr seid Verdammte! Ihr bringt Schande über den Islam! Eure Mütter sind Schweine. Die da« – er deutete auf mich – »ist eine Schlampe. Wenn du nicht dafür sorgst, dass sie sich von Ibrahim scheiden lässt und meinen Bruder heiratet, dann komme ich in der Nacht und bring euch alle um.«

Sie stampften Türen knallend hinaus.

Tante Fauziya sah mich erschüttert an. »Worum geht es hier überhaupt?«

Mit bebender Stimme erzählte ich ihr die Geschichte von meiner Hochzeit.

»Ich freue mich für dich«, sagte Tante Fauziya. »Wenn du diesen Mann nach dem Gesetz Gottes und des Korans geheiratet hast, dann sei gesegnet.«

Sie umarmte mich.

»Möget ihr ein langes gemeinsames Leben haben. Ich wünsche euch Glück.«

Ich brach in Tränen aus. »Ich kann nicht mehr bei euch bleiben«, sagte ich. »Ich bringe euch in Gefahr. Yakubs Bruder ist verrückt. Er wird seine Worte wahr machen und euch umbringen.«

»Aber was willst du tun?«, fragte sie.

»Ich rufe Ibrahim an und ziehe zu ihm.«

10

Ibrahim wartete im Auto.

»Wie hat deine Familie reagiert?«, fragte ich, sobald ich neben ihm saß.

»Teils – teils.« Ibrahim erklärte, dass seine Mutter und seine Schwester sich für ihn freuten. Sie wussten, wie lange er mich schon liebte, und waren entzückt gewesen, als ich seinen Antrag annahm. Aber sein Bruder Yasin und sein Onkel Yusuf waren wütend. Sie wollten nicht einmal mit ihm reden. »Sie meinen das nicht persönlich«, erklärte er. »Das hat nichts damit zu tun, ob sie dich mögen oder nicht. Sie finden nur, dass unsere Heirat ungehörig ist. Du hättest schon zu einem anderen gehört und hättest dein Problem lösen müssen, bevor du mich geheiratet hast.«

Wenn Ibrahims Onkel – der nebenbei mit Tante Schila, Madarjans Schwester, verheiratet war – und Yasin unsere Ehe missbilligten, dann waren wir in Schwierigkeiten, weil Ibrahim bei ihnen lebte. Er beantwortete meine nächste Frage, bevor ich sie stellen konnte.

»Ich habe vereinbart, dass wir bei meiner Mutter, meiner Schwester Sima und ihrem Mann Roschan einziehen. Wir können bei ihnen wohnen, bis sich die Wogen geglättet haben.«

Sima begrüßte uns mit ausgebreiteten Armen und beglückwünschte uns. »*Khasch amady.* Willkommen. Möget ihr glücklich werden. Es ist mir eine Ehre, dass mein Haus eure erste Wohnung ist.«

Ich folgte ihr in unser Zimmer und begann auszupacken, aber meine Hände wollten mir nicht gehorchen. Ich sank aufs Bett. Mein Kopf dröhnte, wo Yakubs Bruder mich so grob angefasst hatte, und meine Augen brannten. Meine Schultern schmerzten, und meine Knie waren ganz schwach von meiner eiligen Flucht. Die Augen fielen mir zu. Ich war erschöpft. In den letzten achtundvierzig Stunden hatte ich geheiratet, eine Verlobung annullieren lassen, mich gegen einen Entführungsversuch wehren müssen, erleben müssen, wie meine Tante mit dem Tod bedroht wurde, und war mit meinem Mann in ein fremdes Haus gezogen. Ich wollte nur noch schlafen und dann aufwachen und Ibrahim neben mir sehen. Ich wollte mich in seinen Armen verlieren und niemand anderen sehen müssen.

Aber ich hörte, dass Sima die Familie zum Essen rief. Ich erhob mich mit Mühe. Es wäre äußerst unhöflich, ja direkt ein Affront gewesen, wenn ich während der Mahlzeit in unserem Zimmer geblieben wäre. Im Sonnensystem eines afghanischen Haushalts steht das Essen im Mittelpunkt. Alles kreist um Auftragen und Essen. Wer nicht zum Essen erscheint, beleidigt die Gastgeberin. Ich wusch mir das Gesicht, glättete mein Haar und ging hinunter.

Ich kannte Ibrahims Mutter von verschiedenen Familienereignissen, hatte aber nie mehr als ein paar Worte mit ihr gewechselt. Nun kam sie auf mich zu. Ihr Mund lächelte, aber ihre Augen drückten etwas anderes aus. Nicht direkt Traurigkeit, auch keine Feindseligkeit, aber ganz bestimmt auch keine Freude. Ihre Augen passten nicht zu ihren Worten, und ihre Umarmung fühlte sich schwach an. »*Mubarak*, Schwiegertochter. Meinen Glückwunsch. Sein Vater wird glücklich sein, wenn er zurückkommt und seinen jüngsten Sohn als Ehemann vorfindet.«

Ibrahims Mutter, die wir Deljan nannten, lebte bei ihrer Tochter Sima und deren Mann Roschan. Ibrahims Vater war schon lange fort, und die offizielle Lesart in der Familie war, dass er ins Ausland gereist sei, um sein Glück zu machen. Sobald er sich dort etabliert hätte, würde er seine Familie nachkommen lassen. Aber man hatte seit der Zeit, als Ibrahim vier

Jahre alt war, nichts mehr von ihm gehört, und es ging das Gerücht, er lebe mit einer neuen Familie in Russland.

Die Mahlzeit war vorüber, die Kinder waren ins Bett gebracht worden. Ibrahim und ich wollten gerade nach oben gehen, als ich eine Hand auf meinem Arm spürte. Ich wandte mich um und stand Deljan gegenüber, die mir intensiv in die Augen schaute.

»Pass gut auf meinen Kleinen auf«, sagte sie.

Ich nickte.

Sie hielt mich immer noch fest. »Er wollte dich schon so lange haben. Jetzt hat er dich. Er ist glücklich, und es gibt nichts, was mich glücklicher macht, als wenn mein Kleiner lächelt.«

Wie lieb, dass sie ihn immer noch ihren Kleinen nannte. Aber mir ging ein Stich durchs Herz. Auch Abajan sollte hier sein und Ibrahim bitten, auf *seine* Kleine aufzupassen, seine kleine Sula.

Sie sprach weiter. »Du bist klug, du bist schön, und du kommst aus einer guten Familie. Aber du warst schon mit einem anderen verlobt. Es wird Klatsch geben. Das ist nicht das, was ich mir für meinen Kleinen gewünscht hätte.« Sie packte mich noch fester. Ihre Lippen zitterten. »Du musst ihn entschädigen für die Schwierigkeiten, die er deinetwegen bekommen wird. Sieh zu, dass er diese Heirat nie bereut. Diene ihm treu und ohne Klage. Erfülle ihm jeden Wunsch. Lass das Lächeln nie von seinen Lippen verschwinden. Die Mauern dieses Hauses sollen keine Tränen in seinen Augen sehen.«

Ich nickte heftig. Was sollte ich anderes im Sinn haben, als Ibrahim glücklich zu machen?

Sie ließ mich los und gab mir einen kleinen Schubs. »Nun geh und tu deine Pflicht.«

Ihre Worte hallten in meinem Kopf nach, als ich hinaufging, und beunruhigten mich. Wusste ich wirklich, was ich tun sollte? Konnte ich Ibrahim wirklich glücklich machen? Was, wenn ich versagte? Was, wenn –

Aber hier ist er. Ibrahim. Wir sind zum ersten Mal allein. Seine Hände sind stark, sein Haar glänzt wie Onyx. Die Worte seiner Mutter werden übertönt von meinem Herzschlag, der so laut ist wie der Hufschlag eines wilden Pferdes. Ich verberge mein Gesicht. Eine Hand berührt mein Kinn und hebt mein Gesicht hoch. Kann ich ihm in die Augen schauen? In die Augen, die bald so viel sehen werden? Ich kann zumindest versuchen, in diese sehnsüchtigen, bittenden Augen zu schauen. Ich bin erschüttert. Wie viel Liebe liegt in diesen Augen, wie viel Zärtlichkeit, wie viel Licht! Er schließt die Tür.

Als ich am nächsten Morgen beim Frühstück saß, war ich ein anderer Mensch. Es war mir ungeheuer peinlich, dass die Familie sich bewusst war, dass wir unsere erste Ehenacht unter ihrem Dach verbracht hatten. Ich ertappte Deljan dabei, dass sie mich anstarrte. Was dachte sie? Würde sie Ibrahim fragen, ob ich ihn auch wirklich glücklich gemacht hatte? Was dachte Sima? Sie tat, als hätte sich nichts in meinem Leben geändert, und alles wäre normal. Ich wusste, dass Sima das Gleiche erlebt hatte wie ich. Auch sie war in die Familie ihres Mannes gekommen. In unserer Kultur bezogen junge Ehepaare keine eigene Wohnung, sondern sie lebten bei der Familie des Mannes. Ich dachte an Tante Fauziya, an Tante Schila und an Madarjan. Es gab Fragen, die ich ihnen nie stellen konnte.

Es kam mir vor, als hätte Gott selbst mich berührt. Alles hatte sich verändert. Ich berührte den Brotkorb, den Ibrahim eben auf den Tisch zurückgestellt hatte, und dachte an Ibrahims Hand. Ich räumte unser Zimmer auf und behandelte Ibrahims Kleidungsstücke mit Ehrfurcht, weil *er* sie getragen hatte. Das ganze Haus leuchtete von seinem Licht. Ich hatte solche Gefühle nie für möglich gehalten.

Am nächsten Abend kam Roschan ins Haus gestürmt, zitternd und bleich. »Ich hielt an einer Ampel. Plötzlich riss jemand die Beifahrertür auf und setzte sich neben mich. Er sagte, er sei Yakubs Bruder. Er packte mich am Arm und sagte –« Roschan hielt inne. Offensichtlich hatte Yakubs Bruder Ausdrücke gebraucht, die Roschan vor den Frauen nicht wiederholen wollte. »Er sagte, ich müsse versuchen, Ibrahim und Sulima auseinander zu bringen.«

»Wir müssen sofort weg«, sagte Ibrahim. »Euer Leben ist in Gefahr, solange wir hier sind.«

»Aber wo wollt ihr hin?«, fragte seine Mutter, und ihr Blick sagte ganz deutlich: Sieh, was du meinem Sohn angetan hast.

Es wurde vereinbart, dass wir zu Mursal, einer Cousine von Ibrahim, ziehen sollten, bis eine endgültige Lösung gefunden wurde.

Das Licht, das mich seit der vergangenen Nacht umgeben hatte, verlosch. Ich vermied es, Deljan in die Augen zu schauen. Ich brachte Kummer über diese guten Menschen. Ich brachte die Familie meines geliebten Mannes in Gefahr. Ich brachte meinem Mann Leid anstatt Freude. Ich wäre gern hingekniet und hätte alle um Verzeihung gebeten. Ich wollte sterben.

»Reut es dich, dass du mich geheiratet hast?«, fragte ich Ibrahim.

Er nahm mich in den Arm. »Gott behüte. Als du meinen Antrag angenommen hast, war es für mich, als regnete Honig vom Himmel und die Erde begänne zu tanzen.«

»Aber –«

Er legte mir einen Finger auf die Lippen. »Ich habe jahrelang gebetet, dass du zu mir kommst. Meine Seele singt vor Dankbarkeit. Wir werden das gemeinsam durchstehen.«

Wir wohnten seit ein paar Tagen bei Mursal, als Zamin mich anrief.

Zamin und ich hatten immer ein gutes Verhältnis gehabt. Er war einer der wenigen, mit denen ich darüber reden konnte, wie Karim mich behandelte, und er hatte immer

Mitgefühl gezeigt. Auche kam mit Karim nicht gut aus. Er nahm es ihm übel, dass er das Geld der Familie für seine Vergnügungen verschwendete. In letzter Zeit jedoch hatten Zamin und ich uns ein bisschen entfremdet. Er konnte meine Versuche, das Verlöbnis zu beenden, nicht billigen, weil er zu sehr an die Familienehre dachte. Wir waren nicht verfeindet, aber auch nicht mehr vertraut miteinander.

»Kann ich dich besuchen?«

Ich war sofort misstrauisch. Zamin war schon wütend gewesen, als ich die Verlobung rückgängig machen wollte. Die Heirat hatte ihn bestimmt noch wütender gemacht. Auch hatte er Ibrahim noch nie gemocht. Als Kinder prügelten sie sich bei jedem Familienfest, und auch als sie älter wurden, legte Zamin seine Abneigung gegen Ibrahim nicht ab. Darum fand ich es eigenartig, dass er mich jetzt besuchen wollte.

»Warum willst du kommen?«

»Braucht es da einen Grund?« Er klang beleidigt. »Du bist meine Schwester. Du bist frisch verheiratet. Ich möchte dir persönlich gratulieren.«

Ich genierte mich furchtbar, dass ich schlecht von meinem Bruder gedacht hatte. Wir hatten uns so gern gehabt. Nachdem die Heirat jetzt ein *fait accompli* war, hatte er sich offenbar damit abgefunden. »Ich freue mich auf deinen Besuch«, sagte ich.

Ich erzählte Ibrahim, dass Zamin kommen würde. »Aber mir wäre es lieber, wenn du nicht da wärst«, sagte ich.

»Warum nicht?«

»Er mag dich nicht. Es wäre unangenehm.«

Ibrahim schüttelte den Kopf. »Du bist meine Göttin und meine Schönheit. Dein Wunsch ist mir Befehl. Wenn du es für richtig hältst, gehe ich. Aber früher oder später wird dein Bruder sich mit mir arrangieren müssen.«

»Du hast Recht – aber dies eine Mal will ich lieber allein mit ihm sprechen. Wir drei haben noch viel Zeit, um uns anzufreunden. Wir haben das ganze Leben vor uns.«

Er küsste mich und ging.

Ich servierte Zamin Tee und Plätzchen, und wir plauderten über alles mögliche. Schließlich stand er auf. »Ich würde gern das Haus anschauen.«

Ich zuckte die Achseln. »Es ist ein Haus wie alle anderen.«

»Ich möchte sehen, wie meine Schwester lebt, jetzt, wo sie verheiratet ist. Ich will sicher sein, dass Ibrahim gut für dich sorgt.«

Ich war gerührt. »Natürlich.« Wir gingen herum, und ich zeigte ihm alles, das Esszimmer, die Küche, unser Zimmer, das Zimmer von Mursal und ihrem Mann und das Kinderzimmer.

Er nickte lächelnd und küsste mich dreimal auf jede Wange. »Ich bin zufrieden. *Khuda qadamescha nayk kuna.* Mögest du glücklich sein in deinem neuen Leben.«

Am selben Abend wollten Ibrahim und ich gerade zu Bett gehen, als wir ein zischendes Geräusch hörten. Irgendetwas flog in unsere Richtung. Dann prallte es – was immer es war – gegen das Fliegengitter und schlug mit dumpfem Knall im Garten auf. Das Haus erbebte, und der Rasen stand in Flammen.

»Schnell! Löscht das Feuer!«, schrie Ibrahim.

Geschrei im ganzen Haus. Mursals Mann rannte mit einem Wassereimer hinaus. Hektik überall. Mursal schrie.

Ich schaute mir unser Fenster an. Es war offen und nur durch das Fliegengitter geschützt gewesen. Das Gitter war alt und morsch, so dass es einfach heruntergefallen war, als es von der selbst gemachten Bombe getroffen wurde, anstatt mitsamt der Bombe in unser Zimmer zu fliegen, wie es beabsichtigt war.

Mursal und ihr Mann hatten keine Feinde. Es gab nur einen Menschen, der für dieses Attentat verantwortlich sein konnte: Yakubs Bruder. Aber woher wusste er, wo wir schliefen? Er kannte sich in Mursals Haus nicht aus. Es sei denn –

Nein, das war undenkbar.

Es sei denn, jemand hätte ihm das Haus und die Lage unseres Zimmers beschrieben. Und das konnte nur –

Nein, nein, *nein!* Das konnte nicht sein. Zamin konnte nicht der Verräter sein. Bestimmt war der Grund für seinen Besuch nur brüderliche Zuneigung gewesen. Aber trotzdem –

Trotzdem wusste ich mit Übelkeit erregender Sicherheit, dass mein ursprüngliches Unbehagen gerechtfertigt gewesen war. Der Grund für Zamins Besuch war gewesen, dass er das Haus ausspionieren wollte. Er steckte mit Yakubs Bruder unter einer Decke.

Später erzählte mir Husna die ganze Geschichte. Sie hatte sie von ihrer Freundin Fatima erfahren, deren Bruder zu Karims Zechkumpanen gehörte. Karim hatte Zamin als Spion vorgeschickt. Zamin musste den anderen alle Einzelheiten aufzeichnen. Fatima hatte gehört, wie Karim und ihr Bruder sich amüsierten. Sie rauchten und tranken und gratulierten sich gegenseitig zu ihrem Plan, wie sie die Familienehre wiederherstellen wollten. Auch Yakub und sein Bruder waren dabei gewesen.

Meine Brüder! Meine eigenen Brüder hatten mir das angetan.

Ibrahim war erschüttert. »Wir müssen alles tun, was in unserer Kraft steht, um die Ehre von Yakubs Familie wiederherzustellen, sonst werden sie uns nie in Ruhe lassen.«

»Wie willst du das anstellen?«, fragte ich ängstlich.

»Überlass das nur mir«, sagte er.

Als er zurückkam, machte er einen entschlossenen Eindruck. »Meine Familie gibt ihnen fünfzigtausend Afghanis, zwei Gewehre und fünf Schafe dafür, dass wir ihnen dich gestohlen haben. Sie haben versprochen, dich dafür in Ruhe zu lassen.«

Ich schnappte nach Luft. »*Azbarai khodo!* Wie hast du das zustande gebracht?«

»Mit Hilfe eines Mediators.«

Ich wollte fragen, wer der Mediator war, aber plötzlich

wollte ich überhaupt nichts mehr fragen. Ich wollte nicht wissen, was Ibrahims Onkel und Bruder, die sowieso schon gegen die Heirat gewesen waren, gesagt hatten. Ich wollte nicht wissen, wie Ibrahims Mutter, die so sehr um das Wohl ihres Sohnes besorgt war, reagiert hatte. Ich wusste schon genug, nämlich, dass ich Ibrahims Familie in eine schreckliche Lage gebracht hatte. Sie waren gedemütigt worden – als Verwandte eines Mannes, der einem anderen die Frau gestohlen hatte, und nun kostete sie die Sache auch noch eine Menge Geld. Ich schlug die Hände vors Gesicht und brach in Tränen aus.

Ibrahim nahm mich in seine Arme. »*Azizem, Janem,* mein Liebling, meine Süße. Weine nicht. Wenn ich alles Geld und alle Schafe der Welt hingeben müsste, wäre das nur ein Tropfen im Vergleich zum Ozean meiner Liebe.«

Ich sah ihm in die Augen und erblickte dort so viel Liebe und Zärtlichkeit, dass ich mir gänzlich unwürdig vorkam. Ich barg das Gesicht an seiner Brust.

Ein paar Tage später brachte Ibrahim gute Nachrichten. »Onkel Yusuf hat es sich überlegt. Er sieht ein, dass er unsere Heirat voreilig verurteilt hat. Er möchte gern, dass wir zu ihm ziehen.«

Wunderbar. Ich würde bei Tante Schila wohnen! Aber eine Frage hatte ich noch.

»Warum hat er seine Meinung geändert?«

»Wir sind zu einem Mediator gegangen.«

»Wer war das?«

Er legte mir den Finger auf die Lippen. »Zerbrich dir nicht den hübschen kleinen Kopf darüber. Ein alter Verwandter. Mehr brauchst du nicht zu wissen.«

Ich spürte einen schmerzhaften Stich. Ich wurde auf meinen untergeordneten Platz verwiesen, den Platz der Frau, die von den wichtigen Angelegenheiten der Männer nichts zu wissen brauchte. Und es war nicht die Familie meines Mannes oder die Gesellschaft allgemein, die mich da so herablassend behandelte, sondern mein eigener Mann. Ich wollte aufbegehren, aber dann dachte ich an Deljans Warnung und an meine eigene heikle Lage. Ich konnte glücklich sein, dass Ibrahim loyal auf meiner Seite gestanden und sich mit seinem Onkel geeinigt hatte. Das musste mir genügen.

Dann fiel mir etwas anderes ein. »Was ist mit Yasin?«

»Onkel Yusuf spricht mit ihm. Yasin hat großen Respekt vor Yusuf und wird auf ihn hören.«

Und tatsächlich ging alles glatt. Mehr als nur glatt. Onkel Yusuf und ich kamen wunderbar miteinander aus. Dass ich mit Schila leben konnte, war ein Glücksfall. Es war, als träfe ich eine Schwester wieder. Ibrahim hatte es ganz richtig gesehen: Onkel Yusuf hatte es falsch gefunden, wie Ibrahim die Frage von Yakubs Ehre behandelt hatte. Als dieses Problem aus der Welt geschafft war, entwickelte sich ein gutes und herzliches Verhältnis zwischen Yusuf und mir.

Mit Yasin lag der Fall etwas anders. Er war Ibrahims älterer Bruder und hatte Ibrahim immer schikaniert, wie Onkel Yusuf erzählte.

»Einmal kam Ibrahim mit einer guten Note aus der Schule heim. Ich weiß noch, wie er lächelte, als er das Haus betrat. Er brannte darauf, Deljan das Blatt zu zeigen. Aber Yasin riss es ihm aus der Hand, zerriss es und verstreute die Papierfetzen im ganzen Haus. Dabei lachte er hämisch. Ibrahim weinte, als Deljan ins Zimmer kam. Er verpetzte Yasin, und Deljan wollte Yasin schlagen, aber er rannte lachend davon. Später am Abend verprügelte er Ibrahim so sehr, dass der am anderen Tag kaum gehen konnte. Das vermute ich wenigstens. Ibrahim selbst behauptete, er sei die Treppe hinuntergefallen. Aber ich bin sicher, dass Yasin ihn gewarnt hatte, er würde ihn noch schlimmer verprügeln, wenn er ein Wort sagte.«

Yasin hatte Ibrahim immer gehänselt. »Du kannst überhaupt nichts. Du bist ein *bachay nana,* ein Muttersöhnchen. Ein *zancha.* Eine Heulsuse.« Dann lief Ibrahim immer zu Deljan und ließ sich trösten. »Du bist ein wunderbarer Junge, Mamas Liebling. Du brauchst niemandem etwas zu beweisen. Komm, du kriegst Tee und Bonbons.«

Yasim war Ibrahim gegenüber immer noch boshaft und stichelte ständig. »Schaut euch bloß diesen Nichtsnutz an. Hängt hier herum wie ein Penner und lässt sich von mir und Onkel Yusuf ernähren. Du bist immer noch das Muttersöhnchen, wie?« Er dehnte seine Unfreundlichkeiten auch auf mich aus. »Na, da kommt ja die Frau unseres Versagers. Wie viel kostest du die Familie heute?«

Jedes Mal, wenn er das sagte, war es mir, als risse jemand den Schorf von einer tiefen Wunde. Schließlich wandte ich mich an Onkel Yusuf. Er sprach offensichtlich mit Yasin, denn der hörte auf zu spotten. Ich wusste, dass er mich nicht mochte, aber er beschränkte sich jetzt auf feindselige Blicke und ein gelegentliches verächtliches Schnauben, wenn Ibrahim oder ich sprachen.

Aber die Anspielungen, die Ibrahims Arbeit betrafen, beunruhigten mich. »Warum arbeitest du nicht, Ibrahim?«

Er zuckte die Achseln. »Ich habe noch nicht den richtigen Job gefunden.«

Ibrahim hatte das College nicht abgeschlossen, aber ich hatte gedacht, er arbeite stattdessen. »Wieso nicht?«, fragte ich nach.

Er nahm mein Gesicht zwischen beide Hände und hob es zu sich. »Ich mag es nicht, wenn du schmollst«, sagte er und küsste mich. »Es hat sich einfach noch nicht ergeben, das ist alles.«

Ein paar Tage später suchte ich Herrn Reza auf. Es war mir eingefallen, dass ich noch gar nicht richtig für seine Hilfe bei meinen komplizierten Familienangelegenheiten gedankt hatte. Er empfing mich sehr liebenswürdig und erkundigte sich mit väterlichem Interesse nach meiner Lage. »Womit verdient denn dein neuer Ehemann sein Geld?«

Ich war verlegen. »Er sucht Arbeit«, sagte ich. Aber kaum hatte ich das gesagt, da wurde mir bewusst, dass Ibrahim durchaus nicht nach einer Stellung suchte. Aber ich schob diesen Gedanken weg. Jeder Erwachsene, der keinen Job hatte, suchte sich doch sicher einen.

»Hat er einen College-Abschluss?«

Ich verneinte.

»Wenn es dir recht ist, rufe ich ihn an. Ich kann es wahrscheinlich so einrichten, dass er eine Stellung am Gericht bekommt.«

»Das wäre wunderbar! Vielen Dank!«

Als Ibrahim am nächsten Tag nach Hause kam, strömte er über von Lob und Dankbarkeit für Herrn Reza. »Er sagte, er sei ein Freund deines Vaters gewesen und wolle ihm nachträglich einen Gefallen tun. Ich bekomme einen schönen, sicheren Posten. Ich bin ihm sehr dankbar.«

Ich befasste mich immer noch mit meiner Alphabetisierungsarbeit. Zuerst hatte ich befürchtet, Ibrahim könne dagegen sein, aber er verhielt sich ganz großartig. »Wenn du das tun willst, Licht meines Lebens, dann tu es. Wenn ich ein König wäre, würde ich dir mein ganzes Königreich geben.«

»Sagst du nur Ja, weil ich das machen möchte, oder glaubst du auch selbst, dass die Frauen lesen und schreiben lernen sollen?«

»Natürlich glaube ich das. Wenn du es glaubst, glaube ich es auch.«

Das war nicht die Antwort, auf die ich gehofft hatte. »Ich hatte gehofft, meine Ideale wären auch die deinen – nicht nur, weil ich daran glaube.«

Er küsste mich auf die Augenlider. »Törichte Sulima«, flüsterte er und knabberte an meinem Ohrläppchen. Ich seufzte vor Wonne. »Wie viele Frauen haben denn einen Mann, der alles für sie tun würde?«

Er hatte Recht. Ich war unvernünftig. Wieder einmal verlangte ich zu viel. Ich sollte jubeln vor Dankbarkeit, dass ich einen Mann hatte, der mich aus dem Haus gehen ließ und mich tun ließ, was ich wollte. Ich dachte an Madarjan, die ihr Leben erst unter der Fuchtel meines Vaters, dann unter der Karims zugebracht hatte. Ich konnte mich wirklich nicht beschweren.

Der Gedanke an Madarjan schmerzte mich. Karim versuchte sich immer noch an mir wegen der Heirat mit Ibrahim zu rächen. Er hatte Madarjan und allen anderen verboten, mit mir zu verkehren. Ich vermisste natürlich Asim, Husna, Surya und Hala.

Und den kleinen Naim, meinen jüngsten Bruder, der so lustig und charmant war. Aber Madarjan mit ihrer Sanftheit und Güte vermisste ich besonders schmerzlich.

Karim versuchte auch ganz direkt, meine Ehe zu zerstören. Eines Abends kam er unangemeldet zu Onkel Yusuf. Ich war gerade zu Besuch bei Tante Fauziya. Karim verlangte Yusuf, Deljan und Yasin zu sprechen und behauptete, er habe wichtige Informationen, die sie alle beträfen.

Später erfuhr ich, was geschehen war. Als alle saßen, sagte Karim: »Sie sollen alle wissen, was für eine Frau Sie da in Ihre Familie aufgenommen haben. Sie ist eine Hure. Sie ist eine *fahescha.* Ein verächtlicher, greinender, verlogener Wurm. Wisst ihr, dass sie schon vor der Verlobung mit Yakub einen Freund gehabt hat?«

Onkel Yusuf wollte widersprechen, aber Karim schnitt ihm das Wort ab. »Sie sollten um der Ehre Ihrer Familie willen Ibrahim zwingen, sich von ihr scheiden zu lassen. Sie wird nämlich höchstens ein halbes Jahr bei Ihnen bleiben und dann mit einem anderen davonlaufen. Verlassen Sie sich drauf.«

Als ich heimkam und hörte, was geschehen war, war ich zutiefst beschämt. Dass mein eigner Bruder mich bei meiner neuen Familie anschwärzen wollte! Glaubten sie ihm? Ihrem Tonfall nach zu urteilen, konnte es durchaus sein. Ich fühlte mich so gedemütigt, dass ich am liebsten fortgelaufen wäre und mich umgebracht hätte. Ich konnte nur hoffen, dass mein Benehmen sie mit der Zeit überzeugen würde, dass Karim mich verleumdet hatte.

Ein paar Tage später hörte ich ein leises Klopfen an der Hintertür, ganz leise, als versuche eine Maus zu klopfen. Ich öffnete, und da standen Madarjan und Husna. »Madarjan!«, schrie ich und fiel ihr in die Arme.

»Pst!« sie schob mich ins Haus. Nun umarmte ich auch Husna.

»Karim weiß nicht, dass wir hier sind. Wir haben ihm gesagt, wir wollten Kleider kaufen, und Nabi hat uns gefahren.«

»Dann wohnt ihr jetzt in Kabul?«

»Nein, wir leben immer noch im Osten«, sagte Husna.

Das bedeutete eine Fahrt von sieben Stunden! Ich war sprachlos. Das hatten sie für mich gemacht! Ich brach in Tränen aus.

Onkel Daouds Sohn Nabi arbeitete jetzt als Lehrer im Osten. Er hatte einen Tag freigenommen und mir und Madarjan zuliebe diese weite Reise gemacht.

Wir weinten alle drei und umarmten uns immer wieder.

Sie blieben, bis wir von draußen ein Hupen hörten. Eine letzte Umarmung, und meine geliebte Mutter und meine Schwester verschwanden durch die Hintertür. Ich weinte zwei Tage lang ohne Unterbrechung. Selbst Ibrahims Zärtlichkeiten konnten mich nicht trösten.

11

1978 fand die Marxistische Revolution statt. Ich war überglücklich. Ich war überzeugt, dass dies das Beste war, was Afghanistan hatte passieren können.

Damit will ich nicht sagen, dass die Anwesenheit der Sowjets nur gut gewesen sei. Weit gefehlt. Später stellte sich heraus, dass wir für den Import des Kommunismus einen hohen Preis zahlen mussten. Die neuen Machthaber zogen schnell bedeutende Reformen durch, wie zum Beispiel Obergrenzen für Grundbesitz, Beschränkung des Brautpreises und ein Mindestalter für die Eheschließung. Große Anstrengungen wurden unternommen, um Kindern und Erwachsenen, Mädchen wie Jungen, Frauen wie Männern, Unterricht in weltlichen Schulen zu ermöglichen Das hätte einen großartigen Fortschritt bedeuten können. Aber die Kommunisten packten die Sache falsch an. Die ländliche Bevölkerung leistete Widerstand. Und diese Widerspenstigen, die meist den verschiedenen Stämmen der Paschtunen angehörten, taten sich später mit anderen Stämmen zusammen, um die Kommunisten zu stürzen und das Islamische Gesetz wieder einzuführen. Sie bildeten später das Rückgrat der Mudschaheddin.

»Wenn eine Frau als Ministerin für die Bildung der Frauen zuständig sein wird, dann sollte das Sulima sein«, erklärte Onkel Yusuf. »Sie hat schon als Kind Frauen unterrichtet. Eine Bessere könnten sie nicht finden.«

Die hohe Meinung, die Onkel Yusuf von mir hatte, rührte mich. Aber Ministerin für Bildung wurde ich nicht, nicht einmal für Frauenbildung. Aber ich freute mich sehr, als der Bildungsminister bei mir anrief und mir einen Posten anbot.

Ich sollte die Lerninhalte der Frauenprogramme koordinieren. Ich sollte eng mit dem Leiter der Frauenbildungsabteilung zusammenarbeiten, bei der Einrichtung neuer Schulen helfen, die Frauen dazu bringen, dass sie lesen und schreiben lernen wollten, und entsprechendes Lehrmaterial entwickeln.

Jetzt wurde ich für die Arbeit bezahlt, die ich seit je und mit so viel Freude getan hatte! Ich begann sofort mit der Organisation. Ich entwarf einen Lehrplan und schrieb ein paar Lesebücher für Erwachsene. Ältere Frauen, die Jahre und Jahrzehnte einen großen Haushalt geführt hatten, sollten sich nicht dadurch gedemütigt fühlen, dass sie Grundschulfibeln lesen mussten.

Bücher und Übungshefte wurden fotokopiert und sollten sogleich eingesetzt werden. Ich hatte in den vielen Jahren meiner Arbeit viel Erfahrung gesammelt und auch aus Fehlern gelernt und brachte den anderen bei, wie man vorgehen musste. In *hijab* – züchtige Kleidung – gehüllt, ein Tuch über dem Kopf, besuchte ich die Landbewohner in ihren Häusern. In der Hand trug ich den Koran. Ich wurde immer hereingebeten und mit Tee und Süßigkeiten bewirtet. Dann wandte ich mich an die Männer des Hauses.

»Wollt ihr, dass eure Frauen und Töchter bessere Musliminnen werden?«

Da nickten die Männer natürlich heftig. Dann sprach ich die Frauen an: »Wollt ihr bessere Dienerinnen Gottes werden?«

Natürlich wieder allgemeines Nicken.

Dann schlug ich den Koran auf und las vor:

Im Namen Allahs, des Allerbarmers, des Barmherzigen.
Er ist es, der unter den Analphabeten einen Gesandten aus ihrer Mitte erweckt hat, um ihnen seine Verse zu verlesen und sie zu reinigen und sie die Schrift und die Weisheit zu lehren, obwohl sie sich zuvor in einem offenkundigen Irrtum befanden …

Diejenigen, die verbergen, was Allah von dem Buch herabgesandt hat, und es um einen geringen Preis verkaufen, diese verzehren in ihren Bäuchen nichts als Feuer. Und Allah wird zu ihnen am Tage der Auferstehung weder sprechen noch wird Er sie läutern; und ihnen wird eine schmerzliche Strafe zuteil. Sie sind es, die den Irrtum für die Rechtleitung erkauft haben.

Ich erklärte, dass jeder, der die Frauen vom Lesen ausschließen wolle, *das Buch verberge,* und dass der Prophet alle meinte – Männer und Frauen –, wenn er von der Notwendigkeit sprach, aus dem Buch zu lernen.

Meine Zuhörer ließen sich meistens durch diese und andere Zitate aus dem Koran beeindrucken. Mindestens ein Mann sagte schließlich immer: »Es ist nicht recht von mir, dass ich meine Frau vom Lesen der Heiligen Bücher abhalte.« Und seine Frau nickte zustimmend. Am Ende des Abends hatte ich meist die Erlaubnis der Familie, etwas für die Bildung ihrer Frauen zu unternehmen. Die wenigen Frauen, die schon lesen konnten, waren oft bereit, beim Unterricht zu helfen. Wenn keine Freiwilligen zur Hand waren, zahlte die Regierung für die Lehrerinnen. Die Männer bemühten sich, einen Raum in der Moschee, in der Schule oder in einem Privathaus für den Unterricht zur Verfügung zu stellen. »Es ist Gottes Wille«, sagten sie. Wir sorgten für Papier, Bücher, Stifte und anderes. Und bald hatten wir wieder eine neue Schule.

Ich blieb ständig in Kontakt mit den Schulen, bei deren Gründung ich beteiligt gewesen war. Wenn Schwierigkeiten persönlicher oder fachlicher Art auftauchten, half ich, sie zu überwinden.

Es waren die glücklichsten Monate meines Lebens seit jener Zeit im Osten mit Mariam und ihren Freundinnen. Ich erhielt Anerkennung und Bezahlung für eine Arbeit, die ich immer gemacht hatte und die ich liebte. Und ich war überzeugt, an der Schaffung einer Welt mitzuarbeiten, in der Frauen und Männer schließlich die gleichen Rechte haben würden.

Natürlich enthielten meine Lesebücher auch Texte, die nicht aus dem Koran stammten. Ich hoffte, ich könnte den Frauen ein kleines Guckloch öffnen, das ihnen einen Blick auf die Welt ermöglichte. Und vielleicht könnte sich dieses Guckloch sogar erweitern, zu einer Tür werden und ein neues Weltbild möglich machen.

Mein Privatleben war genau so erfüllt wie mein Berufsleben. Ibrahim und ich waren leidenschaftlich verliebt. Sein Job gefiel ihm, und er war glücklich. Wir lachten und spielten zusammen, dachten uns komische Gedichte aus, gingen ins Kino und unternahmen lange Wanderungen. Wir tanzten gern, und wenn wir beisammen waren, hatten wir fast immer das Radio laufen. Die Nächte waren voll Geheimnis und Wunder, Lachen und Licht. Wir schwebten wie Vögel über Bergen und Tälern voll von einer Schönheit, wie ich sie mir nie erträumt hatte.

Und immer, wenn mich etwas bedrückte, konnte Ibrahim mich aufheitern. Entmutigt, weil es mit einer Schule nicht vorwärts ging? Meinungsverschiedenheiten mit meinem Vorgesetzten? Ibrahim war zur Stelle, küsste mir die Tränen weg und sagte mir, ich sei ein Engel, eine *fereschta,* und diese Leute hätten mich nicht verdient. Schmerzten mich die Füße, wenn ich meilenweit über staubige Straßen gelaufen war? Ibrahim badete mir die Füße, küsste mich auf die Sohlen und erzählte mir, er salbe mich mit geweihtem Öl, weil ich das Land geheiligt hätte.

Mein Bauch fühlte sich so eigenartig und aufgebläht an. Meine Kleidung passte mir nicht mehr so recht. Ich wandte mich besorgt an Tante Schila.

Sie umarmte mich. »Du bist sicher schwanger.«

»Unmöglich.«

Ibrahim und ich waren so vorsichtig gewesen. Wir berechneten die fruchtbaren Tage sorgfältig, um eine Empfängnis zu vermeiden. Aber da hatte es jene eine Nacht gegeben …

»Wann hast du denn zum letzten Mal deine Regel gehabt?«

»Ich weiß nicht. Vor zwei Monaten?« Ich rechnete schnell nach. »Oder drei. Nein, eher vier.«

»Vier Monate! Eine so lange Zeit! Du weißt, was das bedeutet.« Sie klopfte mir zärtlich auf den Bauch. »*Khuda hamehet bashed.* Gott segne dich und das Kind.«

Als ich es Ibrahim erzählte, umarmte er mich begeistert. »Meine schöne Frau wird mir ein schönes Kind schenken.« Er kniete nieder und küsste mich auf den Bauch.

»Aber Ibrahim«, jammerte ich. »Ich bin noch nicht bereit für ein Kind.«

»Aber das Kind ist bereit für dich«, sagte er strahlend.

»Ibrahim! Ich will dieses Kind nicht!«

Er erhob sich stirnrunzelnd. »Ich war auch nicht bereit. Aber jetzt bin ich glücklich. Ein Baby ist die Krönung unserer Liebe. Ein Baby macht Freude. Verstehst du das nicht?«

»Wie soll ich denn arbeiten mit einem Baby?«

Ibrahim zuckte die Achseln.

»Nichts wird mich von meiner Arbeit abhalten«, rief ich und stürmte aus dem Zimmer.

Wir hatten eine Schaukel im Garten. Als ich am nächsten Tag gerade hoch in die Lüfte schaukelte, griff plötzlich eine Hand nach den Seilen und brachte die Schaukel zur Ruhe. Ich wandte mich um und sah Tante Schila.

»Du solltest gut auf dich aufpassen«, sagte sie.

»Ja, schon gut.«

»Nein, im Ernst«, sagte sie. »Du trägst ein neues Leben in dir.« Sie schaute mir aufmerksam in die Augen. »Du wirst dich doch nicht absichtlich übernehmen, um die Schwangerschaft zu beenden?«

Ich war schockiert. »Natürlich nicht.«

Sie lächelte. »Gut. Ibrahim hat sich Sorgen gemacht.«

Meine Gefühle änderten sich mit einem Schlag, als ich die ersten Bewegungen meines Kindes fühlte. »Ibrahim«, flüsterte ich. »Leg deine Hand genau hierher.«

Er spürte es auch. »Unser Kind!«

Es war eine völlig neue Erfahrung. Ein lebendes Wesen

wuchs in mir! Ein Kind, das ich aufziehen, dem ich die Welt erklären, dem ich meine Ansichten vermitteln konnte. So plötzlich, wie ich mich in Ibrahim verliebt hatte, verliebte ich mich auch in unser Kind.

Es stellte sich heraus, dass die Schwangerschaft mich nicht bei der Arbeit behinderte. Im Gegenteil, sie half mir sogar. Leute, die ich in abgelegenen Dörfern aufsuchte, waren beeindruckt von dieser bescheidenen, demütigen Muslimfrau mit ihrem deutlich gewölbten Bauch, die stundenlang über staubige Bergpfade gewandert war, um mit ihnen über Bildung zu sprechen. Ich hatte Glück – keine Morgenübelkeit, keine absonderlichen Gelüste, keine Schwächeanfälle. Ich fühlte mich so gesund, dass ich mich nicht einmal über den Vorgang der Geburt informierte. Es kommt mir jetzt wirklich wie ein Witz vor, dass eine Frau, die sich so leidenschaftlich für den Unterricht von Frauen einsetzte, sich selbst nicht über die wesentlichsten Dinge im Frauenleben informierte.

Die Wehen müssen schon vierundzwanzig Stunden in Gang gewesen sein, als meine Fruchtblase sprang und das Wasser abging. Tante Schila war bei mir. »Schau mal«, sagte ich und deutete auf die Pfütze. »Irgendwas ist da los. Es tut auch ziemlich weh. Aber dann wird es wieder besser. Und dann tut es wieder weh. So geht es dauernd dahin.«

»*Azharai khodo!* Wie lang geht das schon so?«

Ich zuckte die Achseln. »Seit gestern, glaube ich.«

»Um Himmels willen, warum hast du denn nichts gesagt?«

»Jammern hilft ja auch nichts.«

Sie wandte sich an Ibrahim. »Wie müssen sie sofort ins Krankenhaus bringen!«

Ibrahim brach in Tränen aus. »Wird sie sterben?«

»Nicht, wenn wir sie gleich hinbringen.«

Als wir ankamen, war ich schon schwach, und die Schmerzen waren schrecklich. Ich biss mir auf die Lippen und presste Tante Schilas Hand, um nicht zu schreien. »Du kannst ruhig fester drücken«, sagte Tante Schila. Aber ich wollte ihr nicht weh tun.

Die Schwester reichte mir lächelnd das Baby. »*Mubarak*. Sie haben ein wunderschönes kleines Mädchen. Ihr Gesicht ist *mah peschani* – wie der Mond.« Wir nannten sie Mohabat.

Ich lag erschöpft im Bett, erfüllt von einem nie gekannten Frieden. In den Armen hielt ich ein winziges, dunkelhaariges Mädchen. Ich berührte sanft ihre Wange, und ihre Lippen verzogen sich wie zu einem Lächeln. Ich war überwältigt von einer ungeheuren Liebe und von dem unbedingten Willen, dieses Kind zu beschützen. Mein Kind.

Und sie war tatsächlich die Krönung unserer Verbindung. Wir brachten sie aus dem Krankenhaus heim und berauschten uns an ihr. In dieser ersten Nacht haben wir ihr bestimmt ein Dutzend Mal die Windel gewechselt. Obwohl ich so erschöpft war, konnte ich kaum Schlaf finden. Ich lag im Bett, meinen Mann und mein Baby neben mir, und fühlte, dass mein Leben jetzt vollständig und perfekt war. Konnte es ein größeres Glück geben?

Mohabat war ein Schatz. Sie schlief fast von Anfang an die Nacht durch. Keine Koliken, kein Geschrei – Dinge, vor denen mich andere Mütter gewarnt hatten. Als sie sechs Wochen alt war, schrieb ich sie in einer Kinderkrippe ein und kehrte voller Freude an meine Arbeit zurück.

Als Mohabat ein paar Monate alt war, kam ich einmal von einer Fahrt in den Norden zurück und fand Ibrahim auf dem Sofa ausgestreckt.

»Wie war es in der Arbeit?«, fragte ich.

»Ich bin nicht hingegangen.«

»Warum nicht?«

Er zuckte die Achseln. »Ich habe dich vermisst. Ich war traurig. Ich beschloss, den Tag freizunehmen.«

»Das ist kein besonders guter Grund, sich freizunehmen!«

Ich setzte mich aufs Sofa, und er stand auf. »Doch. Und

jetzt bist du wieder da, und ich bin glücklicher.« Er ging in Richtung Schlafzimmer. »Komm mit!«, rief er.

Ich ärgerte mich noch, dass er die Arbeit geschwänzt hatte. Was für eine Verantwortungslosigkeit! »Jetzt nicht gleich.«

Wie der Blitz war er neben mir und zerrte mich an den Haaren zum Schlafzimmer.

»Lass das! Du tust mir weh.«

Er ließ mich los und warf sich aufs Bett.

»Mach das nie wieder!«, rief ich. »Tu mir nie wieder weh!«

Er warf sich auf die Knie und weinte. »Kannst du mir vergeben? Ich war eben so traurig. Du hast mir gefehlt, aber es war dir anscheinend egal, wie einsam ich war.«

Vermisste er mich so sehr? Vielleicht war ich zu hart gewesen.

Er nahm mich in die Arme und bedeckte mein Gesicht mit Küssen. »Du weißt, dass ich ohne dich nicht leben kann«, flüsterte er und streichelte mich. Und ich folgte ihm willig ins Schlafzimmer.

Aber ich hatte nicht vergessen, dass er der Arbeit fern geblieben war. Ich griff das Thema wieder auf, als ich ihn ein paar Tage später wieder auf dem Sofa fand, als ich heimkam. Er war wieder nicht zur Arbeit gegangen.

»Du kannst mir nicht vorschreiben, was ich tun soll!«, schrie er und sprang vom Sofa auf.

»Ich will dir nichts vorschreiben. Ich möchte nur darüber reden.«

»Nein, was du wirklich willst, ist die Scheidung.«

Die Scheidung? Wie konnte er es wagen? Ich war so wütend, dass ich sagte: »Das ist das Vernünftigste, was ich den ganzen Tag von dir gehört habe.«

Er ging zur Tür. »Also gut. Wir gehen zum Gericht. Jetzt sofort.«

Zornig sprang ich auf und nahm Mohabat hoch. Träumte ich oder wachte ich? Der Mann, den ich liebte, brachte mich zum Gericht, um sich scheiden zu lassen? Ich drängte die Tränen zurück. Er sollte nicht die Genugtuung haben, mich weinen zu sehen.

»Sind Sie sicher, dass Sie die Scheidung wollen?«, fragte der Beamte und schaute zwischen uns hin und her.

Meine Unterlippe begann zu zittern. »Nun – eigentlich nicht. Ich möchte nicht geschieden werden.«

»Ich auch nicht«, gab Ibrahim zu.

»Warum hast du dann gesagt, dass du die Scheidung willst?«, fragte ich.

»Weil ich dachte, du willst sie.«

Der Beamte lächelte. »Geht nach Hause und seid glücklich miteinander. Sei du deiner Frau ein guter Mann und du deinem Mann eine gehorsame Frau.«

Als wir heimkamen, weinten wir beide.

»Wir wollen nie wieder streiten«, sagte Ibrahim und umarmte mich fest. »Ich kann es nicht ertragen. Ich liebe dich so sehr, dass ich sterben würde, wenn wir nicht zusammen wären.«

Mir ging es genau so. Ich war verrückt nach ihm, und als er von der Armee für drei Monate zum Reservedienst eingezogen wurde, glaubte ich, ich würde es nicht überleben. Mohabat hatte eine aufblasbare Ente, die Ibrahim aufgeblasen hatte, bevor er fort musste. Ich ließ sie nicht damit spielen. Diese Ente war mit dem geheiligten Atem meines kostbaren Ibrahim gefüllt. Niemand durfte sie anrühren, damit auch nicht das kleinste Quäntchen Luft entwich.

Zweimal hielt ich es nicht mehr aus und besuchte ihn in seinem Lager, ohne an die Gefahr zu denken. »Das ist mir egal«, erwiderte ich, als er mir Vorhaltungen machte. »Ich dachte, ich sterbe ohne dich.«

Zum ersten Mal in meinem Leben war ich rundum zufrieden. Mein Leben war vollkommen und befriedigend. Mein Mann, mein Baby, meine Arbeit – alles war perfekt. Ich wachte jeden Morgen mit dem Gefühl auf, gesegnet zu sein.

12

Die Seifenblase meines Glücks zerbarst, als Hafizulla Amin, mein alter Widersacher, an die Macht kam. Er hatte einen beständigen Aufstieg in den Rängen der Kommunistischen Partei hinter sich. Erst war er Außenminister, dann Premierminister, dann Vizepräsident. 1979 schließlich wurde er Nachfolger des ermordeten Präsidenten Nur Muhammad. Ich hatte von Anfang an den Eindruck gehabt, er sei weder menschlich noch aufrichtig, und dieser Eindruck festigte sich bei jeder Begegnung. Seit meinem zweiten Studienjahr aber waren wir regelrecht verfeindet. Damals war ich während einer Versammlung, die bei ihm zu Hause stattfand, mit ihm aneinander geraten. Ich war gerade von einer Reise in den Norden zurückgekehrt und berichtete von meiner Alphabetisierungskampagne für Frauen.

»Ich zitierte Stellen aus dem Koran, wo steht, dass sowohl Männer als auch Frauen lesen können sollten, und brachte damit ein paar Frauen dazu, dass sie mit ihren Männern sprachen und ihre Töchter in der Schule einschrieben.«

»Du hast den Koran zitiert?«, fragte Hafizulla.

»Ja.«

»Was sind das für Kommunisten, die den Koran zitieren? Lies ihnen das Kommunistische Manifest vor!«

»Das würden sie nicht verstehen«, hielt ich dagegen. »Ich benütze den Koran, weil ich die Leute damit beeinflussen kann. Wenn man Menschen führen will, muss man sich nach ihrer Kultur richten. Man kann ihnen nicht eine andere Kultur aufoktroyieren. Man muss sie dort abholen, wo sie sind.«

»Er schlug mit der Faust auf den Tisch. »Wer bist du, dass du mir Vorschriften machen möchtest?«

»Ein Mitglied der Kommunistischen Partei, wie du.«

Er deutete mit dem Zeigefinger auf mich. »Du bist keine Kommunistin! Dein Vater war ein Muslim, und du machst es ihm nach. Du bist nichts anderes als eine brave Muslimfrau.«

Stimmen erhoben sich. »Das ist nicht wahr!«

»Du solltest Sula besser kennen!«

»Sie tut am meisten für die Sache!«

Er hob die Hand, um sie zum Schweigen zu bringen. »Ihr täuscht euch alle in ihr.« Dann wandte er sich an mich. »Verlass mein Haus. Du bist hier nicht willkommen.«

Lautes Protestgeschrei brach aus. Ich erhob die Stimme, um den Lärm zu übertönen. »Du kannst mich nicht wegschicken. Ich bin nicht als Gast in dein Haus gekommen. Ich bin zu einer Versammlung gekommen. Wenn du mich zum Gehen aufforderst, und die anderen hier sind dagegen, dann verweigerst du nicht nur mir die Achtung, sondern auch ihnen, und allen Werten, die diese Versammlung repräsentiert.« Es gab Applaus. »Ich verlange eine Entschuldigung. Du hast gegen alles verstoßen, was du vertreten solltest.«

»Eine Entschuldigung! Kommt überhaupt nicht in Frage.«

»Dann unterbreche ich die Versammlung. Wir machen nicht weiter, bevor du dich entschuldigt hast. Du respektierst niemanden hier; was soll dann die ganze Versammlung?«

Nach einigem Hin und Her murmelte er eine Entschuldigung.

Wir hatten uns noch nie gemocht, und es war schon öfter zu Ausbrüchen unserer gegenseitigen Abneigung gekommen. Aber nach diesem Vorfall mieden wir uns.

Als ich die Beauftragte für die Lehrpläne der Frauen wurde, konnte ich sehr effektiv arbeiten und Hafizulla lange Zeit aus dem Weg gehen. Aber als er 1979 Vizepräsident wurde, wusste ich, dass ich Probleme bekommen würde. Ich war sehr vorsichtig, vor allem mit dem, was ich über ihn sagte. Die Tage der freien Rede waren vorbei. Die Reformen, für die wir so schwer gekämpft hatten, hatten uns eine Regierung gebracht, die fast so repressiv war wie die, welche wir gestürzt hatten. Überall waren Spione. Man konnte seine Meinung nicht mehr frei äußern. Man tat seine Arbeit und schluckte Gedanken und Gefühle hinunter wie bittere Medizin. Für mich war das besonders schlimm, weil ich gewohnt war, meine Meinung entschieden zu vertreten. Ich hatte mein Leben riskiert für das System, das mich nun zum Schweigen verurteilte. Ich wusste, dass Hafizulla nichts Gutes im Schilde führte. Ich war überzeugt, dass die alte Feindlichkeit noch bestand. Er würde eine Gelegenheit finden, sich an mir zu rächen.

Als er Vizepräsident wurde, zitierte er mich in sein Büro.

Er saß am Schreibtisch, als ich eintrat, ein behagliches Lächeln in seinen Mundwinkeln. »So treffen wir uns also wieder.«

»Ja.«

Er musterte mich ein paar Minuten lang mit kaltem Blick. »Du magst mich nicht besonders, wie?«

Ich schüttelte den Kopf.

»Und warum nicht, wenn ich fragen darf?«

Er stellte sich dumm, und das machte mich wütend. Meine mühsam bewahrte Beherrschung verließ mich. »Weil du alles schändest, was unsere Bewegung ist und sein sollte. Weil du das Ideal verrätst, für das wir gekämpft haben, für das einige von uns sogar gestorben sind.«

Sein Kopf schwoll rot an. Seine sorgsam aufgebaute Maske herablassenden Amüsements und sarkastischer Kühle fiel von ihm ab. »*Ich* verrate unsere Ideale? Vielleicht weißt du, dass ich die Bodenreform vorangetrieben und die Alphabetisierung gefördert habe – genau das Programm, das dich jetzt bezahlt!« Er brüllte jetzt.

»Bei dem Kommunismus, für den ich gekämpft habe, ging es nicht um Landreform und Unterricht für Frauen!«, schrie ich zurück. »Natürlich, das gehört auch dazu. Aber vor allem ging es um die Gleichheit aller Menschen. Um Freiheit. Um das Recht, eine Meinung zu haben und sie öffentlich zu äußern. Es ging nicht darum, dass man Leute grundlos ins Gefängnis steckt, wie du es machst, nur weil sie anderer Meinung sind oder mit jemand befreundet, den du nicht magst!«

Der Wachmann hörte uns schreien und kam herein, das Gewehr im Anschlag. »Lass sie«, sagte Hafizulla. »Sie ist verrückt, aber sie wird mir nichts tun.«

Der Wachmann ging widerstrebend hinaus, und Hafizulla sprach. Seine Lippen kräuselten sich verächtlich, und er spuckte die Worte förmlich aus. »Du verstehst überhaupt nichts. Du bist noch ein Kind. Du bist naiv und dumm. Du strebst nach den Sternen und hast bloß Watte im Kopf. Du hast keine Ahnung von der wirklichen Welt.«

»Ich pfeife auf deine ›wirkliche Welt‹. Die Welt, für die ich gekämpft habe, ist nicht voll von Korruption und Unrecht. Die Welt, für die ich gekämpft habe, ist eine Welt der Freiheit und der gleichen Rechte für alle. Das ist nicht naiv. Das ist korrekt.«

»Korrekt.« Er gluckste – ein unangenehmes, sadistisches Geräusch. »Was weißt du schon von Korrektheit? Dein Vater war ein Frömmler. Er huldigte dem falschen Gott des Islam. Du bist seine Tochter. Auch du hast falsche Götter. Man kann dir nicht trauen. Du gehst von den falschen Grundlagen aus und hast deine Kindheit noch nicht überwunden.«

Ich wollte widersprechen, aber er hob die Hand, um mich zum Schweigen zu bringen. Er öffnete die Tür und winkte mir, ihm zu folgen. Im Gang rief er dann den Wachmann herbei und sagte: »Bring diese Verrückte hinaus, sie vergeudet meine Zeit.« Das Lächeln auf seinen Lippen war voll Sarkasmus und Verachtung.

Der Wachmann gehorchte nur zu gern. Er brachte mich über Treppen und Gänge auf die Straße hinaus.

Ein paar Wochen später wurde Präsident Nur Muhammad Taraki ermordet, und Hafizulla Amin wurde Präsident. Innerhalb von ein paar Tagen wurde mein Vorgesetzter abgelöst. Ich wusste, dass ich als Nächste dran war.

Ich erinnere mich noch an meinen letzten Besuch in einem Dorf. Es war im Norden, in einer der schönsten Gegenden, die es gibt. Das Dorf hieß Istalef, und seine Bewohner reagierten erfreulich positiv. Ich erinnere mich besonders an eine Frau, die ganz begeistert war von der Idee, lesen zu lernen. Sie lud mich in ihr Haus ein und bat mich, in sechs Monaten wiederzukommen, um zu sehen, wie viel sie gelernt hätte. Ich wandte mich ab, um meine Tränen zu verbergen. In sechs Monaten würde ich meinen Job bestimmt schon verloren haben.

Es dauerte dann nur sechs Wochen. Mein neuer Vorgesetzter ließ mich kommen und eröffnete mir, ich sei entlassen.

Ab sofort musste ich mich jeden Tag ins »Bestrafungsbüro« begeben. Das war ein kleiner Raum voller Leute wie ich, die irgendwie gegen das kommunistische Regime verstoßen und deshalb ihre Arbeit verloren hatten. Wir kamen am Morgen, beschäftigten uns so gut wie möglich, und gingen wieder heim. Dafür bekamen wir ein kleines Gehalt. Wir konnten nichts Nützliches tun, durften aber auch nicht gehen.

Schon wieder stand ich unter einer Art Hausarrest. Meine Leidenschaft für die Frauenbildungsarbeit lag brach. Ich konnte meine Fähigkeiten nicht mehr für Freiheit und Gleichheit einsetzen. Und verantwortlich waren genau die Leute, denen ich trotz des Verbots meines Vaters geholfen hatte. Genau ihretwegen war ich von meinem Vater eingesperrt worden.

Nach einigen Tagen verdummender Langeweile besuchte mich zu meiner größten Überraschung Onkel Daoud, der bei uns gewohnt hatte, als ich ein Kind war.

»Onkel Daoud! Das ist aber schön. Wie komme ich zu der Ehre deines Besuches?«

»Ich bin hier, um dich zu warnen.«

»Wovor?«

»Ein paar Leute in einem Jeep suchen nach dir. Ich glaube, sie wollen dich verhaften.«

»Und weshalb?«, fragte ich. Aber ich wusste es schon.

»Es heißt, dass du gegen Hafizulla sprichst. Das reicht schon fürs Gefängnis.«

»Aber –«

»Widersprich nicht. Leiste keinen Widerstand. Wenn du dich kooperativ verhältst, wirst du wahrscheinlich besser behandelt. Vielleicht sogar wieder entlassen.«

Ich fühlte das vertraute Hämmern in meiner Brust, das ich aus meiner Kindheit so gut kannte. Meine Augen brannten. Ich wischte mir die Tränen weg.

»Hab keine Angst«, sagte Onkel Daoud mit sanfter Stimme. »Vertraue auf Gottes Schutz.«

Gott konnte mir keinen Trost geben, aber Onkel Daouds Freundlichkeit beruhigte mich ein bisschen.

Gleich nachdem er weg war, kamen zwei Uniformierte ins Zimmer. Sie hatten die Gewehre auf mich gerichtet. »Du musst mit uns zum Jeep kommen. Dort ist jemand, der dich sprechen möchte.«

»Wer ist das?«

»Egal. Komm einfach mit.«

Ich dachte an Onkel Daouds Worte und folgte ihnen willig. Der Jeep hatte undurchsichtige Fenster, und ich konnte nicht ins Innere spähen.

»Vorwärts«, sagte einer der Soldaten, und ich stieg ein.

Wir fuhren los, aber wegen der abgedeckten Fenster konnte ich nicht sehen, wohin. Ich bin sicher, dass die Menschen, die in solchen Fahrzeugen befördert werden, nicht nur nicht sehen sollen, wo sie hingebracht werden, sondern auch durch die Dunkelheit verunsichert werden sollen.

Wir erreichten das Gebäude, in dem sich das Hauptquartier des KAM, des Nachrichtendienstes der Regierung, befand. Ich wurde in einen kleinen Raum gebracht. Es war kühl, und ich wickelte mich fester in meinen Mantel.

Ein Mann kam herein. Er hatte eine Aktendeckel und ein Clipboard bei sich. »Was haben Sie über den Präsidenten gesagt?«, begann er.

»Ich habe nichts über ihn gesagt.«

Er deutete auf den Akt. »Es gibt einen Bericht, dass Sie schlecht über ihn gesprochen haben.«

»Es ist aber nicht wahr.«

»Ich habe gehört, dass Sie dreihundert Lehrer und Lehrerinnen für die Alphabetisierungsarbeit organisiert haben. Mit was für üblen Tricks haben Sie eine solche Anzahl von Menschen kontrolliert?«

»Ich habe keine üblen Tricks gebraucht. Ich habe ihre eigenen Grundsätze und Werte benutzt, um sie für unsere Ziele zu gewinnen. Ich arbeite schon lange Jahre für die Frauenbildung. Ich habe mich einfach an alte Freunde und Verbündete gewandt.«

Der Stuhl war aus Metall, er war unbequem und kalt, und ich rutschte unbehaglich darauf herum, während das Verhör seinen Lauf nahm. Über eine Stunde lang wurde ich befragt, beschimpft, angeklagt und wieder befragt.

Schließlich stand der Mann auf. »Sie sind verhaftet wegen Widerstands gegen die Regierung. Sie bleiben bis auf Weiteres in diesem Raum.«

»Was geschieht mit mir?«, rief ich.

»Das entscheide nicht ich. Es wird bald jemand kommen. Bleiben Sie einfach, wo Sie sind.«

Er war schon an der Tür, als ich ihm nachrief: »Bitte, kann ich Assad Amin sprechen?«

Assad war Hafizullas Neffe und ein guter Freund von Nabi, dem Sohn meines Onkels Daoud. Durch Nabi hatte ich Hafizulla kennen gelernt, als ich noch auf dem Gymnasium war. Im Lauf der Jahre waren Assad und ich Freunde geworden. Er studierte zur gleichen Zeit wie ich, er Medizin, ich Biologie. Wir hatten gemeinsam für die kommunistische Sache gearbeitet.

Inzwischen hatte er Karriere gemacht. Er hatte im Gesundheitsministerium angefangen, war dann zum Nachrichtendienst gewechselt und schließlich Amtschef geworden. Ich musste ihn finden, oder irgendjemanden, der Kontakt zu ihm herstellen konnte.

»Assad Amin ist sehr beschäftigt. Er ist nicht für Krethi und Plethi zu sprechen.«

Er ging.

Ich wartete. Ich hatte nichts zu lesen. Nichts zu tun. Ich merkte, dass ich Hunger hatte. Der Raum war kahl. Da war nichts, was man anschauen konnte. Nichts, um sich warm zu halten. Ich sah auf die Uhr. Es waren erst wenige Minuten vergangen, aber sie hatten sich wie Stunden gedehnt.

Die Minuten krochen weiter. Jedes Mal, wenn ich auf dem Gang Schritte hörte, sprang ich mit einer Mischung aus Erleichterung und Angst auf. Aber die Schritte gingen immer vorbei.

Was machte Ibrahim jetzt wohl daheim? Es war Abend. Ich hätte schon längst zu Hause sein sollen. Er würde sich ängstigen. Und was war mit Mohabat? Bestimmt weinte sie nach mir.

Vor meinen Augen zogen wechselnde Bilder vorbei, ein wahres Kaleidoskop. Das Lächeln meines Vaters, das plötzlich drohend wird. Das Innere von Yakubs Auto. Mohabats Lächeln, ihre Grübchen. Hafizullas verächtlich verzogener Mund. Madarjans liebevolle Augen. Ibrahims Hände. Meine Schülerinnen, die voll Eifer das Alphabet aufsagen. Alles, wofür ich gearbeitet hatte, alles, was ich war, was ich liebte und fürchtete, zog vor mir vorbei. Ich legte den Kopf auf den Metalltisch und schlief ein.

Als ich erwachte, war es hell. Meine Blase drückte mich, und mein Magen knurrte. Ich sah auf die Uhr. Seit fünfzehn Stunden saß ich jetzt allein in diesem Raum. Ich brauchte etwas zu essen. Ich brauchte eine Toilette. Und ich musste heim. Ich drückte auf die Klinke, und tatsächlich, die Tür ging auf. Glück gehabt.

Ich fand eine Toilette, machte mich ein bisschen frisch und begab mich dann auf die Suche nach Assad Amin. Ich wanderte durch die Gänge, bis ich eine offene Tür sah. In dem Raum saß ein Mann an einem Schreibtisch. Ich klopfte an die Tür, und er sah auf.

»Wer sind Sie?«

»Mein Name ist Sulima. Und ich muss Assad Amin sprechen.«

»Sie spazieren einfach da herein und möchten den Direktor sprechen? Assad Amin ist ein viel beschäftigter, wichtiger Mann. Ich werde ihn nicht stören.«

Ich musste mich zusammennehmen, damit meine Stimme nicht zitterte. Wenn ich ängstlich wirkte, würde er vermuten, ich sei verhaftet worden, und würde mich ins Gefängnis schaffen lassen. »Ich bin eine alte Freundin von ihm.«

Der Angestellte runzelte die Stirn. Er glaubte mir nicht. Aber da hörte ich plötzlich eine vertraute Stimme. »Sulima! Was machst du hier?«

Ich wandte mich zur Tür und erblickte einen Mann, den ich an der Universität flüchtig gekannt hatte. »Muschref? Ich hätte dich fast nicht erkannt. Du hast dich ziemlich verändert.«

Er grinste. »Das sind die grauen Haare. Frühes Ergrauen ist bei uns erblich. Und dazu noch der Schnurrbart. Was machst du hier?«

»Ich bin verhaftet worden.« Nun kamen mir doch die Tränen. »Ich möchte Assad sprechen. Er wird mir sicher helfen. Wir sind befreundet.«

»Ich würde dir selbst helfen, wenn ich könnte, aber ich bin nur ein Angestellter. Ich kann dich nicht freilassen. Aber ich rufe Assad an. Bitte, komm in mein Büro.«

Ich folgte ihm, und er ging sofort ans Telefon. »Assad? Fein. Hier ist Muschref.« Er erzählte schnell meine Geschichte. Dann legte er auf und lächelte. »Er kommt sofort.«

Assad war außer sich, als er erfuhr, was mit mir geschehen war. Er ordnete meine sofortige Freilassung an. Ich dankte ihm überschwänglich, aber er winkte ab. »Nichts zu danken. Aber sei vorsichtig.«

»Ich war vorsichtig«, protestierte ich.

»Dann musst du noch vorsichtiger sein. Sprich mit keinem Gegner meines Onkels. Sprich nicht über Frauenrechte oder Gleichheit oder irgend etwas dieser Art. Sei ganz still, sitz im Büro rum, geh wieder heim und kümmere dich um dein Kind.«

Ich war zu dankbar, um ihm zu widersprechen, und schleppte mich heim.

»Also bist du jetzt frei«, sagte Ibrahim am nächsten Morgen.

Ich schüttelte den Kopf. »Ich glaube nicht, dass das schon alles war.«

»Aber wenn du vorsichtig bist –«

»Das verstehst du nicht. Du kennst diese Leute nicht. Ich könnte so unauffällig sein wie eine Maus, und sie würden trotzdem etwas finden. Es geht hier nicht um das Gesetz und um ein faires Verfahren. Es geht um Macht. Hafizulla hat die Macht, und er hasst mich. Ich werde garantiert wieder verhaftet werden.«

Und tatsächlich wurde ich eine Woche später wieder verhaftet und verhört. Aber diesmal wurde ich besser behandelt. Es hatte sich herumgesprochen, dass ich mit Assad befreundet war, und dass er meine Freilassung angeordnet hatte. Ich durfte ihn anrufen, und er kam mir wieder zu Hilfe.

Aber beim dritten Mal war Assad schon ungnädiger. »Ich kann dir nicht dauernd helfen. Du stehst auf der schwarzen Liste, und daran kann ich nichts ändern. Wenn ich dir noch öfter heraushelfe, komme ich selbst auf die schwarze Liste.«

»Aber was kann ich denn dann tun?«

Seine Antwort kam schnell. »Du musst das Land verlassen.«

Meine Knie gaben nach. Ich sank in einen Stuhl. »Afghanistan verlassen? Aber es ist meine Heimat! Ich liebe dieses Land. Meine Familie ist hier –«

»Das spielt alles keine Rolle. Wenn du nicht ins Gefängnis willst, musst du das Land verlassen. Das Gefängnis ist ein gefährlicher Ort, Sulima. Den Frauen werden dort furchtbare Dinge angetan. Manche überleben es nicht. Ich kann dich nicht mehr beschützen. Du kannst das Land auch aus der

Ferne lieben, und glaube mir, im Gefängnis würdest du es bald nicht mehr so lieben.«

»Wie soll ich so schnell aus dem Land kommen?«

»Das habe ich schon geplant. Du und dein Mann, ihr müsst Pässe beantragen. Den Rest erledige ich.«

»Können wir wirklich unser Land verlassen?« Ibrahim und ich saßen auf dem Sofa. Ich weinte unaufhörlich.

»Wir haben keine Wahl. Sonst kommst du ins Gefängnis und wirst vergewaltigt. Oder ermordet. Das könnte ich nicht ertragen.«

»Aber vielleicht geht das auch wieder vorüber«, widersprach ich. »Vielleicht passiert Hafizulla etwas, und die Regierung kommt wieder zu Verstand.«

»Von diesem ›Vielleicht‹ können wir nicht leben, Sulima.«

»Aber ich liebe dieses Land!«

Er strich mir übers Haar. »Ich auch. Aber du weißt so gut wie ich, dass wir gehen müssen.«

Am nächsten Tag erzählte mir Ibrahim, dass auch er seinen Job verloren hatte. Die Gerichte wurden nun von der Regierung kontrolliert, und vermutlich stand auch Ibrahim auf Hafizullas schwarzer Liste.

»Du hast Recht«, sagte ich. »Wir müssen fort.«

Er küsste mich. »Mach dir keine Sorgen. Ich bin überall glücklich, wo du bist. Du bist meine Heimat.«

Eine Woche später holte ich die Pässe ab. Dann ging ich zu Assad, um mich zu bedanken.

»Ich musste mehrere Leute bestechen, damit die Pässe ausgestellt wurden und damit alle Beteiligten den Mund hielten.«

Ich schluckte. »Wie viel hat es dich gekostet?«

»Fünfundsiebzigtausend Afghanis«, erwiderte er.

»Ich gebe es dir zurück, sobald wir unsere Habe verkauft haben. Ich werde auch den Regierungskredit zurückzahlen.«

Ibrahim und ich hatten im Vorjahr einen Kredit aufgenommen, weil wir eine eigene Wohnung brauchten. Onkel

Yusuf und Yasin waren nach Österreich gezogen und hatten das Haus verkauft. Onkel Yusuf war zwar nicht bei einer Behörde beschäftigt – er war Zahnarzt –, aber er hatte sich zwei hohe Beamte, die bei ihm Patienten waren, zu Feinden gemacht. Sie hatten vom Wartezimmer aus mit angehört, wie er sich am Telefon einem Freund gegenüber über die kommunistische Bodenpolitik ausließ. Er wurde mit Haft bedroht und entschloss sich, das Land zu verlassen. Yasin hatte schon vorher eine Österreicherin kennen gelernt, die Afghanistan bereiste, und hatte sie geheiratet. Sie sehnte sich nach ihrer Heimat, und so war es nur folgerichtig, dass Yusuf und Yasin mit ihren Familien nach Österreich emigrierten.

»Das ist anständig von dir«, sagte Assad. »Du glaubst gar nicht, wie viele Leute Kredite aufnehmen, nur um damit das Land zu verlassen.«

»Das finde ich nicht richtig«, sagte ich. »Das Geld gehört dem afghanischen Volk. Wer die Regierung bestiehlt, bestiehlt das Volk. Ich will ein gutes Gewissen haben, wenn ich mein Land verlasse.«

Er lächelte anerkennend. »Aber es geht nicht nur um Geld. Du kannst dich auch noch auf andere Weise bei mir revanchieren.«

Er zog ein Dokument aus einer Schublade. »Bitte unterschreib das. Hier steht, dass du einverstanden bist, nicht nach Afghanistan zurückzukehren, bevor nicht der Sozialismus fest etabliert ist und du wieder zu Verstand gekommen bist.« Er sah mir fest in die Augen. »Das bedeutet, dass du aus deinem Land verbannt bist, solange es hier eine kommunistische Regierung gibt – was hoffentlich in alle Ewigkeit der Fall ist.«

Mit meiner Unterschrift verzichtete ich auf mein Land, auf all meine Arbeit für die Frauen und die Freiheit und die Gleichheit. Ich hatte das Gefühl, auf mein Leben zu verzichten.

Aber die Alternative – Gefängnis, eventuell Hinrichtung – war schlimmer. Ich würde meine Tochter nicht aufziehen können. Ich würde nicht lehren und nicht arbeiten dürfen. In einem westlichen Land konnte ich wenigstens frei herumlaufen. Ich konnte Mutter und Gattin sein. Ich konnte mir eine Arbeit suchen. Ich konnte in einer Welt leben, wo Männer und Frauen gleich behandelt wurden. Und ich konnte auch aus der Ferne etwas für meine afghanischen Schwestern tun.

Ich unterschrieb.

Ich verließ Afghanistan 1979 – ironischerweise nur ein paar Monate, bevor Hafizulla Amin ermordet wurde. Wir hatten Flugtickets nach Deutschland bekommen, wo man nur mit dem Pass, ohne Visum, ins Land durfte. Dort konnten wir dann unter mehreren westlichen Ländern wählen, die mit Flüchtlingen aus kommunistischen Ländern sympathisierten. Man würde uns bereitwillig Asyl gewähren. Und so war es auch.

Wir sind in der Luft. Ich spähe durch den Schleier meiner Tränen, durch das winzige Fenster des Flugzeugs. Die schroffen Gipfel, der Schnee auf den Höhen, die raue und schöne Landschaft meiner Kindheit zieht verschwommen vor meinen Augen vorbei. Die Entfernung wächst. Alles wird kleiner und kleiner. Nur noch ein Fleck. Ein Punkt. Eine Erinnerung.

Ich hatte meinen Mann und mein Kind dabei. Ich hatte meine Integrität und meine Überzeugungen mitgenommen – aber mein Herz hatte ich zurückgelassen. Es war noch in Kabul, bei den gequälten Herzen und gebeugten Häuptern der Frauen, und es wollte ihnen zur Freiheit verhelfen. Es war noch in der Universität, wo es die Freuden intellektueller Herausforderung erlebt hatte. Es vagabundierte noch immer durch Babajans paradiesische Gärten. Es würde immer dort bleiben.

Es ist immer noch dort und wartet auf mich.

13

Als wir in Deutschland ankamen, waren wir völlig erledigt. Ich hatte auf dem Flug die meiste Zeit geweint. Ibrahim hatte schweigend aus dem Fenster gesehen. Mohabat hatte gequengelt. Ich sehnte mich nach Madarjan. Ich sehnte mich nach allen. Ich hatte mich nicht einmal von ihnen verabschieden können. Sie wussten nicht, wo ich war. Ich wollte Tante Mariam einen Brief schreiben, sobald wir irgendwo untergekommen wären. Sie würde einen Weg finden, um Madarjan zu informieren. Tante Mariam war immer unsere heimliche Botin gewesen, und sie blieb es, bis Karim seinen eigenen Haushalt gründete.

Onkel Yusuf hatte uns in einem Brief beschrieben, wie man mit dem Zug von Deutschland nach Österreich kam. Er und Yasin wollten uns am Bahnhof abholen. Die Zugfahrt dauerte einen Tag, kam mir aber unendlich lang vor. Alles um uns herum wirkte surreal. Die Leute sprachen eine Sprache, von der wir kein Wort verstanden. Die Landschaft war grün, die Menschen blond. Die Hinweistafeln im Flughafen und im Bahnhof waren in Deutsch und Englisch gehalten, und wir vermissten unsere heimatlichen Sprachen, Paschtu und Dari, schmerzlich.

Damen- und Herrentoilette konnte wir mit Hilfe der kleinen Bilder identifizieren, aber die Armaturen am Waschbecken waren nur deutsch beschriftet, und wir mussten sie erst ausprobieren.

Onkel Yusuf und Yasin warteten auf dem Bahnsteig, und wir fielen ihnen in die Arme. Wir umschlangen uns weinend, während der Zug pfeifend davonfuhr.

»Schau nur!«, rief Onkel Yusuf und deutete auf Mohabat. »Wie groß und wie schön sie geworden ist!«

Yasin nahm meinen Koffer, und wir gingen zum Auto. Yasin und Ibrahim gingen Arm in Arm voraus und sprachen miteinander.

Es war schön, wieder mit der Familie zusammen zu sein. Onkel Yusuf und Tante Schila hießen uns sehr herzlich willkommen, desgleichen Helga, Yasins Frau. Die beiden hatten schon zwei süße kleine Kinder. Dass wir wieder Paschtu hörten, erschien uns wie Himmelsmusik. Onkel Yusufs Kinder waren erwachsen geworden und sahen gut genährt und gesund aus. Es war wunderbar, sie alle wieder zu sehen.

Yasin allerdings sah nicht sehr freundlich drein. Er warf mir gelegentlich böse Blicke zu. Als ich mir noch mal vom Reis nahm, sagte er, eigentlich sei nur Ibrahim sein Gast. Da warf ihm Onkel Yusuf einen warnenden Blick zu, und er verstummte grollend.

»Wir müssen morgen heimfahren«, sagte Onkel Yusuf nach dem Essen bedauernd. »Ich wäre gern noch ein paar Tage geblieben, um euch mit den Formalitäten zu helfen, aber das kann ja auch Yasin erledigen.«

»Was heißt ›heim‹?«

»Ich konnte es euch nicht mehr schreiben, aber wir leben jetzt in Frankreich. Die erste Zeit waren wir hier. Ich nahm jeden Job an, den ich bekommen konnte, und lernte Deutsch. Aber ich wollte natürlich lieber in meinem eigenen Beruf arbeiten. Also schrieb ich eine Menge Briefe, und schließlich bot mir eine französische Klinik einen Job in der Abteilung für Zahnhygiene an. Nach sechs Monaten soll ich dann schon ein paar zahnärztliche Aufgaben übernehmen, und vielleicht werde ich auch endgültig als Zahnarzt angestellt. Ich muss eventuell noch eine Prüfung ablegen – aber das sehe ich dann schon. Wir sind vorige Woche nach Paris umgezogen.«

»Und ihr habt den ganzen weiten Weg gemacht, nur um uns zu begrüßen?«

Er zuckte die Achseln. »Natürlich.«

Aber es war mehr als nur Familienpflicht. Ich sah die Liebe in Onkel Yusufs Augen. Der Abschied von ihm fiel mir schwer. Ich weinte wieder. Jetzt waren wir allein mit Yasin und seiner Familie, und keiner konnte uns schützen.

Diese ersten Wochen unseres Lebens bei Yasin waren ein Alptraum. Ihre Wohnung war klein und überfüllt. Das ist für Afghanen normalerweise kein Problem. Wir sind daran gewöhnt, dass große Familien in kleinen Wohnungen leben und niemand einen Freiraum hat. Aber Yasins offensichtliche Feindseligkeit machte das Zusammenleben schwierig. Mohabat spielte ahnungslos und glücklich auf dem Boden, aber ich musste mir Yasins spitze Bemerkungen anhören. Ich kam mir vor wie in einem Minenfeld.

Yasins Zorn beschränkte sich nicht auf Ibrahim und mich. »Du *ahmak!*«, schrie er Helga an, als sie etwas Tee verschüttete. »Sie ist so dumm«, sagte er zu Ibrahim, als Helga mit einem Lappen gelaufen kam, um die Pfütze aufzuwischen.

Ibrahim wirkte geistesabwesend, so als wäre er teilweise im Winterschlaf. Er bewegte sich wie ein Roboter. Sein Gesicht war ausdruckslos. Ich sah ihn nur gelegentlich lächeln, wenn er mit seinem Bruder sprach. Es handelte sich da offenbar um Insiderscherze. So hatte ich ihn noch nie erlebt.

»Ibrahim, wollen wir nicht spazieren gehen? Helga passt auf Mohabat auf.«

»Ich bin müde.«

»Aber wir sind noch nie allein gewesen, seit wir hier sind – und das ist schon bald ein Monat. Gewisse Dinge können wir hier nicht tun, nachdem wir in Yasins Wohnzimmer schlafen, aber reden können wir wenigstens miteinander.«

Er zuckte die Achseln. »Was sollte es schon zu reden geben?«

Früher waren wir nie um Gesprächsstoff verlegen gewesen. Zuallermindest hatte er immer ein Kompliment für mich gehabt oder eine lange Litanei von Liebeserklärungen.

Er war mit seinen Lobpreisungen so überschwänglich gewesen, dass es mir manchmal direkt peinlich war.

Aber gut. Er hatte Stress, ich hatte Stress. Das Leben in Yasins Zweizimmerwohnung, fern der Heimat, wäre schon entnervend genug gewesen, wenn die Brüder sich gut verstanden hätten. Und jetzt, nachdem Onkel Yusuf weg war, war Ibrahim den Bosheiten seines Bruders schutzlos ausgeliefert.

Ein paar Tage später hatte Yasin eine Neuigkeit für uns. »Ich habe im Gürtel ein Zimmer für euch gefunden.«

»Ist das ein Ort?«, fragte Ibrahim.

»Nein, Dummkopf. Es ist ein Stadtteil von Wien, ungefähr eine halbe Stunde von hier entfernt. Ich kenne den Vermieter von der Arbeit. Die Vormieter sind vor ein paar Tagen ausgezogen.«

Eine eigene Bleibe! Klein zwar. Unpraktisch eingerichtet, mit einem Nachttisch, der beinahe das ganze Zimmer einnahm. Aber es war unser Zimmer. Allein unseres. Wir teilten uns Küche und Bad mit den anderen Mietern, aber wir konnten abends die Tür schließen und unter uns sein.

»Wir müssen Arbeit suchen«, sagte ich am Tag nach dem Einzug.

»Du kannst Arbeit suchen. Ich passe aufs Baby auf. Sobald wir genug Geld für einen Babysitter haben, suche ich mir auch einen Job.«

Vielleicht kannte Hans, unser netter Vermieter, jemand, der eine Zugehfrau suchte. Ich sprach mit ihm, und er schickte mich zu seinem Arzt. Ich putzte erst in der Praxis, dann auch im Haus des Arztes. Bald empfahl er mich weiter an einen Geschichtsprofessor an der Universität Wien.

Der Professor, dessen silbernes Haar sein Gesicht wie ein Heiligenschein umgab, empfand väterliches Interesse für mich und erkundigte sich nach meinem Leben. Ich bemühte mich, ihm in einer Mischung aus meinem bescheidenen, neu erworbenen Deutsch und vielen Gesten meine Geschichte zu erzählen. *Ich habe Biologie studiert. Ich bin in Afghanistan geboren. Ich bin vor den Kommunisten geflohen.*

»Ach, du lieber Gott! Und jetzt müssen Sie putzen?«

Ich nickte.

»Möchten Sie in Ihrem eigenen Fach arbeiten?«

Ich nickte heftig.

»Mein guter Freund Herrmann Schmidt ist Direktor des Instituts für Biologie. Ich werde ihm von Ihnen erzählen.«

Die Woche darauf bekam ich eine Halbzeitstelle als Laborantin am Institut für Biologie. Ich würde zwar immer noch nebenher putzen müssen, aber ich konnte doch endlich wieder in meinem Fach arbeiten.

Voller Begeisterung stürmte ich abends in unser Zimmer. Mohabat schlief. Ibrahim starrte aus dem Fenster, eine Bierdose in der Hand. In Afghanistan hatte er kaum je Alkohol getrunken, aber als wir bei Yasin wohnten, hatte er Geschmack am Bier gefunden.

»Ich habe einen Job. Einen richtig guten Job, in einem Labor! Genau das Richtige!«

»Na fein«, sagte er.

War das alles? Ich warf die Arme um ihn und küsste ihn »Jetzt können wir uns eine Kinderkrippe leisten, und du kannst auch arbeiten.«

Er nickte. »Prima«, sagte er.

Was war mit ihm los? Ich verstand sehr gut, dass er seine Heimat vermisste. Mir ging es ja genauso. Ich verstand auch, dass er bei Yasin besonders unglücklich gewesen war. Aber jetzt waren wir unter uns. Wir hatten ein Zimmer, das auf einen kleinen Garten hinausging. Wir waren am Leben. Wir waren nicht im Gefängnis. Wir hatten ein entzückendes kleines Mädchen. Wir liebten uns. Was hatte sich geändert?

Ich wartete auf ein Wunder. Darauf, dass das Licht wieder in Ibrahims Augen aufleuchtete. Auf das Gemurmel in den Nächten und das Lachen am Tag. Aber mit jedem Tag entfernte er sich weiter von mir. Es war, als ertränke seine Seele in einer riesigen Bierpfütze.

Vielleicht war er nur deprimiert, weil er keine Arbeit hatte. Ich besorgte für Mohabat einen Platz in einer schönen Kinderkrippe. »Jetzt kannst du dir Arbeit suchen«, sagte ich zu Ibrahim.

»Such du mir doch eine«, antwortete er.

Ich sprach mit dem Arzt, der mir so sehr geholfen hatte.

»Was ist Ihr Mann von Beruf?«

»Er hat das Studium nicht abgeschlossen. In Afghanistan hat er in einem Büro gearbeitet.«

»Kann er schon Deutsch?«

»Kaum.« Ich sprach inzwischen schon beinahe fließend, wenn auch mit unkonventioneller Grammatik und Syntax. Die Kollegen im Labor verbesserten mich immer. Aber jedenfalls konnte ich mich verständigen. »Er hat noch keine Zeit gehabt. Er hat sich um unsere Tochter gekümmert. Aber jetzt, wo sie in die Krippe geht, ist er frei.«

»Gut, ich werde sehen, was ich tun kann.«

Ein paar Tage später hatte er für Ibrahim eine Stelle in der Ladeabteilung eines pharmazeutischen Konzerns gefunden, wo er die verpackten Medikamente auf die Lastwagen bringen sollte. Nun würde sich alles bessern.

Am nächsten Sonntag besuchte uns Yasin mit Helga und den Kindern. Der kalte Winter lag hinter uns, und wir genossen die warme Aprilsonne. Wir saßen im Gras vor dem Haus. Ibrahim und Yasin tranken Bier aus Flaschen und sprachen leise miteinander, während Helga und ich mit den Kindern spielten.

Plötzlich wurde Yasins Stimme laut und scharf. »Wir wissen, wer in deiner Familie die Hosen anhat.« Er nahm wieder einen Schluck Bier und deutete auf mich. »Sie macht alles. Sie spricht Deutsch. Sie arbeitet in der Universität. Sie besorgt dir einen Job. Sie ist tüchtig. Du aber«, und jetzt deutete er auf Ibrahim, »bist nur ein *zancha*. Immer noch *bachay nana,* das Muttersöhnchen. In meiner Familie bin glücklicherweise ich der Mann. Meine Frau ist nicht tüchtig.

Sie ist dumm. Sie geht nicht aus dem Haus, um in einer Universität zu arbeiten. Sie putzt und kocht, und das ist alles, was sie kann.«

Ich saß erstarrt. Ich fühlte mich, als wäre ich plötzlich eingefroren. Ich hatte Angst davor, Helga anzuschauen, aber als ich es schließlich doch tat, sah ich, dass sie weinte. Helga ist einer der gütigsten Menschen, die ich kenne. Nicht das geringste Fünkchen Bosheit ist in ihr, nur Freundlichkeit gegenüber allen Menschen. Sie hatte eine solche Behandlung nicht verdient.

Was konnte ich tun? Jedes Wort von mir hätte die Sache nur noch schlimmer gemacht. Aber warum sagte Ibrahim nichts? Warum stand er nicht für seine Frau ein? Sagte nichts Nettes über seine Schwägerin? Los, Ibrahim. Bitte.

Nichts.

Dann beanspruchten uns die Kinder wieder. Helga ging ins Haus, um ihrem Baby die Windeln zu wechseln.

»Warum hast du Yasin nicht geantwortet?«, fragte ich, als die Besucher gegangen waren.

»Ich will mich nicht in seine Ehe einmischen.«

»Aber du hättest mich verteidigen können.«

Er zuckte die Achseln und öffnete wieder eine Bierflasche.

Der nächste Morgen. Ich blinzle ins Zimmer, aber stechende Schmerzen lassen mich die Lider wieder schließen. Mein Kopf fühlt sich an. Als wolle er explodieren. Ich lasse mich in die Kissen fallen. Es ist schon neun, aber ich kann unmöglich aufstehen.

Aber Mohabat wird hungrig sein. Ich muss ihr Frühstück machen.

Ein Geräusch. Ein Klappern, ein Lachen. Mohabat sitzt schon beim Frühstück. Ibrahim kümmert sich um sie. Gut. Ich schließe die Augen wieder.

Grelles Licht fällt mir ins Gesicht. Ibrahim hat die Jalousie geöffnet. »Zeit zum Aufstehen!«

»Mach die Jalousie wieder zu! Ich stehe noch nicht auf.«

»Es ist aber Zeit. Nur ein tanbal *liegt den ganzen Tag im Bett.«*

»Mir geht's nicht gut.« Ich greife nach der Schnur und schließe die Jalousie wieder.

Er lässt sie wieder in die Höhe schnellen. »Ich glaube dir nicht.«

»Ibrahim! Ich habe dich noch nie angelogen. Ich habe furchtbare Kopfschmerzen. Bitte lass mich wieder schlafen.« Ich schließe die Jalousie.

Ist das Ibrahim? Mein geliebter Ibrahim? Kommen diese gehässigen Schimpfworte aus dem gleichen Mund, der mir schon oft so wunderbare Dinge gesagt hat? Aus dem gleichen Mund, der mich so liebevoll geküsst hat? Ist das ein Alptraum? Eine Halluzination?

Nichts dergleichen. Ich weiß es, weil meine Wange brennt. Ibrahim hat mich geschlagen.

»Ibrahim!«

Er kniete neben meinem Bett. »Es tut mir so Leid. Ich weiß nicht, was über mich gekommen ist. Du bist mein *janem,* mein *fereschta,* mein Liebling, mein Engel, die Liebe meines Lebens, das Licht meines Himmels. Ich wollte dir nie weh tun. Es tut mir so Leid.«

»Irgendetwas stimmt nicht.« Ich begann zu weinen. »Du hast dich verändert.«

»Es ist einfach schwer, in einem fremden Land zu sein. Mir fehlt die Heimat. Mir fehlt meine Mutter. Mir fehlen meine alten Freunde. Es fehlt mir, dass ich kein Paschtu in den Straßen höre. Und es stört mich, dass wir fliehen mussten wie verängstigte Tiere.«

Wir sprachen stundenlang miteinander. Am Ende war mein Kopfschmerz vergangen, und ein warmes Gefühl von Einigkeit und Liebe erfüllte mich. Wir hatten uns ausgesprochen. Ibrahim war wieder der Alte. Alles würde gut werden.

Zwei Wochen später fanden wir Yasin in unserem Zimmer vor, als wir von der Arbeit heimkamen. »Ihr müsst hier ausziehen«, sagte er.

»Warum?«, fragte Ibrahim.

»Weil ich mit Hans gestritten habe. Ihr könnt hier nicht bleiben.«

»Was hat dein Streit mit uns zu tun?«, fragte ich. »Wir haben die Miete bezahlt. Wir können bleiben.«

Er warf mir einen bösen Blick zu und wandte sich an Ibrahim. »Erlaubst du es, dass deine Frau den Mund so aufreißt? Erkläre ihr, was Familienehre bedeutet. Dass du mich entehrst, wenn du in einer Wohnung bleibst, die einem Mann gehört, der mich schlecht behandelt hat. Behandle sie richtig, dann wird sie es schon begreifen.«

»Du solltest nicht so mit meinem Bruder reden«, sagte Ibrahim, als Yasin gegangen war.

»Er sollte nicht so mit uns reden!« In mir wallte Wut auf. »Wie kommt er dazu, uns Vorschriften zu machen? Warum sollten wir ausziehen, bloß weil er Streit gehabt hat?«

»Er ist mein älterer Bruder. Ich schulde ihm Respekt.«

»Er erweist dir aber auch keinen Respekt.«

»Das ist etwas anderes. Ich bin der Jüngste.« Mir fiel der alte afghanische Spruch ein, der sagt, dass der Hund es in der Familie besser hat als der Jüngste.

»Nun, du kannst gehen, wenn du willst. Aber ich habe die Miete schon bezahlt. Ich bleibe.«

Er grinste höhnisch. »Jetzt begreife ich. Du schläfst mit Hans. Deshalb willst du bleiben.«

Mir blieb die Luft weg. »Wie kannst du es wagen? Du solltest dich schämen, mir solche Vorwürfe zu machen. Du weißt, wie sehr ich dich liebe. Ich würde dich nie betrügen.«

Ibrahims Gesicht war entstellt vor Wut. »Nein, du treibst es mit ihm. Wie hast du ihn verführt? Bist du hergekommen, während ich in der Arbeit war? Wenn du in der Mittagspause nicht im Labor bist, bist du vermutlich hier.«

»Dann wärst du ein *murdagau daouz,* ein Zuhälter!«

Er kommt auf mich zu. Einen Schritt. Noch einen. Ich bin nicht mehr Sulima, die Erwachsene, die Mutter von Mohabat, die frühere Lehrerin, die Angestellte an der Universität Wien. Ich bin die kleine Sula. Ich halte ein Becken in meinen Händen. Ein Mann mit glühenden Augen kommt auf mich zu. Seine Hand ist zur Faust geballt. Wer ist das?

Er erhebt die Faust.

»Nein! Ibrahim, nein!«

Knöchel treffen auf Fleisch. Ich falle zu Boden, mein Kopf schlägt auf, und dann ist er über mir. Faust gegen Auge, Faust gegen Wange, ich höre einen fernen, erstickten Schrei. Hör auf, hör auf! Stoß ihn weg! Aber er ist stärker. Hände pressen mir die Schultern auf den Boden, etwas drückt sich hart auf meine Kehle. Sein Knie. Ich stöhne, keuche, ringe um Atem und bettle: Bitte, ich bekomme keine Luft mehr.

Und irgendwo im Hintergrund weint ein kleines Mädchen.

Plötzlich war ich frei. Vor meinen Augen tanzten Sterne. Ich versuchte mich aufzusetzen, glitt aber wieder zu Boden.

»O Gott. Mein armer Liebling. Was habe ich getan?«

Jemand wusch mein Gesicht mit kaltem Wasser. Jemand legte Eis auf mein Auge. Jemand sprach von Liebe, von Schönheit, von mir. Ich öffnete das gesunde Auge. Es war Ibrahim. »Meine Süße, meine Liebe, meine Blume, mein kleines Lamm. Wie hast du mich dazu gebracht, das zu tun?«

Er sprach immer weiter, während er mein Gesicht kühlte. »Das wollte ich nicht – ich habe mich nur über deine Worte geärgert – ich weiß nicht, was über mich gekommen ist –«

Ich umarmte ihn. »Es tut mir Leid, dass ich dieses schreckliche Wort gesagt habe. So etwas werde ich nie wieder sagen.«

Er begrub das Gesicht in meinem Haar. »So ist es recht, Mädchen.«

In der folgenden Woche zogen wir um.

Ein Kaleidoskop bruchstückhafter Bilder. Immer neue Zusammensetzungen.

Jemand lobt mich. Ein Nachbar. »Ihre Frau spricht so gut Deutsch. Sie können stolz auf sie sein.« Später dann eine Faust. Wieder ein blaues Auge. Wieder eine Lüge, wenn Gretchen, eine Kollegin und Freundin, nachfragt. Diesmal habe ich mich am Kleiderschrank gestoßen. Sie sieht mich an, und ich weiß, dass sie die Wahrheit kennt. Ich verberge vor Scham mein Gesicht.

Zwei Monate später.

Mein erster Tag im Studium. Ich darf an der Universität promovieren. Ich studiere Zellbiologie. Man ist mit meiner Arbeit im Labor zufrieden, und der Institutsdirektor hat alles für mich arrangiert. Ich schwebe auf Flügeln – hoch hinauf, in Regionen, wo nichts mehr wichtig ist außer Zellen, Membranen und Zellkernen. Ich schwebe immer noch, als in bei der Kinderkrippe ankomme. Aber ich habe die Trambahn verpasst und bin spät dran. Ibrahim ist schon da und holt Mohabat ab. Die Betreuerin hat ihn angerufen, weil sie heimgehen wollte. Dann sind wir zu Hause. Ich komme ins Trudeln, meine Schwingen tragen mich nicht mehr, ich stürze ab. Gebrüll und Faustschläge. Ich muss mit dem Studium aufhören, oder Ibrahim verlässt mich und nimmt Mohabat mit sich. Es ist zu viel; ich kann Studium und Erziehung des Kindes nicht miteinander vereinbaren, erzähle ich dem Institutsdirektor am nächsten Tag. Tut mir Leid.

Die Nachrichten aus Afghanistan wurden immer beunruhigender. Verschiedene Gruppen enttäuschter und zorniger Afghanen hatten sich zusammengetan, um das kommunistische Regime zu stürzen. Sie bekämpften auch Landsleute, die sie im Verdacht hatten, mit den Kommunisten zusammenzuarbeiten. Sie griffen selbst Frauen und Kinder an, vergewaltigten und folterten Menschen ganz ohne Grund. Viele Menschen versuchten das Land zu verlassen. Deljan, Sima und Roschan waren nach Amerika entkommen. Auch Ali, Ibrahims Freund aus der Kinderzeit, der bei uns Trauzeuge gewesen war, lebte in den USA. Aber meine engste Familie hatte nicht so viel Glück gehabt. Jeder Brief enthielt eine neue Horrorschilderung.

Meine Hände zittern. Sie halten einen Brief von Husna. Nabi ist von den Mudschaheddin umgebracht worden. Nabi, der mich mit Hafizulla Amin bekannt machte. Der immer so gut zu mir war. Nabi, lieber, lieber Nabi. Vorigen Monat ist meine Freundin Badria ums Leben gekommen. Vergewaltigt und hingemetzelt von den Mudschaheddin. Madarjan hatte es mir geschrieben.

Ich weine. Mohabat versucht mich zu trösten. Wischt mir die Tränen weg. Ibrahim schnaubt verächtlich. »Heulsuse. Was gibt's denn schon wieder?«

»Nabi. Er ist tot.«

»Und das ist alles? Er war gar kein richtiger Cousin von mir. Das geht mich nichts an.«

Im nächsten Winter ergab sich eine wunderbare Chance. Eine Chance, die für alle unsere Probleme eine Lösung zu bedeuten schien. Unser ganzes Institut wurde eingeladen, nach Frankreich umzuziehen. Die Pariser Universität erweiterte ihre Biologieabteilung. Wir waren ein gut eingespieltes Team und sollten die neue Sektion übernehmen. Ich war die einzige Ausländerin – noch dazu Asylantin –, und wenn ich an einer französischen Universität angestellt werden sollte, gab es allerhand rechtliche Probleme. Aber der Institutsdirektor blieb eisern. Nur, wenn Sulima mitkommt, sagte er. Es dauerte sechs Monate, bis der Papierkrieg beendet war. So lange musste das ganze Unternehmen verschoben werden. Schließlich war alles erledigt. Man hatte uns eine Wohnung in Paris besorgt, einen Krippenplatz für Mohabat, einen Französischkurs für Ibrahim. Wir hatten gepackt. Wir waren reisefertig. Ich hatte Reisefieber. Ein ganz neuer Anfang! Weg von allem Kummer in Österreich, weg von Yasin. Zu Onkel Yusuf und Tante Schila. Eine goldene Zukunft wartete auf uns.

Der letzte Tag kam heran, und alles änderte sich.

»Wir fahren nicht.« Ibrahim stand in der Tür und sah zu, wie ich den Koffer schloss.

»Was soll das heißen?«

»Ich gehe nach Amerika. Zu Deljan und Sima.«

Das konnte nicht wahr sein. »Aber es ist doch alles vorbereitet.«

»Ich mag deine Vorbereitungen nicht.«

»Was stört dich daran, um Himmels willen?«

»Dass du sie getroffen hast. Alles hast du gemacht. Ich muss mich von meiner Frau aushalten lassen. Das passt mir nicht.«

»Aber du hast doch zugestimmt. Sie haben sich so bemüht wegen mir. Alles hat sich um sechs Monate verzögert, nur wegen uns. Ich kann sie nicht im Stich lassen. Wir gehen nach Frankreich.«

»Nein, *du* gehst nach Frankreich. *Ich* gehe nach Amerika. Und ich nehme Mohabat mit. Ich schicke dir dann die Scheidungspapiere aus Amerika.«

»Nein, warte!«

Ich will ihn halten, aber er ist weg. Auf dem Weg in die Vereinigten Staaten. Mit Mohabat. Mohabat! Er hat mein Kind mitgenommen!

Was ist mit mir? Der Raum dreht sich um mich, ein schwarzer Sturm wirbelt mich herum. Bei uns zu Haus kann der Mann das Kind einfach mitnehmen. Sicher sind die Gesetze hier ähnlich. Mein Kind ist für immer fort.

Ich habe meinen Mann verloren. Ich habe mein Kind verloren. Und ich kann nichts dagegen tun. Und es gibt nichts mehr, wofür ich leben will.

Die Tabletten. Wo sind diese Tabletten? Schmerztabletten – sie waren doch hier auf dem Nachttisch? Hat er sie etwa mitgenommen? Ah, da sind sie ja. Kommt, kleine Freunde, erlöst mich aus dieser Hölle. Schnell schlucken. Wasser hinterher. Hinlegen und warten –

Ein Klingeln. Das muss aufhören. Ich brauche Ruhe. Meine Hand schließt sich um etwas Hartes. Der Telefonhörer. »H-hallo? Gretchen? Ibrahim – er – ich komme nicht zur Arbeit – mein Kind fort – und –«

Als ich erwachte, war ich im Krankenhaus, und eine freundliche Schwester beugte sich über mich. Ich schloss die Augen. Warum hatten sie mich zurückgeholt? Wofür sollte ich leben? Warum fragten sie mich aus? Müde versuchte ich zu erklären. Mein blaues Auge kam von einem Treppensturz. Die Brandwunde auf meinem Rücken kam vom Heizlüfter. Warum ich im Sommer die Heizung eingeschaltet hatte? Damit es warm genug war für ein kleines Kind. Ob ich Anzeige erstatten wollte? Warum sollte ich das wollen?

Und dann sah ich Ibrahim. Er war die ganze Zeit bei Yasin gewesen. »Du bist ja gar nicht in Amerika!«, schrie ich. Ich warf die Arme um ihn, und meine Tränen benetzten seine Schuhe. »Du bist wieder da!«

Ich ließ ihn nicht mehr los. »Ich tue alles, was du willst. Alles. Nur geh nicht wieder fort. Nimm mir nie mein Mädchen weg. Ich will versuchen, dir eine bessere Frau zu sein. Wir gehen nach Amerika, wenn du willst.«

Ich konnte dem Institutsdirektor nicht in die Augen sehen, als ich ihm erklärte, dass ich nicht nach Frankreich mitkommen, sondern statt dessen nach Amerika fahren würde. Er fragte immer wieder nach dem Grund. Und ich konnte ihm nicht die Wahrheit sagen. Ich zuckte die Achseln. »Ich habe meine Meinung geändert.«

Zuerst war er sprachlos, dann wurde er wütend. Nach all dieser Mühe, der langen Verzögerung, den Opfern, die alle am Institut für mich gebracht hatten! – Nur Gretchen kannte die Wahrheit.

Sie verstand mich. Sie war meine Freundin. Sie umarmte mich. »Ruf mich an, wenn du je wieder nach Österreich kommst. Auf Wiedersehen!« Die anderen Kollegen wollten mich nicht mehr sehen. Gestern hatten wir noch zusammen gefeiert, und jetzt wollte sich niemand von mir auch nur verabschieden.

Ibrahim blieb zurück, um zu verpacken, was noch in der Wohnung war. Er wollte nachkommen, sobald ich eine Wohnung gefunden hätte. Er umarmte mich noch einmal am Flughafen und küsste Mohabat zum Abschied. »Amerika ist das Land der unbegrenzten Möglichkeiten«, sagte er. »Ich werde mich dort selbstständig machen. Ich werde wieder ein Mann sein. Wir werden so glücklich sein wie am Anfang.«

Ich klammerte mich weinend an ihn. »Ich liebe dich. Noch nie habe ich einen Menschen so geliebt wie dich. Ich werde alles tun, um dich glücklich zu machen.«

14

Wieder ein langer Flug. Mohabat neben mir, ihre Lieblingspuppe fest im Arm. Unter strömenden Tränen überquerte ich den Atlantik. Mein Ziel: Pittsburgh in Pennsylvania. Dort lebten Sima, Roschan und Deljan. Bei ihnen würden wir wohnen, bis ich eine Wohnung für uns fand. Mohabat quengelte. »Ich will in der Krippe bleiben. Ich will bei meinen Freundinnen bleiben«, klagte sie in einer komischen Mischung aus Paschtu und Deutsch. Ich war völlig erschöpft und niedergeschmettert, weil sich meine Pläne für Frankreich zerschlagen hatten, und hatte mich von den Prügeln der letzten Zeit und von meinem Selbstmordversuch noch nicht erholt. Ich brachte wenig Geduld für die Klagen meiner Tochter auf.

Sima holte uns am Flughafen ab. Wir fielen uns um den Hals. »Du siehst müde aus«, sagte sie, als sie mich näher anschaute. »Und dein Gesicht ist voller blauer Flecken. Was ist passiert?«

»Ich bin hingefallen.«

Sie warf mir einen skeptischen Blick zu und nahm meinen Koffer hoch.

»Du siehst aus, als könntest du ein heißes Bad, eine warme Mahlzeit und ein warmes Bett brauchen.«

Als wir das Haus betraten, kam uns Deljan entgegen. Sie hob Mohabat hoch. »Schaut nur, wie schön sie ist! Die Kleine von meinem Kleinen! Fleisch von meinem Fleisch!« Mohabat begann zu weinen und versuchte sich aus der Umarmung zu befreien.

Deljan wandte sich mit zorniger Miene zu mir. »Du hast

mir meine Enkeltochter entfremdet, genau wie du es mit meinem Sohn gemacht hast.«

Ich setzte mein Gepäck ab. Die Erschöpfung überwältigte mich. War ich deshalb in die Vereinigten Staaten gekommen?

»Was meinst du damit?«

»Du weißt wohl nicht, dass er bis zur Heirat in meinem Zimmer geschlafen hat? Der arme Kleine, er fühlte sich nachts so einsam. Dann streichelte ich sein Haar und sagte, komm zu Mama. Als er dich geheiratet hatte, schlief er bei dir. Du hast ihn mir weggenommen.«

»Wenn er nachkommt, kann er meinetwegen wieder in deinem Zimmer schlafen.«

Sie schüttelte den Kopf, und ein boshaftes Lächeln spielte um ihren Mund. »Nein, er will dich. Du hast ihn verhext, und dann hast du nur Schande und Leid über ihn gebracht.« Sie ging.

»Kümmere dich nicht darum«, flüsterte Sima mir zu. »Sie benimmt sich ziemlich eigenartig, seit wir aus Afghanistan weg sind. Mich behandelt sie genauso.«

»Was hast du heute vor?«, fragte Deljan am nächsten Morgen.

»Ich schaue mich nach einer Wohnung um.«

»Siehst du?«, sagte sie zu Sima. »Ich hab dir doch gesagt, dass sie uns Ibrahim wegnehmen will. Sie könnten auch bei uns wohnen, aber sie will ihn für sich allein haben.«

»Wir brauchen ein bisschen mehr Platz«, sagte ich entschuldigend.

Deljan schnaubte. »Platz! Auch so eine amerikanische Idee. In unserem Land wohnen alle beisammen.«

Wir stritten den ganzen Vormittag. Mittags war ich völlig erschöpft und hatte genug. »Tut mir Leid. Ich will dich nicht kränken. Aber jetzt suche ich eine Wohnung. Du hast gesagt, ich soll gut für Ibrahim sorgen, und dazu gehört auch, dass ich eine Unterkunft für uns beschaffe.«

»Dann bleibt Mohabat bei mir.« Sie ging auf Mohabat zu, aber die versteckte sich hinter mir.

»Nein, meine Tochter kommt mit mir.«

»Dann verschwinde!«

Hatte ich recht gehört? Warf sie mich hinaus? Wo sollte ich hingehen? Ich konnte kaum Englisch. Und die Stadt war mir völlig unbekannt. Ich hatte mit der Hilfe der Familie gerechnet. Was sollte ich tun?

Ich war noch nicht weit gegangen, als Sima mich in einem blauen Auto einholte. »Schnell, steig ein! Deljan darf nicht sehen, dass ich dir zu Hilfe komme.«

Ich brach in Tränen aus. »Wo soll ich bloß hin?«

»Ich habe Freunde, die ein Motel besitzen. Nette Leute. Inder.«

»Ein Motel kann ich mir nicht leisten.«

»Überlass das nur mir«, sagte Sima.

Es wurde vereinbart, dass ich fünfundzwanzig Dollar pro Tag zahlen sollte – zehn Dollar unter dem üblichen Preis. »Aber wo soll ich das Geld herbekommen?«, fragte ich besorgt.

Sima drückte mir die Hand. »Mach dir keine Sorgen. Ich kümmere mich schon darum.«

Sima holte Mohabat jeden Tag bei mir ab, so dass ich auf Wohnungs- und Arbeitssuche gehen konnte. Zuerst fürchtete ich, dass Deljan mir meine Tochter entziehen könnte, aber Sima beruhigte mich. »Ich passe schon auf, dass Mutter nichts Verrücktes macht. Mohabat bleibt immer bei mir und meinen Kindern.« Abends brachte sie mir Mohabat und dazu noch etwas zu essen. Meistens hatte sie auch einen Brief von Ibrahim dabei – fast immer per Express zugestellt. Das kostete natürlich eine Menge Geld, aber es zeigte mir auch, wie sehr er mich liebte. Ich küsste seine Briefe und legte sie in meinen Koffer. Es war richtig gewesen, aus Österreich wegzugehen. Mein Mann liebte mich. Er brauchte nur die Chance, ein neues Leben zu beginnen.

Am vordringlichsten war die Wohnungssuche. Ich klopfte an unzählige Türen. »Haben Sie ein Zimmer zu vermieten?« Aber die Leute schüttelten den Kopf, wenn sie hörten, dass wir zu dritt waren. Aber schließlich bat mich eine Frau in ihr Haus. »Schätzchen, ich habe genau, was du brauchst!« Sie führte mich ins Souterrain.

Es war ideal. Küche, Schlafzimmer, Wohn- und Esszimmer und Bad. Alles für uns allein. Und ein Garten voller Blumen. Die Wohnung war schmutzig, aber dagegen konnte man etwas tun. Ich hatte keine Möbel, aber ein Dach über dem Kopf zu haben war viel wichtiger als Sofa oder Kleiderschrank.

Ich schluckte. »Ich muss Ihnen etwas gestehen. Ich bin neu im Land. Ich wohne in einem Motel. Ich habe noch keinen Job. Ich kann nicht einmal eine Kaution bezahlen.«

Sie grinste breit. »Zerbrich dir da nicht den Kopf. Kümmere dich um dich und dein Baby. Und bezahle, wenn du kannst.«

Am nächsten Tag verlegte ich mich ernsthaft auf die Jobsuche. Ich kennzeichnete auf dem Stadtplan die wohlhabenden Vororte, fuhr mit dem Bus hinaus, ging von Haus zu Haus und klingelte. »Ich suche Arbeit. Haben Sie etwas für mich?«

Schließlich öffnete mir eine schöne schwarze Frau die Tür ihres großen Hauses. »Bitte, kommen Sie herein. Ich mache uns Tee.«

Wie zu Hause. Ich lächelte. Ich hatte nicht gewusst, dass Amerikaner so gastfreundlich sind.

»Was können Sie denn?«, fragte sie mich, als wir bei Tee und Plätzchen saßen.

»Alles, was Sie wollen.«

»Ich brauche jemanden zum Saubermachen und für die Wäsche. Ich zahle Ihnen fünf Dollar die Stunde.«

Fünf Dollar die Stunde? Das war ja ein Vermögen! Meine Cousins verdienten alle nur drei Dollar fünfundzwanzig. »Abgemacht!«

Sie mochte mich und empfahl mich einer Freundin, die mich wiederum weiterempfahl. Bald war ich jeden Tag beschäftigt. Nach ein paar Wochen konnte ich die Kaution und die Miete bezahlen und hatte immer noch Geld übrig. Alles lief wunderbar.

Zwei Wochen später kam Ibrahim an. Wir fielen uns in die Arme und ließen uns nicht mehr los. Wir weinten beide.

»Ich will nie wieder von dir getrennt sein«, erklärte er feierlich.

»Ich auch nicht.«

»Und schau dir nur Mohabat an. Wie sehr sie gewachsen ist!«

»Hallo, Daddy«, sagte sie höflich auf Englisch und hielt ihm die Hand hin.

Als ich neben ihm im Taxi saß und seine Hand hielt – die Hand, die mir so viel Freude und so viel Schmerz bereitet hatte –, flüsterte ich ein Dankgebet, dass ich die richtige Entscheidung getroffen hatte, nach Amerika gekommen war und die Ehe fortsetzte. Nirgendwo war ich glücklicher als an seiner Seite, mit meiner kleinen Tochter auf dem Schoß. Wir gehörten zusammen. Wir waren zwei Teile einer Seele. Und aus unserer Seele war Mohabats Seele entsprungen.

»Lass mich dir die neue Wohnung zeigen«, sagte ich.

»Nein, zuerst will ich Deljan sehen.«

Am liebsten hätte ich gerufen: »Nein! Komm erst zu mir nach Hause!« Aber das wäre unvernünftig gewesen. Ibrahim bewies Anstand und Respekt, wenn er zuerst seine Mutter besuchen wollte.

Deljan umarmte Ibrahim, und beide brachen in Tränen aus.

»Mein Baby, mein wunderschöner, lieber kleiner Bub«, sagte sie immer wieder. »Nichts, niemand darf jemals zwischen uns kommen. Niemand wird dich je so lieben, wie ich dich. Du bist daheim bei deiner Mutter.«

Es wurde spät. Ich musste am nächsten Tag früh zur Arbeit und versuchte daher diskret, Ibrahim mit den Augen Zeichen zu machen, aber er bemerkte nichts. Endlich gähnte er. »Ich bin müde, Mutter. Es war ein langer Flug und ein langer Tag. Ich gehe jetzt heim und schlafe ein bisschen.«

»Du bist daheim, mein Schatz.«

»Nein, ich will in meine eigene Wohnung, zusammen mit meiner Frau.«

Während er sich im oberen Stockwerk von Roschan verabschiedete, packte Deljan mich am Arm. Ihre Augen waren wie Eiswürfel. »Du wirst nie gewinnen!«, fauchte sie. »Ich werde ihm so viel geben, dass er einfach zu mir kommen muss. Merk dir das! Du wirst schon sehen!«

Leere Worte. Ibrahim war zurück. Er hatte seine Loyalität mir gegenüber bewiesen. Niemand würde uns je wieder auseinander bringen.

Über den Mann einer meiner Auftraggeberinnen verschaffte ich Ibrahim einen Job am Bau. »Für den Anfang«, sagte ich. »Mike sagt, es bestünden beste Aufstiegsmöglichkeiten. Später kannst du Polier werden, dann Manager. Wer weiß, vielleicht gehört dir irgendwann die ganze Firma. Die Bezahlung stimmt, und für den Anfang tut's der Job. Und nebenher kannst du Englisch lernen.«

»Eins nach dem anderen. Ich will mich auf die Arbeit konzentrieren. Mein Englisch muss warten.«

An welchem Punkt fing die Sache an, schief zu laufen? An jenem Tag, als Ibrahim zum ersten Mal keine Lust hatte, zur Arbeit zu gehen? Als ich wieder schwanger wurde und mich zu elend fühlte, um zu kochen oder zu putzen? Als er wieder zu trinken begann? Als er sich von Bier zu Whiskey hocharbeitete? Als er seinen Job endgültig hinwarf? Als ich mich darüber beschwerte, dass ich ständig hinter ihm und seinen ungehobelten Freunden – ein paar Landsleuten, ein paar Kollegen – herräumen musste, die angefangen hatten, den ganzen Tag bei uns rumzuhängen? Sie tranken, aßen, ließen ihre Zigarettenasche überall auf den Boden fallen, stapelten Teller mit kalt gewordenem Essen im Spülbecken, hinterließen überall Einwickelpapiere von Süßigkeiten. Oder fing es an, als unsere Vermieterin uns rauswarf (»Mädchen, du bist ein Schatz, aber ich kann diese Taugenichtse nicht in meinem Eigentum herumgammeln lassen.«)? Egal. Die Veränderungen lief anfangs ganz allmählich ab und beschleunigten sich dann wie ein außer Kontrolle geratenes Auto, das ohne Bremsen einen Abhang hinunterrast.

Als er wusste, dass ich schwanger war, schlug er mich wieder. Aus welchem Grund er zum ersten Mal zuschlug, weiß ich nicht mehr, aber bald gehörten Schläge zum Alltag. Einmal würgte er mich so fest, dass ich dachte, jetzt zieht er es durch und bringt mich wirklich um. Nancy, die Mutter eines Schulkameraden von Mohabat, fragte mich aus, als ich Mohabat von der Schule abholte. Ich wand mich sehr, erzählte ihr dann aber die Wahrheit.

»Warum holst du das nächste Mal nicht die Polizei?«, schlug sie vor. »Die Beamten fragen dich dann, ob du Anzeige erstatten willst. Und wenn du das tust, können sie ihn ins Gefängnis stecken.«

Ich schüttelte den Kopf. »Ich bin sicher, das wird er nie wieder tun.«

Aber es passierte wieder, als das Baby, das wir Negin nannten, ein paar Wochen alt war.

Ich bin von der Geburt noch mitgenommen. Ich bin müde, weil ich nachts dauernd aufstehen muss. Ich halte das Baby, das gerade trinkt. Es gibt leise Geräusche des Behagens von sich. Ich tröste mich mit seinem süßen Geruch, seinem weichen Haar, seinen winzigen Zehen, der Wärme seines Gesichts an meinem Körper, dem lieblichen Gefühl, wenn es saugt. Ibrahim sitzt auf dem Sofa, die Beine auf dem gläsernen Beistelltisch. Er blättert eine Zeitschrift durch.

Plötzlich schleudert er die Zeitschrift quer durch den Raum. Das Baby erschrickt und fängt an zu weinen. Jetzt brüllt Ibrahim irgendwas und wedelt mit seiner Bierflasche. »Sitz nicht einfach so rum!«, schreit er und tritt gegen den Beistelltisch. Er stürzt um, und ich kann mit dem ausgestreckten Fuß gerade noch verhindern, dass er auf mich fällt. Irgendetwas fliegt auf mich zu. Ich sehe es zu spät. Glas birst, ein Baby schreit vor Schmerz, Blut strömt aus einem kleinen Fuß. Ich bandagiere gerade den Fuß mit einem Tuch, als ich etwas über meiner Schulter baumeln sehe. Einen Telefonhörer.

»Was willst du jetzt tun? Die Polizei rufen? Hier ist das Telefon, die Nummer habe ich schon gewählt. Bei denen kannst du über deinen Mann tratschen und ihnen erzählen, was für ein böser Bube ich bin.«

Aber man muss die Polizei für ihre Arbeit bezahlen. Nancy sagte das. Irgendwas mit erstatten. Aber wir besaßen kein Geld. Das hatte Ibrahim für seine Partys rausgeworfen. Ich hänge das Telefon auf, meine Hände zittern. »Kommt, Kinder. Wir gehen nach draußen.«

Danach leistete er keine Abbitte. Seit er mich in den Vereinigten Staaten zum zweiten oder dritten Mal geschlagen hatte, hatte er sich nicht mehr dafür entschuldigt. Stattdessen ging ich auf die Knie und entschuldigte mich bei ihm. »Ich strenge mich noch mehr an. Ich werde dir eine bessere Frau sein, das verspreche ich dir. Lass mich zum Abendessen *korma chalau* für dich kochen.«

Später am Abend lagen wir im Bett. Wir hatten uns versöhnt, und Ibrahim war sehr liebvoll gewesen, beinahe wie früher. Mohabat schlief in ihrem Bettchen, Negin lag an meiner Brust und trank. Ibrahims Arm war um meine Schulter gelegt, und er streichelte zärtlich meine Haut.

Zufrieden flüsterte ich: »Was könnten wir uns mehr wünschen? Wir sind wieder zusammen, wir lieben uns, wir haben wunderschöne, gesunde Kinder, und wir leben in einem freien Land.«

Er zog seinen Arm unter mir weg und sah mich verbittert

an. »Wir könnten mehr Geld haben. Dann wäre alles gut.«

Die Kälte in seiner Stimme ließ mich frösteln. Als Negin fertig getrunken hatte, legte ich sie in die Wiege und drehte mich um. Aber es dauerte lange, bis ich einschlafen konnte.

Immer wieder verprügelte mich Ibrahim in den folgenden Monaten und stürmte aus dem Haus. Dann verließ er uns endgültig. Negin war ein Jahr alt. Ich erinnere mich noch, dass er an ihrem ersten Geburtstag nicht da war, und ich mich weigerte, eine Party zu geben, obwohl Mohabat sich das wünschte. Die Male, die er mich zuvor verlassen hatte, war er jedes Mal zu seiner Mutter gegangen. Immer wieder hatte ich ihn angebettelt und wieder nach Hause geholt. Aber diesmal war er nicht bei seiner Mutter. Deljan rief mich an und informierte mich, dass er nach Österreich zurückgeflogen sei. Roschan hätte ihn zum Flughafen gefahren.

»Dann bist du jetzt wieder allein.« Die selbstgefällige Zufriedenheit ihrer Stimme tropfte fast aus dem Hörer.

Onkel Yusuf flehte mich an, Ibrahim anzurufen und ihn zu bitten zurückzukommen. Diesmal weigerte ich mich.

Während meine Ehe auseinander brach, wuchs und gedieh mein Geschäft. Anfangs putzte ich und begann irgendwann, die Pflanzen meiner Auftraggeber zu versorgen. Eine der Frauen, für die ich arbeitete, meinte, ich hätte den »grünen Daumen«, und fragte mich, ob ich ihre Rosenbüsche zuschneiden und in den Blumenbeeten Unkraut jäten wolle.

Vielleicht lag es an meinen Erinnerungen an Babajans Bauernhof, auf jeden Fall breitete sich jedes Mal, wenn ich im Garten werkelte, Beete anlegte und Büsche zuschnitt, ein überwältigendes Gefühl der Ruhe und des Angekommenseins in mir aus. Dann veranstaltete eine der Familien ein Fest und bat mich, den Blumenschmuck zu arrangieren. Ich verwendete die Rosen aus ihrem Garten, und sie waren vom Ergebnis so begeistert, dass sie allen Freunden und Bekannten von mir erzählten. Bald baten mich andere, Blumen für ihre Feiern zu liefern und zu arrangieren. Darüber hinaus bekam ich einige Aufträge, mich um Hauspflanzen zu kümmern. Mein Geschäft kam in Schwung. Trotzdem putzte ich weiter Wohnungen und Büros. Manchmal erledigte ich fünf Aufträge an einem Tag. Als Ibrahim noch da war, funktionierte das noch. Aber jetzt, da er weg war, wurde alles komplizierter. Ich musste Mohabat und Negin ganz allein versorgen. Und ich vermisste Ibrahim schrecklich.

Zwei Monate später bekam ich einen Brief. Als ich Ibrahims Handschrift erkannte, tat mein Herz einen Satz, und meine Hand zitterte. »Ich wünschte, du wärest hier. Der Platz einer Frau ist an der Seite ihres Mannes. Komm nach Österreich zurück. Gehorche meinem Befehl und tu, was ich sage, oder ich reiche die Scheidung ein.«

Ich schrieb ihm eine leidenschaftliche Antwort, in der ich ihn daran erinnerte, wie gut zu Beginn unserer Ehe alles gelaufen war und was er mir seitdem alles angetan hatte.

Das Telefon klingelt; er ist dran. Mein Brief hat tief in ihm eine Saite zum Klingen gebracht und die alte Liebe wieder entfacht. Er will in die USA zurückkehren. Er will an unserer Ehe arbeiten. »Ich liebe dich. Du bist noch immer mein Engel, die Liebe meines Lebens, das Licht meiner Tage.«

Alles fällt von ihm ab, der Zorn, die Angst, die Verachtung. Seine Stimme, seine liebe Stimme, die Stimme, mit der er mir schmachtend Liebeslieder unter dem juwelenbesetzten Himmel Afghanistans gesungen hat, besiegt die Dämonen der Erinnerung und der Angst. Die Musik seiner Stimme überbrückt den Abgrund von Leid und Zorn, und mein Herz läuft singend über diese Brücke zu seinem. Ja, ja, ja! Bitte komm nach Hause. Bitte!

Ich hatte genug Geld für die Anzahlung auf ein Haus gespart. Nie wieder in winzigen Wohnungen leben! Nur das Beste für Ibrahim und mich. Mein Geschäft boomte. Alles schien perfekt – mit einer Ausnahme: Ich schaffte es nicht, ein Visum für Ibrahim zu bekommen. Da mein Touristenvisum abgelaufen war und ich versäumt hatte, formell Asyl zu beantragen, wurde Ibrahim die Einreisegenehmigung verweigert. Es war für ihn damals absolut unmöglich, in die USA zurückzukehren.

»Na, dann geh du halt zu ihm nach Österreich«, riet mir Onkel Yusuf. »Wenn er bereit ist, sich zu ändern, liegt es an dir, dass auch wirklich etwas daraus wird.«

Schweren Herzens begrub ich den Traum von einem eigenen Haus und verabschiedete mich von meinen Auftraggebern.

Und dann zog die Sowjetunion aus Afghanistan ab. Das war 1989. Plötzlich wurde diese Entwicklung, vor der ich solche Angst gehabt hatte, zu einer Quelle der Hoffnung. Was für eine Chance! Ein perfekter Anlass, um das Kapitel Amerika abzuschließen und in die Heimat zurückzukehren! Schnell schrieb ich Ibrahim, und er antwortete: »Ja, gehen wir zurück!«

In Nullkommanichts packte ich, verkaufte mein Auto, rief den Makler an. Österreich war nur ein Zwischenstopp auf meinem Weg nach Hause. Und daheim wäre Ibrahim wieder in seinem Element. In Afghanistan hatte unsere Liebe begonnen, dort war das Leben schön gewesen. Nichts konnte mehr schief gehen, wenn wir nur erst wieder daheim waren.

Zum ersten Mal stieg ich gern in ein Flugzeug.

Doch bereits am Flughafen holten mich die Bilder wieder ein. Selbst die deutschen Schilder auf dem Flughafen brachten üble Erinnerungen zurück. Warum war ich wiedergekommen? Worauf ließ ich mich hier ein?

Ibrahim holte mich ab. Er hatte sich verändert: Sein Atem roch nicht nach Alkohol, er war frisch rasiert. Sein Lächeln ließ mein Herz hüpfen, seine Berührung weckte meine Leidenschaft. Er führte mich in seiner Wohnung herum. Sie lag ganz in der Nähe unserer damaligen ersten Wohnung. »Sieh nur! Hier ist die Küche. Schau mal, wie schön das Wohnzimmer ist. Da, es geht auf den Garten hinaus!« Die Wohnung war sauber, keine Bierdosen, keine Zigarettenasche. Ibrahim strahlte.

In jener Nacht sangen die Vögel Liebeslieder unter einem österreichischen Himmel, der mit funkelnden Juwelen übersät war.

Wir kehrten nicht nach Afghanistan zurück. Unsere Familien warnten uns eindringlich und rieten uns, wegzubleiben. Es war zu gefährlich, überall herrschte Anarchie. Die Mudschaheddin zogen plündernd und vergewaltigend durch das Land. Ein Angehöriger nach dem nächsten wurde ermordet, unsere Familie verbrachte die meiste Zeit auf der Flucht oder in Verstecken. »Jeder, der hier rauskommen kann, sollte seine Chance nutzen. Und wer schon draußen ist, sollte keinen Gedanken an eine Rückkehr verschwenden.«

Also blieben wir in Österreich und verlebten zusammen die besten eineinhalb Jahre, seit wir Afghanistan verlassen hatten. Ibrahim hatte Deutsch gelernt und einen Job in der Postzentrale eines Pharmaunternehmens gefunden. Ich konnte zwar nicht mehr in die Biologiefakultät, bekam aber auf Grund meiner guten Deutsch- und Schreibmaschinenkenntnisse eine Stellung als Sekretärin im Geschichtsinstitut der Universität. Auch die Kinder waren zufrieden. Ich begann eine ehrenamtliche Tätigkeit beim Roten Kreuz und sammelte Geld für afghanische Flüchtlinge. Ich besuchte Pharmaunternehmen und organisierte Antibiotikaspenden, die an das Rote Kreuz in Afghanistan gingen. Daneben sammelte ich Geld für indonesische Straßenkinder.

In dieser Zeit waren wir eine echte Familie. Wir gingen sogar gemeinsam in Urlaub. Wir reisten durch Europa, besuchten Onkel Yusuf in Frankreich, besichtigten Rom, fuhren durch die Schweiz und durch Deutschland. Obwohl Yasin und Helga noch in Österreich lebten, kamen sie nicht mit. Helga vertraute mir an, dass Yasin für Ibrahims Sinneswandel verantwortlich war, der Ehe doch noch eine Chance zu geben. »Wie? Du lässt deine Frau in einem anderen Land leben, einen Haufen Geld verdienen und in der Gegend herumschlafen? Hol sie wieder zu dir, wo sie hingehört.« Ibrahim hatte auf seinen Bruder gehört – und es erstaunlicherweise geschafft, sich ihm gegenüber zu behaupten. Er schien ernsthaft gewillt, seine wieder aufgenommene Ehe zu verteidigen.

Als Husna nach Holland immigrierte, halfen wir ihr so gut wie möglich. Welche Freude, sie wieder zu sehen! Ich dachte, mein Herz würde vor Glück zerspringen. Sie erzählte mir von Madarjan, deren hoher Blutdruck ein immer ernsteres Problem wurde, und von allen anderen.

»Asim ist jetzt Arzt. Er hat geheiratet und ist Vater einer Tochter. Karim arbeitet in einer Fabrik als Ingenieur, Gula will Tierärztin werden …« Sie berichtete Horrorgeschichten über die Brutalität und Gesetzlosigkeit der Mudschaheddin. Ich machte mir schreckliche Sorgen um meine Familienmitglieder und verdoppelte meine Anstrengungen, Hilfsgelder für Afghanistan zusammenzubringen.

1991 erhielten wir die Nachricht, dass Ibrahims Visumsantrag bewilligt worden waren und wir in die USA zurückkehren konnten.

Unser Glück war vollkommen: Ibrahim trank nicht mehr, wir waren glücklich miteinander, ich wusste, dass ich in Amerika gutes Geld verdienen konnte. Ich freute mich auf eine glückliche Zukunft mit Ibrahim im Land des Überflusses und der Freiheit. Die Vergangenheit hatten wir weit hinter uns gelassen.

Zumindest dachten wir das.

15

Ich hatte mit Nancy vereinbart, dass wir bei ihr wohnen würden, bis ich ein Zuhause für die Familie fände. Diesmal ließ ich nicht zu, dass Deljan ihre Tentakeln um meinen Mann schlang.

Alles schien gut zu laufen. Ich fand ein Haus direkt gegenüber von Nancy. Manche meiner früheren Auftraggeber hatten schon Ersatz für mich gefunden, aber die meisten waren heilfroh, mich wieder beschäftigen zu können. »Meine Rosenbüsche haben dich vermisst«, sagte eine von ihnen. Mohabat freute sich, in ihre alte Schule und zu ihren alten Freunden zurückzukehren, und auch Negin gewöhnte sich gut ein.

Die beste Neuigkeit: Ich war wieder schwanger. Ich betrachtete das neue Baby als handfesten Beweis unserer Liebe und unserer Zukunft.

»Sie sollten ein eigenes Geschäft aufmachen.« Diesen Satz hatte ich jahrelang gehört. Aber erst jetzt, da mein Aufenthaltsstatus geklärt war, konnte ich das rechtlich auch. Ich überlegte mir die Sache. Putzen war eine anstrengende, ermüdende Plackerei. Doch Pflanzen zu versorgen, Blumen zu arrangieren und Gärten zu pflegen – das war eine dankbare, lohnende Aufgabe. Ich beschloss, einen Blumenladen zu eröffnen. Zwar fehlte mir das Geld dazu, aber Gretchen – die immer betont hatte, dass ich mich an sie wenden sollte, wenn ich irgendetwas brauchte – lieh mir 10.000 Dollar, und Nancy schoss den Rest zu. Ich kaufte einen Laden und machte mich an den Umbau der Räume. Da sie früher ein Restaurant beherbergt hatten, war einiges zu tun, um sie in ein attraktives Geschäft zu verwandeln. Jeder kleine Durchbruch war ein weiterer Stein im Gebäude unserer Liebe …

… dachte ich.

Doch diesmal ging in unserer Ehe alles so rasend schnell bergab, dass ich völlig unvorbereitet war. Deljan war schwer beleidigt, dass Ibrahim und ich bei Nancy statt bei ihr untergeschlüpft waren. Unablässig bedrängte sie Ibrahim, mich zu verlassen. Und ihre Sticheleien fielen auf fruchtbaren Boden. Ibrahim gefiel zum Beispiel das neue Haus nicht. »Mit dem Geld einer Frau gekauft«, nörgelte er. Jedes Mal, wenn die Bank wegen meiner Kredite anrief, ging er an die Decke. »Ich bin der Mann im Haus! Die sollten mit mir reden!«

Ich wies ihn zurecht: »Du sprichst kein Englisch. Und das letzte Mal, als jemand anrief und über unsere Hypothek reden wollte, wusstest du nicht einmal, was eine Hypothek ist.«

Dafür schlug er mich. Und dafür, dass ich mich weigerte, hinter seinen Freunden aufzuräumen, die ihren Dreck wieder im ganzen Haus herumliegen ließen. Und dafür, dass ich vergessen hatte, sein Lieblingshemd zu bügeln. »Selbst hast du Arbeit und willst, dass ich wie ein Gammler zum Vorstellungsgespräch erscheine.«

Ich wusste, dass er gar kein Vorstellungsgespräch hatte. Wenn er nicht mit seinen Freunden herumhing, verbrachte er seine Tage bei Deljan, trinkend und fernsehend. Er schlug mich, wenn ich am Sonntag ohne ihn mit den Kindern einen Ausflug ins Grüne machte. Wenn wir daheim blieben und die Kinder ihn und seine Freunde beim Feiern störten, schlug er mich auch.

Diese letzte Runde in unserem Kampf erschütterte mich mehr als alle anderen zuvor. In Österreich waren wir so glücklich gewesen. Wann und wie hatte alles begonnen, so schief zu laufen?

Mühsam versuchte ich, die auseinander fliegenden Teile zusammenzuhalten: Ich war schwanger und übergab mich dauernd. Ich hatte den Laden gekauft und musste den Umbau überwachen. Ich brachte die Kinder zur Schule und wieder zurück. Ich putzte das Haus (das konnte ich noch tun, solange der Laden nicht eröffnet war). Ich ging meinen gewohnten Tätigkeiten nach. Aber die Dinge entglitten mir.

Das Baby kam nach acht Monaten zu früh zur Welt. Tapfer kämpfte meine winzige Tochter um Luft, bis sie selbstständig atmen und ich sie nach Hause mitnehmen konnte. Die Versorgung der Kinder war ein einziger Kampf: Ich stillte, wechselte Windeln, las Negin Gutenachtgeschichten vor, half Mohabat mit den Hausaufgaben. Ich versuchte, die Familie zusammenzuhalten. Der neuen Tochter Mutter und Vater zugleich zu sein, da ihr Vater sie kaum ansah. »Ah ja. Noch ein Mädchen.« Ich ging zur Arbeit und verdiente das Geld. Um nichts unversucht zu lassen, wandte ich mich außerdem an Saber, Ibrahims Lieblingscousin. Er war neulich in unsere Gegend gezogen, und ich bat ihn, zwischen uns zu vermitteln.

Es war Sonntag, zwei Monate nach der Geburt des Babys. Ibrahim saß auf dem Sofa und sah fern. Die Mädchen und ich waren zum Mittagessen bei Nancy. »Mohabat und Laurie, bitte bringt Ibrahim ein Sandwich«, sagte Nancy.

Die zwei Mädchen liefen über die Straße. Als sie zurückkamen, hielten sie die braune Papiertüte noch immer in den Händen. Mohabat sagte: »Er ist nicht daheim.«

Nancy runzelte die Stirn. »Das gibt's nicht. Von hier aus hätten wir sicher gesehen, wenn er das Haus verlassen hätte.«

Nun gingen wir selbst und klingelten und klopften, bis Ibrahim endlich die Tür einen Spalt weit öffnete und hinausspähte. Seine Augen waren gerötet, sein Haar war verstrubbelt, sein Gesicht ein Chaos aus Stoppeln und Schnapsflecken.

»Du verschwindest. Ich will nur sie.« Er zog mich ins Haus und verschloss die Tür.

»Geh ins Schlafzimmer«, lallte er.
»Aber …«
»Ich sagte, geh ins Schlafzimmer. Sofort!«

Auf dem Bett. Schnell, schieb ihn weg. Zu stark. Bewegungsunfähig. Würgen. Nach Luft schnappen. Ein Krachen. Ein roter Strom. »Meine Nase!« Aber die Worte kommen nicht heraus. Eine Hand trifft meine Wange mit lautem Klatschen. Klatsch. Klatsch.

»Warum hast du unsere Privatangelegenheiten vor Saber ausgebreitet? Wie kannst du es wagen, vor jemandem, der mir wichtig ist, schlecht von mir zu sprechen?« Klatsch.

Etwas Helles glänzt. Etwas Silbriges. Lang, scharf und … Schere, offen, o nein, nein, mein Hals, nicht mein Hals! »Wa …« Dieses Gurgeln, ist das meine Stimme? »Was … Wasser.«

Erstaunlicherweise steht er auf, um mir Wasser zu bringen. Als er zurückkommt, wird alles schwarz. Ich werde ohnmächtig.

Sofort nachdem Ibrahim mich ins Haus gezerrt hatte, rief Nancy die Polizei. Als die Polizisten kamen, fanden sie mich mit blutendem Gesicht, blutenden Ohren, blutender Nase. Meine Zähne waren gebrochen, Blut und Speichel liefen mir übers Kinn. »Sie rohen Reis essen, Zähne verletzen«, redete Ibrahim sich heraus, als sie ihm Handschellen anlegten und ihn abführten.

Deljan stellte Kaution für ihn. Ich erwirkte eine *restraining order* gegen ihn, was bedeutet, dass er sich mir nicht mehr nähern durfte.

Ich nahm die Kinder und zog in ein Frauenhaus. Dort behandelte man uns freundlich und mitfühlend, aber die Tagesabläufe waren streng reglementiert. So kam ich wegen meines komplizierten Zeitplans hinsichtlich der Arbeit und der Kinderversorgung in Konflikt. Anna, eine mitfühlende

Ehrenamtliche, lud uns ein, bei ihr zu wohnen, bis das umfängliche Verfahren abgeschlossen war und Ibrahim offiziell aus meinem Haus verbannt werden konnte. Zwei Monate lebten wir bei ihr. Nie werde ich ihr diese Hilfsbereitschaft vergessen.

Ein einziges Mal während dieser Zeit kehrte ich ins Haus zurück, um Kleidung und Toilettenartikel zu holen. Das Baby war in der Krippe, die Kinder in der Schule. Die Lebensmittel im Kühlschrank stanken übel. Die Teller in der Spüle waren mit grünem Schleim überzogen. Ich sah die Post durch. Eine Telefonrechnung über 1.400 Dollar – Ibrahim hatte Yasin in Österreich angerufen. Eine Stromrechnung über 236 Dollar. Woher sollte ich all das Geld nehmen?

Und dann sah ich ihn. Er war die ganze Zeit da gewesen. Sturzbachartig strömten die übelsten Beschimpfungen aus seinem Mund, die ich je gehört hatte. »Deine Mutter ist eine *fahescha,* deine Familie ist der Abschaum der Erde!«

Und plötzlich wusste ich, dass ich nicht länger schweigen durfte. »Du hast mich all die Jahre geschlagen. Du hast schreckliche Dinge gesagt. Du hättest mich beinahe umgebracht. Ich habe versucht, eine pflichtbewusste Hausfrau zu sein und dir nie widersprochen. Jetzt ist es an der Zeit, dir die Wahrheit zu sagen. *Du* bist der Abschaum der Erde. Du bist wie der Schleim auf den Tellern, die du in der Spüle hinterlassen hast. Deine Mutter ist die *fahescha!* Es gibt kein niedrigeres menschliches Wesen als dich – wenn man dich noch menschlich nennen kann.«

O mein Gott, was hatte ich gesagt? So schreckliche Dinge. Was würde er mir antun? Er ballte die Faust und …

… ich rannte zu Nancy hinüber.

»Nancy«, schluchzte ich. »Ich habe gerade etwas Schreckliches zu Ibrahim gesagt. Ich sagte …« Die Worte waren mir so peinlich, dass ich sie ihr ins Ohr flüsterte.

Nancy umarmte mich und küsste mich auf beide Wangen. »Na endlich! Ich kann dir gar nicht sagen, wie stolz ich auf dich bin.«

Stolz? Ich hatte etwas Ungeheuerliches getan, Schande über meine Familie und alles gebracht, was mir wichtig war. Ich lief zu Ibrahim zurück. »Es tut mir Leid, dass ich diese schlimmen Sachen gesagt habe.«

»Nein.« Er hielt seine Hand hoch und einen Moment lang blitzte die alte Zärtlichkeit wieder in seinen Augen auf. »Ich habe das verdient. Zum ersten Mal hast du die Wahrheit über mich ausgesprochen, und ich habe verdient, das zu hören.«

Er nahm einen Koffer hoch.

»Ich hoffe, du heiratest jemanden ohne Schwester, Bruder, Familie und so weiter, der dann nur für dich da sein kann. Und ich wünsche dir Glück.«

Als ich mit den Kindern endlich wieder ins Haus zurückkehren konnte, war es kalt und finster. Strom und Heizung waren gesperrt worden. Wir probierten einen Wasserhahn. Nichts. Man hatte uns auch das Wasser abgedreht. Ich nahm den Telefonhörer ab. Die Leitung war tot.

Einen Monat später reichte Ibrahim die Scheidung ein. Grund: böswilliges Verlassen. Als man mir die Papiere zustellte, wäre ich am liebsten gestorben. Ich hatte alle enttäuscht: Madarjan, meine Schwestern, meine Kinder. Ich war eine schreckliche Tochter und schreckliche Frau gewesen und erwies mich jetzt auch noch als schreckliche Mutter.

Über das Frauenhaus fand ich eine Anwältin. Ich hatte kein Geld, um sie zu bezahlen, aber sie meinte, das ginge in Ordnung. Ich solle sie einfach bezahlen, wenn ich dazu in der Lage sei. Wir vereinbarten einen Ratenzahlungsplan, und als ihre Tochter heiratete, erledigte ich die Blumenarrangements für die Hochzeit kostenlos.

Sie riet mir, gegen Ibrahims Scheidungsantrag Einspruch zu erheben. Das Gericht gab mir Recht: Es wäre völlig absurd gewesen, ihm auf Grund meines angeblichen böswilligen Verlassens die Scheidung zu gewähren. Der Richter verpflichtete ihn stattdessen zur Zahlung von Alimenten. Ein Jahr später reichte ich die Scheidung ein. Da wir ein Jahr getrennt gelebt hatten, wurde sie ohne Schwierigkeiten vollzogen.

Ibrahim hat nie auch nur einen Cent Unterhalt bezahlt. Irgendwann versuchte ich gar nicht mehr, sie einzutreiben. Ibrahim tauchte unter. Über Familientratsch erfuhr ich, dass er nach Österreich zurückgegangen war und eine Deutsche geheiratet hatte. Oft lag ich wach und quälte mich mit Gedanken daran, was die beiden zusammen trieben. Ich wollte nicht glauben, dass er mit ihr lachen, tanzen und flirten konnte wie mit mir. Doch allmählich verblasste diese Eifersucht. Die Wunden begannen zu heilen.

Heilung – ein langer, schmerzhafter Prozess. Wir alle trugen Narben aus jenen Jahren der Gewalt und des Schreckens davon. Mohabat besonders. Ich merkte, dass ich oft ungeduldig war, zu streng und gleichzeitig überbeschützend. Aber ich gab mein Bestes. Ich gebe es immer noch – und nach Bekunden der Kinder schlage ich mich ganz ordentlich.

Ich sehe mir meine Kinder an. Sie wachsen in Liebe und Sicherheit auf. Nie wieder werden sie sich vor den Ausbrüchen eines gefährlichen Vaters fürchten müssen. Nie werden sie sich jemandem unterwerfen oder mitbekommen, dass ihre Mutter oder Schwester sich jemandem unterwirft. Sie werden stolz und frei aufwachsen.

16

1992 betrat ein Mann mein Geschäft, um für den 75. Geburtstag seiner Mutter Blumen zu kaufen. Seine höfliche Art und sein angenehmes Wesen fielen mir sofort auf. Wir plauderten eine Zeit lang, und ich stellte fest, dass er ein interessanter und anregender Zeitgenosse war und wir viele Vorlieben teilten. Er hieß Bob Beers und war Molekularbiologe. Wir freundeten uns an und gingen miteinander aus. Drei Jahre später heirateten wir.

Die Ehe lief gut, wenn auch nicht ohne Kompromisse und Streitereien. Für uns beide war es die zweite Ehe, wir beide brachten seelische Narben und Erinnerungen an die frühere Beziehung mit in die Partnerschaft. Wir haben beide eine starke Persönlichkeit, und als wir uns trafen, hatten wir beide einen genau definierten persönlichen Lebens- und Kommunikationsstil. Auch unser Erfahrungshintergrund und die verschiedenen Kulturen, aus denen wir stammten, unterschieden sich enorm. Bob kommt aus einer wohletablierten amerikanischen Familie, die ihre Wurzeln sogar bis zu den Pilgervätern auf der *Mayflower* zurückverfolgen konnte. Er ist das einzige Kind einer verwitweten Mutter, die ihn liebt und umsorgt, während ich aus einer gigantischen und hochkomplizierten Familie stamme. Er brauchte Monate, um die verzwickten Verwandtschaftsverhältnisse bei uns zu durchblicken. »Habe ich das richtig verstanden? Der Schwager deiner Tante mütterlicherseits hat die Schwippcousine zweiten Grades väterlicherseits geheiratet?«

Die komplexen Beziehungen zwischen allen Angehörigen waren ihm etwas völlig Fremdes. Und obwohl ich schon einige Jahre in Amerika lebte, war es etwas ganz Neues für mich, Teil einer derartig winzigen und selbstgenügsamen Familie zu werden. Und dann waren da unsere Kinder. Die Zusammenführung der zwei Familien – hier seine zwei Söhne, dort meine drei Töchter – lief nicht ohne Probleme ab.

Nichtsdestotrotz: Zwischen uns besteht eine starke Bindung, und wir sind fest entschlossen, die Familie zusammenzuhalten. Meine Töchter lieben Bill wie einen Vater, ich liebe die Söhne, als ob sie meine eigenen wären. Unsere Kinder betrachten einander als Geschwister. Ich könnte mir keinen liebevolleren Vater für meine Mädchen wünschen, und er hat im Gegenzug alle meine Familienmitglieder ausnahmslos freudig aufgenommen, auch meine Schwester Hala. Der gegenseitige Respekt und die tiefe Zuneigung, die Bill und ich füreinander empfinden, ließen uns alle Schwierigkeiten meistern und erlaubten uns, unsere Probleme gemeinsam zu lösen und als Paar sowie als Familie zusammenzuwachsen. Ich bin dankbar für alles, was wir haben und miteinander teilen. Und dafür, dass er mich in meiner Arbeit mit ganzem Herzen ermutigt und unterstützt.

Mein Kampf um die Befreiung der Frauen Afghanistans nimmt weiterhin einen wichtigen Platz in meinem Leben ein. Die Freiheit und der Wohlstand in Amerika haben mich nicht von meiner Entschlossenheit abbringen können, meinen unterdrückten Schwestern in meiner Heimat zu helfen.

Seit dem 11. September haben sich die Dinge in meiner Heimat dramatisch verändert. Obwohl die Lage der Frauen sich jetzt, da die Taliban gestürzt sind, verbessern sollte, müssen sich die Verantwortlichen auch klar machen, dass die Vereinigten Staaten, indem sie die Nordallianz unterstützten, die Mudschaheddin wieder an die Macht gebracht haben. Zwar haben die Mudschaheddin die Unterdrückung der Frau nicht so institutionalisiert und formalisiert wie die Taliban, aber auch sie haben unsagbares Leid über Frauen (und Männer) gebracht. Solange die Mudschaheddin am Ruder sind, können wir uns über eine Verbesserung der Situation in Afghanistan kaum freuen. Ohne eine Einmischung durch die westlichen Staaten wie die USA wird es keinen Neuanfang geben.

Neuanfang bedeutet einerseits natürlich, dass das Land, die Infrastrukturen wieder aufgebaut werden müssen. Aber, noch wichtiger: Auch die Menschen müssen »wieder aufgebaut« werden. Wirtschaftliche Hilfe ist unumgänglich, weil sie den Leuten das Kapital verschafft, das sie brauchen. Auch humanitäre Hilfe – in Form von Nahrungsmitteln und Medikamenten – wird dringend benötigt. Aber das genügt nicht. Ein altes Sprichwort sagt, es sei besser, einem Menschen das Fischen beizubringen, als ihm einen Fisch zu schenken. Das afghanische Volk muss wirtschaftlich wieder autark werden. Um dieses Ziel zu erreichen, müssen in Afghanistan Bildungsmöglichkeiten für Männer und Frauen geschaffen werden. Ich glaube, darin liegt der Schlüssel zu einer dauerhaften Veränderung in diesem Land (wie auch in anderen von Armut geplagten Ländern).

Bildung eröffnet neue Welten. Bildung eröffnet den Menschen neue Perspektiven, schafft Optionen und vermittelt ein Gefühl der Stärke. Sie befähigt Leute, höher qualifizierte und besser bezahlte Arbeit zu verrichten. Damit verbessern sich nicht nur ihre wirtschaftlichen Umstände, auch die Selbstachtung steigt. Was noch wichtiger ist: Bildung zeigt, dass es unzählbar viele verschiedene Möglichkeiten gibt, wie man leben kann, und dass die grotesk beschränkten Lebensumstände vieler Leute überwunden werden können. Ich halte Bildung für das Gegengift zu religiösem Fanatismus und zur Unterdrückung der Frauen – egal ob diese Unterdrückung religiös oder kulturell bedingt ist. Ein Bildungsprogramm, das auf die Bedürfnisse und Traditionen des Volkes Rücksicht nimmt, kann letztlich die Saat für dauerhafte Verbesserung sein. Vielleicht erlebe ich nicht mehr, dass die Saat keimt und gedeiht, aber wenn die Veränderung einmal einsetzt, führt kein Weg mehr zurück. Meine Ururenkelinnen leben vielleicht einmal frei und gleichberechtigt in meiner Heimat, und man wird ihnen nicht wehtun wie mir.

Dank meines Verständnisses für die tief reichenden kulturellen Wurzeln der Unterdrückung bringe ich anderen Menschen heute mehr Mitgefühl entgegen – selbst den Unterdrückern. Obwohl ich schreckliches Leid erfahren habe, glaube ich, dass diejenigen, die es mir zugefügt haben, nur das Produkt einer jahrhundertelangen Tradition sind, die ihr Verhalten nicht nur gebilligt, sondern sogar ermutigt hat. Viele meiner Peiniger hätten sich vielleicht anders entschieden, wenn sie gewusst hätten, dass ihnen andere Möglichkeiten offen stehen. Die Sterbeworte Christi, »Vergib ihnen, denn sie wissen nicht, was sie tun«, drücken aus, wie ich zu verarbeiten versucht habe, was ich gesehen und erlebt habe. Ich kann nicht vergessen. Doch ich hoffe sehr, irgendwann vergeben zu können. Das schaffe ich aber nur, wenn ich die Kräfte verstehe, von denen meine Peiniger geprägt wurden.

Ich bin zu der Ansicht gelangt, dass in jedem Menschen ein Funke Gottes glimmt und dass für jeden Heilung möglich ist. Egal, was jemand – selbst ein Terrorist – getan hat: Dieser Funke kann mit der Fackel des Wissens entzündet werden und am Ende dazu beitragen, die Welt zu erleuchten.

Diejenigen, die mich von früher kennen, ziehen bei meiner Erwähnung Gottes sicher die Augenbrauen hoch. Lange Zeit meines Lebens war ich leidenschaftliche und bekennende Atheistin. Doch mit der Zeit haben sich meine Ansichten weiterentwickelt und verändert.

Ich bin zwar kein religiöser Mensch, wohl aber ein spiritueller. Ich bin über meine Ablehnung Gottes hinausgewachsen und habe verstanden, dass Gott größer ist als die Schubladen, in die die Religion ihn zu pressen versucht. Man kann Gott nicht einschränken, er wohnt jetzt in meinem Herzen. Ich spreche in meinen eigenen Worten zu ihm, nicht in denen eines Gebet- oder Liederbuchs. Mahatma Gandhi soll einmal gesagt haben: »Gott hat keine Religion.« Dem stimme ich zu.

Bei dem Versuch, meine Geschichte und all das Leid zu verarbeiten, das ich erfahren habe, fand ich einen gewissen Trost in dem Glauben, dass Gott einen höheren Plan verfolgt und all das, was ich durchlitten habe, einem höheren Sinn und Zweck dient. Vielleicht besteht der Zweck darin, dass ich vor der Welt als Zeugin auftrete. Meine Geschichte ist Zeugnis für allgemeine Zustände, die weit über meine persönlichen Lebensumstände hinausreichen und die Geschichte und Kultur eines ganzen Landes widerspiegeln. Wenn nur ein Leser Einsicht in die Dynamik der Unterdrückung gewinnt und sich dem Kampf gegen Menschenrechtsverletzungen in Afghanistan oder sonst wo auf der Welt anschließt, dann habe ich meine Mission erfüllt.

Zweiter Teil

Hala

Da war Licht. Helles, weißes Licht. Eine so starke, so schöne Aura hatte ich noch nie zuvor gesehen. Und dort, inmitten des Lichts, sah ich Ihn, den Propheten Mohammed. Ich küsste Seine Hand. Ich sagte zu Ihm: »Ich habe ein Problem.« Er hörte mir zu. Sein Gesicht strahlte die zärtlichste Liebe aus, die ich je gefühlt hatte. »Weißt du, warum du dieses Problem hast?«, fragte Er mich. »Es liegt daran, dass du nicht betest.« Als ich aufwachte, wusste ich nicht, von welchem Problem ich Ihm erzählt hatte. Kämpfte ich schon mit dem Problem oder würde es erst auf mich zukommen? Ich wusste nur: Wenn ich betete, würde Er mir bei der Lösung helfen. Er würde bei mir sein. Während aller Schwierigkeiten habe ich gebetet. Und Er stand mir bei. Er ist auch jetzt bei mir.

1

In gewisser Weise fühlt es sich an, als ob Sulima und ich in zwei verschiedenen Familien aufgewachsen wären. Natürlich haben wir als Schwestern die gleichen Eltern und Geschwister. Doch die sechzehn Jahre, die zwischen uns lagen, hätten ebenso gut sechzehn Dekaden sein können. So viel hatte sich zwischen Sulimas und meiner Kindheit in unserer Familie und in Afghanistan geändert. Ich wuchs in einer völlig anderen Welt auf.

Ich wurde 1970 geboren, als Sulima, die Zweitälteste, bereits 16 Jahre alt war. Ich bin das zweitjüngste Kind. Husna war bei meiner Geburt dreizehn, Asim elf, Zamin neun, Gula sechs und Surya drei. Als Naim auf die Welt kam, war ich etwa zweieinhalb. Damals hatte sich unsere Familie in Kabul fest etabliert. Abajan war zu einer wichtigen und angesehenen Persönlichkeit geworden. Doch obwohl Abajans Fotogeschäft recht gut ging, war Geld immer knapp.

Als ich noch ein Baby war, herrschte in unserem Haus rege Betriebsamkeit. Um mich kümmerten sich hauptsächlich meine Geschwister, weniger meine Eltern. Vielleicht spielte Abajan mit mir, als ich noch ein Baby war, aber ich kann mich nicht daran erinnern. Er geriet wegen Sulimas Einsatz für die Rechte der Frauen immer wieder in heftigen Streit mir ihr. Madarjan kümmerte sich um sieben andere Kinder und die Horden von Verwandten, die bei uns ständig ein und aus gingen.

Abajan starb, als ich ein Jahr alt war. Unmittelbar nach seinem Tod brachte uns Madarjan zu ihrer Mutter in den Osten des Landes. Sulima blieb in Kabul zurück, um das

College abzuschließen. Wir verbrachten die Zeit bis nach der Geburt meines kleinen Bruders Naim 1972 im Osten. Einige Monate danach kehrten wir nach Kabul zurück.

Abajans Tod brachte eine Lockerung der strikten Regeln, unter denen Sulima als Heranwachsende so gelitten hatte. Karim, der neue Vorstand unseres Hauses, nahm es mit dem islamischen Recht nicht so genau wie Abajan. Und nur selten behandelte er seine jüngeren Geschwister schlecht. Den Großteil seines Zorns bekam nach wie vor Sulima ab. Mit ihr verstand er sich überhaupt nicht, ständig stritten sich die beiden. Soweit ich mich erinnern kann, hatte das auf mich aber keine Auswirkungen.

Und so hörten die Frauen des Hauses auf, ihr Haar zu bedecken. Wir durften Hosen und kurzärmelige Oberteile tragen, sogar ärmellose. Beten durften wir natürlich auch, aber wir mussten es nicht. Bald beteten die meisten Haushaltsmitglieder gar nicht mehr. Die Kinder entspannten sich. Wir durften lachen, ohne den Zorn Abajans fürchten zu müssen. Meine Schwestern Husna und Gula erinnerten sich noch, wie es zu Abajans Lebzeiten gewesen war. Oft erzählten sie mir, wie sehr sich alles verändert hätte.

Wir wurden moderner und führten neue technische Geräte ein. Den Höhepunkt stellte die Anschaffung eines Fernsehers dar. Die Frauen machten immer noch den Löwenanteil der Hausarbeit, aber ich verbrachte einen ansehnlichen Teil meiner Kindheit vor dem Fernseher, anstatt zum Beispiel abzuspülen. Besonders gefiel mir eine Spielshow namens »What is the answer?«, die der Show »Jeopardy« ähnelte. Ich sah mir auch eine Menge Zeichentrickfilme an. Als ich älter wurde, kaufte die Familie einen Videorekorder und lieh sich Filme aus.

Auch Madarjan veränderte sich. Dem zufolge, was man mir erzählte, kümmerte sie sich kaum um das Alltagsleben der jüngeren Kinder. Sulima wandte sich zwar Rat suchend an Madarjan, wenn sie ein Problem hatte, zum Beispiel nach einem schlimmen Tag an der Schule oder Streit mit einer

Freundin. Ich ging in solchen Fällen jedoch eher zu Husna oder Gula. Natürlich liebte ich Madarjan sehr. Ich spürte ihre liebevolle Anwesenheit in meiner Kindheit, und noch immer dient mir ihre Milde als Vorbild. Aber meinen Schwestern stand ich näher.

Nicht nur unsere Familie hatte sich verändert – die ganze Welt war seit Sulimas Geburt eine andere geworden. Als ich aufwuchs, in den Siebzigerjahren, übernahmen die Kommunisten allmählich die Macht. Frauen wurden besser behandelt und bekamen mehr Chancen. Damit will ich aber nicht sagen, dass Männer und Frauen die gleichen Rechte gehabt hätten. Viele Traditionen, die Frauen benachteiligten, bestanden in unserer Kultur weiter. Zum Beispiel mussten wir immer noch unsere Väter oder Brüder um Erlaubnis bitten, wenn wir das Haus verlassen wollten. Doch uns standen die gleichen Bildungseinrichtungen offen wie den Männern. Es war selbstverständlich, dass wir das College besuchten – Sulima hatte für dieses Recht noch kämpfen müssen. Husna beispielsweise ging nach der Schule auf die Universität, um Pädagogik zu studieren. Gula ließ sich zur Tierärztin ausbilden.

Doch die Veränderungen im Schulsystem begannen schon vor dem College: Bereits die Grundschule, auf die ich ging, unterschied sich enorm von der Grundschule zu Sulimas Zeiten. Bis zur High-School wurden Buben und Mädchen gemeinsam unterrichtet. Auch Colleges hatten gemischte Klassen. Die Kommunisten hatten einen einheitlichen Lehrplan aufgestellt, der in allen Schulen des Landes galt. Wir erhielten Unterricht in Biologie, Russisch, Mathematik, Erdkunde, Geschichte, islamischer Religionslehre. Darüber hinaus lernten die Kinder bis zur fünften Klasse Gebete, danach studierten sie den Koran. Obwohl die Kommunisten religiöse Lehren ablehnten, hatten sie islamische Inhalte im Lehrplan belassen.

Ich ging gern zur Schule, war eine gute Schülerin und fühlte mich im Klassenzimmer ganz in meinem Element. Sprachen liebte ich, und Russisch machte mir wirklich Spaß. Aber am besten gefiel mir Biologie. Ich hatte eine wunderbare Biologielehrerin namens Nadjia-jan (*jan* wird an den Namen einer Person angehängt, um besonderen Respekt oder Zuneigung auszudrücken). Nadjia-jan unterrichtete mich von der vierten bis zur achten Klasse in Biologie und behandelte uns immer freundlich und liebevoll. Und trotzdem herrschte bei ihr Disziplin, was nicht viele können. Sie war so aufgeschlossen, dass viele Schüler nicht nur mit fachlichen, sondern auch mit persönlichen Problemen zu ihr kamen.

Ein Vorfall hat sich mir besonders eingeprägt. Ich besuchte damals die achte Klasse, und Nima, eine Mitschülerin, wurde von unserer Mathematiklehrerin Fazila ungerecht behandelt. Nima und Fazila lebten im gleichen Haushalt, weil Fazilas Schwester und Nimas Schwester mit dem gleichen Mann verheiratet waren. Die Rivalität der zwei Ehefrauen hatte sich auf ihre Schwestern übertragen. Der Konflikt wurde nicht nur zu Hause, sondern auch in der Schule ausgetragen. Wenn Nima sich im Unterricht meldete, nahm Fazila bewusst einen anderen dran. Selbst wenn Nima in Tests alles richtig beantwortete, bekam sie eine schlechte Note.

Diese Unfairness machte uns alle betroffen. Meine beste Freundin Aadela und ich beschlossen daraufhin, mit Fazila über die Angelegenheit zu sprechen. Einige weitere Freunde schlossen sich uns an, und gemeinsam wandten wir uns an die Lehrerin. Das war ein großer Schritt für uns, denn wir hatten das Prinzip *ehteram* (Respekt vor Älteren) gewissermaßen mit der Muttermilch aufgesogen. Normalerweise schwiegen Kinder, bis ein Älterer sie ansprach. Erst recht durften wir natürlich keine Vorwürfe gegen einen Älteren erheben, vor allem nicht gegen eine Respektsperson wie einen Lehrer. Aber unser Gerechtigkeitsempfinden siegte über unsere Erziehung. Wir riskierten es.

Ich wurde zur Sprecherin gewählt. Mein Herz schlug laut, als ich nach dem Unterricht an Fazila herantrat. Ich sagte: »Entschuldigung, könnten wir Sie bitte in einer wichtigen Angelegenheit sprechen?«

Sie lächelte freundlich und meinte: »Natürlich!«

»Wir sind betroffen, äh, Entschuldigung, traurig darüber ...«, stammelte ich los. Dann sagte ich es frei heraus: »Wir machen uns Sorgen darüber, wie Sie Nima behandeln. Sie sind nicht fair zu ihr. Sie rufen Sie nicht auf, wenn sie sich meldet. Sie geben ihr schlechte Noten.«

Sie fauchte mich an: »Ich gebe ihr die Noten, die sie verdient. Wie kannst du es wagen, mein Verhalten anzuzweifeln?«

»Aber ...«

»Du verteidigst sie nur, weil ihr Freundinnen seid. Ich bin Lehrerin, und du siehst Nima nicht so, wie ich das tue. Du hast kein Recht, meine Autorität oder meine Entscheidungen zu hinterfragen. Geh heim und überlass das Unterrichten mir.«

Diese Antwort enttäuschte uns maßlos. Doch dann fiel mir ein, dass Nadjia-jan uns ja vielleicht helfen könnte. Wir sprachen sie gleich am nächsten Tag an. Wie erwartet, hörte sie aufmerksam zu und warf uns *nicht* vor, dass wir uns respektlos verhalten hätten. Sie verriet uns zwar nicht, was sie unternehmen würde, aber ich vermute, sie sprach selbst mit Fazila über die Angelegenheit. Es war nämlich auffallend, dass Nima nach unserem Fürsprechen gerechter behandelt wurde.

Nadjia-jan zählte zu den wichtigsten Menschen, die mich in meiner Jugend beeinflussten. Nicht zuletzt wegen ihr mochte ich das Fach Biologie so gern. Daraus wiederum erwuchs mein Traum, Ärztin zu werden. Dabei diente mir meine Cousine Sufiya als Vorbild, die Medizin studierte. Auch sie wollte Ärztin werden und die Leute kostenlos behandeln. Leider erfüllte sich ihr Traum nie: Als sie während der Semesterferien von ihrer Universität in Russland heimkam, erfuhr sie, dass ihr Verlobter im Krieg gegen die Russen gefallen war. Die beiden hatten sich wirklich geliebt, und Sufiya brach der Verlust das Herz. Sie ging zwar letztlich wieder nach Russland zurück, aber sie blieb nur ein blasser Schatten ihres früheren

Ichs. Einige Monate später holte sie sich eine seltene Lungenkrankheit und starb. Sie wurde 21 Jahre alt.

Ich hatte Soofiya geliebt und war am Boden zerstört, als sie starb. Wohl daher erhielt ich ihre Vision am Leben, schmückte sie im Geist aus und machte sie zu meiner eigenen. Ich würde später einmal Ärztin werden, ich würde meine Zeit und mein Können opfern, um Armen zu helfen. Vor meinem inneren Auge sah ich mich in einem Krankenhaus arbeiten. Ich würde einen ganzen Strom von armen Leuten versorgen, ihre Wunden verbinden und ihre Krankheiten heilen. Danach würde ich in mein kleines, gemütliches Haus heimkehren, wo schon ein netter Mann und wohlerzogene Kinder auf mich warteten. Für die Rolle des Ehemanns hatte ich noch keinen Kandidaten im Auge. Ich war zwar mit einigen Jungen befreundet, ging aber mit keinem und war auch in keinen verliebt. Der Mann meiner Träume hatte noch kein Gesicht, war aber definitiv höflich und liebevoll.

Um mich herum wurde ständig geheiratet. Immer gaben sich irgendwelche Tanten, Onkel oder Cousins ihr Jawort. An Sulimas Hochzeitstag kann ich mich nicht erinnern, weil sie auf dem Standesamt heiratete, ohne Zeremonie oder Pomp. Doch die Hochzeitsfeier meiner Schwester Husna weiß ich noch sehr gut. Sie heiratete ein Jahr nach Sulima. Sulima selbst war nicht dabei, weil ihr Karin die Teilnahme an Familienfeiern verbot. Diese Hochzeit hob sich von allen anderen Hochzeiten in unserer Familie ab. Und sie war die erste Hochzeit, an die ich zurückdenken kann. Vor allem erinnere ich mich daran, dass ich in den Wochen zuvor schwer an Typhus litt. Ein Großteil meiner Haare fiel mir aus, der Rest wurde abrasiert.

Ich jammerte: »Mit einer Glatze gehe ich auf keine Hochzeit!«

»Keine Angst, Hala«, tröstete mich Husna und strich über meinen kahlen Kopf. »Wir nähen dir eine hübsche Haube.«

So geschah es – aber das war nur eine der vielen Hochzeitsvorbereitungen im Haushalt. Tagelang schien die Küche nur so von Reis, Lammfleisch und den vielfältigsten Gemüse- und Obstsorten überzufließen. Die Küche barst vor Frauen, die kochten oder sonst wie herumwerkelten.

Der Morgen des Hochzeitstages dämmerte sonnig und warm. Als ich den Club betrat, den wir gemietet hatten, verschlug die Schönheit des Ganzen mir den Atem. Das lächerliche Ding auf meinem Kopf vergaß ich völlig, als ich mich staunend umsah. Überall standen Blumen. Die Tische waren mit blau-goldenen Tischdecken geschmückt. Sie sahen großartig und festlich aus. Familienmitglieder aller Altersstufen und Verwandtschaftsgrade strömten herein. Die Anzahl der Eingeladenen überwältigte mich schier. Braut und Bräutigam empfingen die Gäste. Neben ihnen standen Madarjan und die Eltern des Bräutigams, davor in einer langen Schlange die Gäste, um Braut, Bräutigam und Eltern zu küssen. *Mubarak! Mubarak!* Glückwunsch!

Ich war sechs Jahre alt und platzte vor Fragen.

»Warum trägt die Braut Grün?« erkundigte ich mich bei Surya.

»Grün bringt Glück. Vielleicht kommt das daher, dass wir bei Grün an gedeihende Pflanzen denken.«

»Aber warum hat die Braut dann nach dem Essen sich ein weißes Kleid angezogen?«

Damit war Surya überfragt. Später erklärte mir eine Tante, dass Weiß die Farbe sei, die moderne Frauen bei der Hochzeit vorzögen.

Alles faszinierte mich. Eine nach der anderen schenkten die erwachsenen Frauen Husna ein Schmuckstück und legten es ihr an. Einmal gab es Schwierigkeiten beim Versuch, ihr einen Ohrring anzustecken. Ich konnte gar nicht mit ansehen, wie Madarjan an dem kleinen Ohrloch herumfummelte. Aber Husna bewies Tapferkeit. Wenn es ihr weh tat, hat sie es nicht gezeigt. Als Nächstes reichte man den Brautleuten einen Koran. Sie küssten ihn, dann ging die Braut unter dem Koran den Gang hinunter. Als sie den Raum betrat, erhoben sich alle Anwesenden, als wäre sie eine Königin.

Am Kopfende des Saals hielten zwei meiner Tanten eine Decke über die Köpfe der Brautleute. Sie reichten dem Paar einen Spiegel. Gemeinsam sahen Husna und ihr frisch angetrauter Mann Kabir hinein, dann gaben sie ihn zurück. Ich wollte Gula fragen, was das zu bedeuten hätte, aber die Anwesenden waren so still, dass ich mich nicht zu sprechen traute. Schließlich tauchte Madarjan Husnas Hände in Henna, worauf sie sich orange färbten. Diesen Brauch kannte ich: Henna galt als heilige Pflanze und als Glücksbringer.

»War das alles?« fragte ich enttäuscht, als die Zeremonie endete.

»Na ja, es kommt natürlich noch das Festessen«, sagte Gula. »Und vor dieser Zeremonie hat schon eine andere stattgefunden. Irgendwas, wo ein Dokument unterschrieben und eine Passage aus dem Koran vorgelesen wurde. Aber zu dieser Zeremonie waren nur die Männer zugelassen.«

»Warum schaut Husna so ernst?«

»Von der Braut erwartet man, dass sie schüchtern und bescheiden auftritt. Eine Heirat ist eine ernste Angelegenheit.«

Aber sie war auch sehr spaßig. An die Zeremonie schloss sich das Festessen an, danach wurde getanzt. Afghanis tanzen leidenschaftlich gern, und eine nach der anderen unterhielten die Frauen der Familie die Hochzeiter, indem sie zu der Musik tanzten. Allerdings gehörten die meisten Tänzer der Familie des Bräutigams an. Traditionell beteiligt sich die Familie der Braut nicht an den Tänzen. Damit zeigt sie die Trauer darüber, dass die Braut jetzt das Haus verlässt.

Es gefiel mir sehr, die sich zur Musik wiegenden Körper zu beobachten. Die Hände der Tanzenden bewegten sich graziös zum Rhythmus der Musik. Ich starrte wie gebannt. Als ich mich endlich selbst zu tanzen getraute, verlor ich meine Haube – und alle sahen meine Glatze! Weinend lief ich davon. Doch Gula und Tante Fauziya holten mich zurück und trösteten mich. Bald stand ich wieder auf der Tanzfläche. Später kümmerte es mich nicht einmal mehr, als die Haube wieder herunterfiel.

Die Musik und der Tanz dauerten bis spät in die Nacht. Dann zog Husna ins Haus ihrer Schwiegerleute. Madarjan fing an zu schluchzen, als Husna und ihr Mann davonfuhren. Damit steckte sie Tante Fauziya, Tante Kamila und Tante Mariam an, und bald weinten wir alle. Warum diese Traurigkeit? Vor einem Moment noch waren alle so ausgelassen, wir hatten getanzt, geschlemmt, in die Hände geklatscht. Ich sah ringsum auf die weinenden Frauen, die sich ihre roten Augen mit Taschentüchern betupften. Jetzt fing auch ich an zu flennen. Das gab mir das Gefühl dazuzugehören.

Natürlich träumte ich noch Wochen später von meiner eigenen Hochzeit. Doch allmählich drehten sich meine Träume immer mehr um meinen späteren Arztberuf. Ehefrau und Mutter zu werden war zweitrangig. Wenn ich auf meine frühe Kindheit zurückblicke, glaube ich, dass ich großes Glück hatte. Bis zu meinem sechsten Lebensjahr verlebte ich eine ziemlich normale Kindheit, ebenso wie später von neun bis vierzehn. Meine Familie liebte und versorgte mich, ich hatte genug zu essen und zu trinken, lebte in einem gemütlichen Zuhause und ging gern zur Schule. Ich durfte meinen eigenen Interessen nachgehen und zum Beispiel jüngeren Kindern Nachhilfe geben. Letzteres begann ich schon, als ich noch selbst ein Kind war. Vielleicht hat es mir deswegen so gefallen, anderen Nachhilfe zu erteilen, weil alle mich anspornten, eine möglichst gute Ausbildung zu absolvieren. Ich wollte, dass auch sie das Beste aus ihren Möglichkeiten machten.

Obwohl ich ohne Vater aufwuchs, gab es in meinen Leben ältere Männer, die sich um mich kümmerten und die Vaterrolle besetzten. Doch ganz bestimmt stand niemals ein Tyrann dem Haushalt vor. Mir eröffneten sich die gleichen Bildungschancen wie Jungen. Auch in unserer gemischten Klasse wurde kein Unterschied zwischen Jungen und Mädchen gemacht. Selbst in der High-School, als wir in getrennten Klassen unterrichtet wurden, fürchtete ich nie, weniger zu lernen als die Jungen. Dass Männer und Frauen die gleiche Erziehung erhielten, empfand ich damals als selbstverständlich. Natürlich störte es mich, dass Frauen auf manchen Gebieten unfair behandelt wurden, aber es störte mich nicht so, wie es Sulima quälte. Der Unterschied dafür liegt wahrscheinlich in unseren Charakteren. Vielleicht kommt es auch daher, dass ich mich während des Heranwachsens nie vor meiner eigenen Familien fürchten musste. Ganz im Gegenteil: Für mich war die Familie auch in den schwierigsten Zeiten immer ein Quell der Liebe und Sicherheit. Ob das daraus resultiert, dass sich die Stellung der Frau auf so vielen Gebieten – wie zum Beispiel der Bildung – dramatisch verbessert hat? Vielleicht liegt es auch daran, dass während einiger Schlüsselperioden meines Heranwachsens im Land so große Gewalt herrschte, dass man nicht wusste, ob man nicht morgen schon tot sein würde. In jenen Zeiten zählte nur, den nächsten Tag zu überleben. Wie auch immer: Ich akzeptierte diese Unannehmlichkeiten als Teil des Lebens. Und ich erlaubte ihnen nicht, mir den Spaß am Dasein zu rauben. Dafür war das Leben einfach zu kurz. Schmerz und Gewalt gab es ohnehin genug – ich versuchte, jeden Krümel Frieden und Vergnügen aufzulesen, den ich fand.

2

Die Unzufriedenheit hatte jahrelang gegärt. Die Kommunisten bewiesen ein schlechtes Gespür für die Bedürfnisse des Volkes. Sie hatten versucht, dem afghanischen Volk alle möglichen sozialen Reformen aufzuzwingen, für die die Menschen – vor allem auf dem Land – aber noch nicht bereit waren. Darüber hinaus hatte die von den Sowjets gestützte Regierung im großen Stil religiöse Verfolgung betrieben. Der Missmut wuchs stetig. Und dann kochte er über.

Die Stämme im Norden hatten unter der sowjetischen Besatzung am stärksten gelitten. Sie sehnten sich nach Rache und einer Rückkehr zum islamischen Recht. Sie hassten die Russen und den »üblen« Einfluss der Moderne auf die islamischen Werte. Ihre Herzen waren voller Hass, sie dürsteten nach Blut. Und sie waren fest entschlossen, die Eindringlinge loszuwerden. Sie verachteten die Sowjetunion und alle, die unter ihrem Einfluss standen.

Heute weiß ich, dass die USA teilweise für das verantwortlich waren, was dann passierte. Amerika rüstete die Rebellen mit Waffen aus, und nur zu gern half die amerikanische Regierung allen, die gegen die UdSSR kämpften. Das schürte die Flammen des Zorns und Hasses gegen Russland noch weiter an. Islamische Glaubenssätze wurden vorgeschoben, um den Krieg gegen Russland anzufachen. Ich habe einmal ein Video gesehen, in dem Präsident Carters Sicherheitsberater den Mudschaheddin tatsächlich darlegt, dass sie für die Sache Gottes kämpften und Gott auf ihrer Seite sei.

Doch davon verstand ich in meiner frühen Kindheit natürlich nichts, als die Mudschaheddin (»Streiter des *dschihad*«, des Heiligen Krieges) den bewaffneten Kampf gegen die Russen vorbereiteten. Selbst als die Gewalt schon eskalierte, verheimlichten mir Madarjan und die anderen, wie schlimm es in Wirklichkeit stand. Doch als die Mudschaheddin immer brutaler zuschlugen, veränderte die Gewalt unser Leben total.

Wir lebten damals wieder im Osten des Landes, wohin wir gezogen waren, weil Karim versuchte, Sulima vom Rest der Familie zu isolieren. Selbst als Sulima 1979 das Land verließ, kehrten wir nicht sofort nach Kabul zurück. So waren wir im Osten, als sich die Lage verschlimmerte.

Die Gewalt intensivierte sich und explodierte, lange bevor die Mudschaheddin offiziell an die Macht kamen. Obwohl sie anfänglich aus idealistischen Motiven handelten – sie wollten das Land vom schädlichen Einfluss der westlichen Kultur befreien und die Zerstörung uralter kultureller Werte durch Einmischung von außen verhindern –, ging der Idealismus in der Gewaltorgie bald verloren: Die Kämpfer für den Heiligen Krieg begannen, jeden zu ermorden, der irgendwie mit dem Westen in Verbindung gebracht wurde. Dazu gehörten selbstredend auch Regierungsangestellte – schließlich kollaborierte die Regierung mit den Kommunisten –, ebenfalls alle mit höherer Bildung – die Mudschaheddin hielten Bildung für das Produkt des korrupten Westens. Bald gab es erste blinde Gewaltausbrüche gegen alle, die sie nicht mochten. Vor allem im Norden und Osten herrschte Anarchie. Madarjan meinte: »Für sie bedeutet es nicht mehr, einen Menschen umzubringen, als eine Ameise zu zertreten.«

Überall um uns herum passierten schreckliche Dinge.

Tante Mariam stürzte ins Haus: »Sie haben gerade Zarminas Mann umgebracht!«

»Was?« Madarjan sank in einen Stuhl. »Das ist der dritte Mord allein diese Woche.«

Zarmina war eine von Sulimas Schülerinnen und hatte sich unter ihrem Einfluss wie sie für die Rechte der Frau eingesetzt. Ihr Mann billigte und unterstützte diesen Kampf. Zarmina ging als Kassiererin in einer Bank arbeiten und half ehrenamtlich in einer der Schulen, die Sulima gegründet hatte.

»Sie haben ihn ermordet, weil er seiner Frau erlaubt hat, Kindern etwas beizubringen und arbeiten zu gehen.«

Das darauf folgende Schweigen wurde von Schluchzern nur noch stärker betont. Ich kannte Zarmina zwar nicht persönlich, doch allein der Anblick der weinenden Madarjan, Tante Mariam und Gula brachte mich auch zum Weinen.

Den Rest der Geschichte erfuhr ich erst Jahre später: Nachdem die Mudschaheddin ihren Mann umgebracht hatten, gingen sie vor Zarminas Haus und riefen sie heraus. »Ich füttere nur noch mein Baby«, sagte sie. Sie nickten und warteten, bis sie ihr Baby gestillt und ihr älteres Kind gefüttert hatte. Dann kam sie zu ihnen auf die Straße. Sie befahlen ihr, sich mit dem Rücken an einen Baum zu stellen, und erschossen sie. Dann zerrten sie den Schwiegervater und den Schwager aus dem Haus und exekutierten sie ebenfalls.

Doch damit nicht genug, der Terror wurde bald noch von einer bisher ungekannten, schrecklichen Armut begleitet. Menschen, die für die Regierung gearbeitet hatten, verloren ihre Jobs oder wurden umgebracht. Fachleuten wurde verboten, ihre Berufe auszuüben. Für Frauen war es gefährlich, das Haus zu verlassen, und noch gefährlicher, arbeiten zu gehen. Trotzdem machten sie meisten weiter, sie hatten gar keine Wahl. Die Menschen begannen zu hungern – und zu verhungern. Immer öfter sah man Kinder mit riesigen Augen und streichholzdürren Gliedmaßen rastlos durch die Straßen irren und den Müll durchwühlen. Von Zeit zu Zeit explodierte eine Bombe, die im Müll versteckt war, und die Kinder verloren Gliedmaßen oder sogar das Leben.

Aus all diesem Chaos erreichten uns einige Berichte von großartigem Mitleid oder Heldenmut. Einer unserer Nachbarn, Herr Haschemi, ein wohlhabender Mann, wollte ursprünglich nach Mekka pilgern und ein *Hadsch* werden. Er hob alle seine Ersparnisse von der Bank ab und machte sich daran, die Reise vorzubereiten. Doch anstatt Soldaten und Grenzbeamte zu schmieren und sich ein Flugticket zu kaufen, gab er das Geld den Armen. Und das kam so: Auf seinem Weg von der Bank sah er einen Mann, an dessen Hosenbeine sich drei Kinder klammerten. »Wollen Sie meine Kinder kaufen?« fragte der Mann.

Herr Haschemi war entsetzt: »Warum verkaufen Sie Ihre Kinder?«

»Ich habe keinen Job, meine Frau auch nicht. Alle Nahrungsmittel im Haus sind aufgebraucht. Wenn ich meine Kinder verkaufe, haben sie in ihrem neuen Zuhause vielleicht genug zu essen. Und ich bringe mit dem Erlös meine Frau und mich durch.«

Herr Haschemi zog seine Geldbörse und sagte: »Nehmen Sie das und besorgen Sie Nahrungsmittel für Ihre Familie. Denken Sie nie wieder daran, Ihre Kinder zu verkaufen. Besuchen Sie mich, wenn Sie wieder in Schwierigkeiten stecken.« Er schrieb seine Adresse auf eine Visitenkarte.

So kam es, dass Herr Haschemi seinen Plan, nach Mekka zu pilgern, aufgab. Stattdessen verwendete er sein Geld, um den Armen zu helfen – und das war sicher das, was Mohammed gewollt hätte.

Ungefähr zu dieser Zeit begannen die Mudschaheddin ihre berüchtigten mitternächtlichen Überfälle. Spät nachts drangen sie in die Häuser von Leuten ein, die auf ihrer Liste standen. Sie folterten und ermordeten die Männer und entführten, misshandelten und vergewaltigten die Frauen und sogar Kinder. Frauen begannen, sich umzubringen, bevor sie in die Hände der Mudschaheddin fielen. Manche flehten ihre Familienangehörigen an, sie zu töten. »Lieber lasse ich mich von jemandem umbringen, den ich liebe, als von diesen Wilden vergewaltigt und gefoltert zu werden«, erklärte meine Cousine ihrem Mann. Er war entsetzt und weigerte sich. »Ich weiß, dass andere Männer das tun, aber ich könnte niemanden töten, den ich liebe.« Wenige Tage später überfielen die Mudschaheddin sein Haus. Er wurde ermordet, seine Frau und seine Töchter wurden vergewaltigt.

Vor einigen Jahren habe ich einen Boxkampf im Fernsehen gesehen. Jedes Mal, wenn der Schwächere sich wieder auf die Beine rappelte, schlug der Stärkere ihn wieder nieder. Der Schwächere blutete und stöhnte und ging immer wieder auf die Bretter, bis er sich nicht mehr rührte. Der unterlegene Boxer erinnerte mich an meine Großfamilie zu jener Zeit. Die Jahre von 1978 bis 1980 und nach 1985 verbrachten wir damit, uns nach jedem Schlag wieder zu fangen und aufzustehen. Wir verloren das Familienvermögen. Und Afghanistan verlor einige der besten Leute in der Blüte ihrer Jugend.

Mein Cousin Nabi wurde entführt. Er war ein hervorragender Schüler gewesen und arbeitete als Lehrer. Sein Beruf brachte ihn auf die schwarze Liste der Mudschaheddin. Er war schon beinahe eine Woche verschwunden, als sein Bruder Ghani sich auf die Suche nach ihm machte. Bis heute verfolgt mich diese Geschichte, weil ganz offensichtlich übernatürliche Kräfte mithalfen, die Leiche zu finden.

Ghani ließ den Blick über die Gegend schweifen. Es hatte geregnet, Nebel behinderte die Sicht. Auf dem schlammigen Grund konnte man keine Spuren erkennen. Ghani ging an einer tiefen Grube vorbei, die für das Fundament eines Hauses ausgehoben worden war, das nie gebaut wurde. »Mir war, als hätte jemand meinen Namen gerufen, als sagte jemand: ›Schau dort nach. Dort!‹« Er durchsuchte die Grube in der Hoffnung, einen Nabi zu finden, der sich dort versteckte – stattdessen fand er seine Überreste. Die Leiche war kaum zu identifizieren wegen der Gesichtsverletzungen, die Nabi vor seinem Tod zugefügt worden waren. Doch Ghani erkannte die Kleidung wieder. Ich selbst hatte Nabi kaum gekannt – Onkel Daoud und Tante Layla lebten nicht mehr bei uns, als ich aufwuchs. Aber ich kannte ihn gut genug, um schwer betroffen zu sein.

Es heißt, dass über die Jahre insgesamt siebzig unserer Verwandten von den Mudschaheddin umgebracht worden sind – weil sie für die Regierung arbeiteten, eine Ausbildung hatten oder einfach grundlos. Ein Cousin zweiten Grades beispielsweise hörte die Hilferufe einer Frau, als ein Mudschahed versuchte, ihr das Baby zu rauben. Mein Cousin griff in das Gezerre ein – und wurde erschossen.

Auch wir wären beinahe umgekommen.

Karim erhielt die Warnung, dass die Mudschaheddin ihn im Visier hätten. Ein Freund hatte ein Gespräch zweier Männer in der Moschee mitgehört. Es stellte sich heraus, dass nicht nur Fremde, sondern sogar Angehörige es auf uns abgesehen hatten: Einige Halbcousins, Söhne und Neffen von Aghajans zweiter und dritter Frau hatten sich den Mudschaheddin angeschlossen. Schon lange war ihnen unser Zweig der Familie wegen unseres Einsatzes für nichtkonfessionelle Schulbildung ein Dorn im Auge. Selbst Abajans Abkehr vom Kommunismus hatte sie nicht davon überzeugt, dass wir überzeugte Anhänger islamischer Werte seien. Wieder einmal waren Sulimas staatliche Anstellung und ihr öffentlicher Einsatz für die Rechte der Frau für die religiösen Eiferer und ein Symbol für alles, was sie hassten und auszurotten versuchten. »Pack am besten deine Sachen und verschwinde aus der Gegend«, riet Karims Informant.

Doch Karim wollte sich nicht so leicht verscheuchen lassen. Zusammen mit Asim wandte er sich mit der Bitte um Hilfe an zwei Freunde. Zamin lebte damals nicht bei uns, weil er mit Karim nicht gut auskam. Er studierte Chemie und lebte in Kabul bei Onkel Nayk.

Karim, Asim und ihre Freunde türmten Betten übereinander, die Einschüsse abfangen sollten, und platzierten in jedem Fenster ein Gewehr. Sie häuften Waffen an. Uns befahlen sie, uns im *sandali* zu verstecken. Dies ist eine Art Heizofen, den es nur in Afghanistan gibt: Man stellt einen Tisch über einen Ofen, der mit glühenden Kohlen gefüllt ist, dann hüllt man den Tisch in eine dicke Decke. Die Menschen sitzen auf Matratzen und wärmen ihre untere Körperhälfte unter der Decke. *Sandalis* findet man besonders häufig in Häusern ohne Zentralheizung.

Wir hörten auf Karim. Madarjan, Gula, Surya, Naim und ich krochen unter die Decke und kauerten uns in den *sandali*. Dann warteten wir. Auch Karim, Asim und ihre Freunde warteten. Um Mitternacht schlugen die Mudschaheddin zu. Allein fünfzig Männer mit Granaten und Gewehren. Doch Karim, Asim und die Freunde sprangen bemerkenswert behände von Fenster zu Fenster, schossen und eilten zum nächsten Fenster. Damit erweckten sie den Eindruck, das Haus würde von einer großen Anzahl Kämpfer verteidigt, und nicht nur von vier. Die Mudschaheddin hatten das Haus umstellt. Plötzlich explodierte eine Bombe auf der Mauer, die das Haus von der Straße trennte. Alle Fenster barsten, doch die Struktur des Hauses blieb intakt. Madarjan streckte den Kopf aus dem *sandali*, um nachzusehen, was los war – und wurde prompt von einem herumfliegenden Splitter an der Wange verletzt. Surya flüsterte: »Madarjan, ich fürchte mich.« Ihre dünne Stimme zitterte.

»Sch, Baby. Bete nur das *Tschahar Qul*, und Gott wird dir helfen.«

Ich begann, das Tschahar Qul aufzusagen, das »vier Gebete« bedeutet. Diese Gebete sind Teil des täglichen Gebets, doch man spricht sie auch in Zeiten der Gefahr.

Im Namen Allahs, des Allerbarmers, des Barmherzigen
Sprich: O ihr Ungläubigen!
Ich diene nicht dem, dem ihr dient ,
und ihr dient nicht Dem, Dem ich diene.
Und ich werde nicht Diener dessen sein, dem ihr dient ,
und ihr dient nicht Dem, Dem ich diene.
Ihr habt eure Religion, und ich habe meine Religion.

Wenn die Hilfe Allahs kommt und der Sieg
und du die Menschen zur Religion Allahs in Scharen
übertreten siehst,

dann lobpreise deinen Herrn und bitte Ihn um Vergebung! Er ist wahrlich Der, Der die Reue annimmt.

Sprich: Ich nehme meine Zuflucht beim Herrn
des Frühlichts
vor dem Übel dessen, was Er erschaffen hat,
und vor dem Übel der Dunkelheit, wenn sie
hereinbricht,
und vor dem Übel der Knotenanbläserinnen
und vor dem Übel eines (jeden) Neiders, wenn er neidet.

Sprich: Ich nehme meine Zuflucht beim Herrn der
Menschen,
dem König der Menschen,
dem Gott der Menschen
vor dem Übel des Einflüsterers, der entweicht und
wiederkehrt,
der den Menschen in die Brust einflüstert,
(sei dieser) von den Dschinn oder den Menschen.

Wir rezitierten die Verse wieder und wieder. *Im Namen Allahs, des Allerbarmers, des Barmherzigen …*

Schließlich gelang es Karim, den Mudschahed zu erschießen, der, in einem Baum versteckt, das Haus beschossen hatte. Der Mann fiel kopfüber in den Fluss. Dieses Platschen des Todes hallt noch heute durch die Korridore meiner Alpträume.

Als die Mudschaheddin sahen, dass einer von ihnen getötet worden war, ergriffen sie die Flucht. Der Angriff, der von Mitternacht bis fünf Uhr morgens gedauert hatte, war vorüber. Ich zitterte am ganzen Körper und hatte fürchterliche Angst. Gula, Surya und ich hatten uns so fest an den Händen gefasst, dass mir die Finger weh taten.

»Wir müssen weg von hier«, flüsterte Madarjan. »Sie werden zurückkommen.«

Sie suchte Burkas für Gula, Surya, Naim und mich heraus. Obwohl sie damals noch nicht gesetzlich vorgeschrieben waren – das geschah erst zu Zeiten der Taliban –, hatten Frauen diese Ganzkörperschleier seit Generationen getragen. Vor allem in nicht so fortschrittlichen Gebieten wie dem Osten galten sie als das züchtige Kleidungsstück für einen Gang auf die Straße. Naim begann herumzumaulen: »Das ist ja Frauenkleidung!« Aber ein Blick von Madarjan brachte ihn zum Schweigen.

»Niemand darf uns erkennen«, erklärte Gula und half ihm in das ungeliebte Gewand. Naim murrte zwar, beugte sich jedoch.

Die Burkas waren für Erwachsene, und entsprechend lächerlich sahen wir darin aus. Wir konnten kaum gehen und stolperten ständig über den viel zu langen Stoff. So gut wie möglich schlichen wir zu Aghajans Haus. Dort richteten wir uns gerade ein, als einer unserer Cousins hereinplatzte. Atemlos brachte er hervor: »Ihr müsst verschwinden! Ich komme gerade aus der Moschee. Die Mudschaheddin – sie rechnen damit, dass ihr hier Zuflucht sucht. Sie sprachen nach den Gebeten darüber. Hierher kommen sie als Nächstes. Wenn sie euch bei uns antreffen, brennen sie das Haus nieder.«

Madarjan rief: »Aber was sollen wir tun?«

»Geht zu eurem Haus in Kabul zurück«, riet unser Cousin. »Vielleicht suchen sie dort nicht nach euch. Und angeblich ist es in der großen Stadt viel sicherer.«

Über viele Umwege – denn schon damals war es gefährlich, auf den Hauptstraßen zu reisen – führte Karim uns zurück nach Kabul. Bei unserer Ankunft sahen wir, dass die Vermutung meines Cousins wohl zutraf: In der Hauptstadt herrschte noch Ordnung. Die Mudschaheddin fürchteten die Sowjets und zögerten, ihre Anarchie in die Stadt zu bringen. Damals war ich neun Jahre alt.

Die Jahre zwischen neun und vierzehn waren relativ friedlich. Zwar kam es zu sporadischen Gewaltausbrüchen, wenn die Mudschaheddin einen Stadtteil überfielen, doch meistens war es ziemlich ruhig. Das Leben verlief in normalen Bahnen. Ich war ein Kind, und man hatte mich davor behütet, die Metzeleien mit ansehen zu müssen, die im Osten um uns herum stattfanden. Deswegen fiel es mir in Kabul nicht schwer, mein geregeltes Leben als kleines Mädchen wieder aufzunehmen. Ich ging zur Schule, hatte Freundinnen, sah fern, lernte, spielte. Ich wurde älter und begann mich für all die Dinge zu interessieren, die Teenager gemeinhin fesseln.

Doch allmählich setzten sich die Mudschaheddin auch in Kabul fest. Ihre Anwesenheit fing an, unseren Alltag zu beeinflussen. Täglich wuchs die Gewalt. Schießereien in den Straßen. Raketenangriffe, Entführungen. Verrückte und grausame Dinge passierten. Eine Gruppe Schulkinder wurde plötzlich schwer krank, zwei Kinder starben – man hatte ihr Trinkwasser vergiftet. Die Mudschaheddin versteckten Bomben in Spielzeug, Stiften, Geschenkpaketen und Spielplatzgeräten. Man konnte keinen Fuß in ein Taxi oder einen Bus setzen, ohne fürchten zu müssen, dass der letzte Fahrgast eine Bombe unter einem Sitz zurückgelassen hatte. Kinder wurden zerfetzt. Bald wurde es so gefährlich, auf die Straße zu gehen, dass wir so viel wie möglich daheim blieben. Selbst die kleinste Besorgung mussten wir so genau planen, als hätten wir eine Reise nach Übersee vor.

Die Anarchie traf zwar alle, doch die Staatsbediensteten und ihre Angehörigen waren dem größten Risiko ausgesetzt. Wir hatten alle Angst. Was würde Onkel Nayk geschehen? Was Onkel Daoud und meinen Cousins, die alle für den Staat arbeiteten? Und was würde aus Onkel Fazel und meinen Brüdern, lauter hochgebildeten Männern? Karim war Ingenieur, Zamin Chemiker, Asim Arzt. Sie alle arbeiteten. Am meisten fürchtete ich um Husna, deren Mann in einem Ministerium angestellt war. Ich erinnerte mich noch zu genau daran, was sie Nabi angetan hatten. Würde er das Gleiche erleiden müssen?

Eines Tages besuchte uns Husna. »Kabir hält sich versteckt«, flüsterte sie. »Wir haben unser Geld zusammengekratzt und festgestellt, dass wir genug haben, um nach Pakistan hinüberzukommen. Von dort versuchen wir, uns nach Europa durchzuschlagen. Hier können wir nicht mehr bleiben.«

Husna verließ uns? Unmöglich! Sie war die Person, die mir auf der ganzen Welt am nächsten stand. Sie hatte mich ja praktisch großgezogen! Meine große Schwester hatte mir an dem Tag beigestanden, als ich mich in der vierten Klasse mit meiner besten Freundin Aadela gestritten hatte. Ich weiß gar nicht mehr, worum der Streit gegangen war, aber ich erinnere mich, dass Husna ihn nie als lächerlich oder kindisch abgetan hat. Sie hatte Madarjans Gabe geerbt, einfach zuzuhören und zu trösten. Und sie gab mir einige praktische Ratschläge, die die Versöhnung mit Aadela einfacher machten.

Einmal hatte ich hohes Fieber. Madarjan brachte mir Heilkräuter und kühles Wasser. Wie immer sorgte allein ihre Berührung dafür, dass ich mich besser fühlte. Aber es war Husna, die nachts neben mir saß und Geschichten erzählte, um mich abzulenken und in Schlaf zu lullen.

»Wann gehst du?«, fragte Madarjan.

»Morgen. Wir dürfen keine Zeit verschwenden.«

Morgen! Meine liebste Husna, die mir wie eine zweite Mutter war, würde schon morgen weg sein! Ich liebte Madarjan, Gula und Surya. Ich hatte wunderbare, treue Freundinnen – besonders Aadela, die ich seit der Grundschule kannte und die bis heute meine beste Freundin ist. Viele meiner Schwägerinnen, Tanten und Cousinen standen mir nahe, vor allem die zwei Töchter Tante Fauziyas. Aber nie hatte sich jemand so um mich gekümmert wie Husna. Keine hat mich je so zärtlich umsorgt. Keine hat mir je so gut zugehört. Keine hat mir je so liebevollen und nützlichen Rat gegeben.

Als sie uns verließ, war ich untröstlich. Wir alle waren betrübt. Madarjan weinte wochenlang. Wir erhielten einen Brief, dass Husna und Kabir sicher in Pakistan angekommen seien. Einige Monate später kam ein weiterer Brief: aus den Niederlanden, wo sie und ihre Familie Asyl erhalten hatten. Sulima half ihr, sich dort einzuleben.

Die Kämpfe hatten beinahe eine Woche lang gewütet. Wir hatten uns zu Hause verkrochen, konnten also nicht auf den Markt gehen. Die Vorräte wurden knapp. »Kein *naan* mehr«, verkündete Madarjan beim Frühstück. »Die Äpfel sind aus«, sagte sie am nächsten Tag beim Abendessen. Als wir hörten, dass die Auseinandersetzungen nachgelassen hätten, beschlossen Gula und ich, unsere schwindenden Vorräte aufzufüllen.

»*Ahtiat kuned!* Passt auf!«, rief Madarjan uns nach.

Wir nahmen den Bus zum Markt, kauften Lebensmittel ein und stiegen, als wäre es ein gewöhnlicher Marktbesuch, wieder in den Bus, um nach Hause zu fahren.

»Halt!«

Ein russischer Soldat. Er hatte seine Hand gehoben, der Fahrer öffnete die Tür. »Was gibt's?«

»Diese Straße ist blockiert. Hier wurde gekämpft. Sie müssen in diese Richtung fahren.«

»Aber dort geht's nicht nach …«

»Bringen Sie die Passagiere nach Khairkhana. In dieser Richtung sind die Straßen frei.«

Khairkhana! Es war zwar nur ein Vorort von Kabul, aber trotzdem ziemlich weit von zu Hause. Wie sollten wir je zurückkommen?

Der Bus war überfüllt mit verängstigten Frauen und brüllenden Kindern und kroch langsam dahin. Die meisten standen vor dem gleichen Problem wie wir. Während der Bus weiterkeuchte, entschlossen wir uns, zu Tante Fauziya zu gehen. Tante Fauziya stand uns sehr nahe, obwohl sie eigentlich nicht unsere Tante, sondern die Tante unserer Mutter war. Aber sie und Madarjan waren wie Geschwister aufgewachsen. Tante Fauziya lebte mit ihren Töchtern Nadia und Nazifa zusammen. Ihr Mann hatte die anderen Kinder in den Osten gebracht, wo er ein Stück Land besaß. Nadia und Nazifa waren in der Stadt geblieben, weil sie in Kabul auf die Universität gingen. Sie waren ungefähr im gleichen Alter wie Gula und ich, und wir waren fast schon beste Freundinnen.

Tante Fauziya empfing uns mit typisch afghanischer Gastfreundschaft. Afghanien nehmen nicht nur Familienmitglieder, sondern auch Fremde in Not auf. Unsere Auffassung von Privatsphäre unterscheidet sich in diesem Sinne völlig von derjenigen der Amerikaner. Wir haben einfach andere Bedürfnisse. Wir leben ohnehin meist im Schoß der Großfamilie, und in Krisenzeiten rücken wir noch näher zusammen. Deswegen fürchteten wir auch jetzt nicht, lästig zu werden. Tante Fauziya gab uns auch nicht das Gefühl, dass unser überraschendes Auftauchen sie störte. Ganz im Gegenteil, sie freute sich, uns helfen zu können, umarmte uns und küsste uns dreimal auf jede Wange.

»Kommt rein, kommt rein! Gott sei Dank geht es euch gut!«

»Danke, Tante Fauziya.«

Nadia kam aus der Küche. »Ihr müsst schrecklichen Hunger haben. Lass mich euch etwas zu essen machen.«

Ich schüttelte den Kopf. »Zuerst müssen wir daheim anrufen und Madarjan Bescheid geben, dass es uns gut geht.«

Wir eilten zum Telefon und wählten, aber die Leitung war tot.

»Ich komme nicht durch!«, jammerte ich. »Was soll ich tun?«

»Wir rufen Asim in der Arbeit an«, schlug Gula vor. Mein Bruder Asim war Arzt. Die Telefone des Krankenhauses würden doch sicher funktionieren!

Meine Finger zitterten so sehr, dass ich kaum wählen konnte. Ich kämpfte mit den Zahlen und wartete.

Nichts!

»Wie wär's mit Karim? Vielleicht haben sie an seinem Arbeitsplatz die Telefonleitungen nicht gekappt.«

Karim war Ingenieur bei einem Unternehmen, das Teile für Flugzeuge produzierte. Die Fabrik befand sich in einem ganz anderen Stadtteil.

Diesmal versuchte Gula durchzukommen. Gespannt beobachtete ich ihr Gesicht. Doch auch sie brauchte mir nicht zu verraten, was passiert war.

Nichts!

Wir probierten es bei allen, die wir in Kabul kannten, bei Onkeln, Tanten, Nachbarn, Freunden. Alle Leitungen waren tot.

Ich wandte mich an Tante Fauziya.

»Wir müssen sofort gehen. Die anderen werden vor Sorge um uns ganz verrückt sein.«

Tante Fauziya packte mich am Arm, als ich zur Tür wollte. »Du kannst heute nicht mehr hinaus. Es ist viel zu gefährlich auf der Straße.«

»Aber …«

»Ihr müsst zumindest so lange hier bleiben, bis die Kämpfe ein wenig nachgelassen haben. Wir schalten den Radio an, und wenn die sagen, dass es sicher ist, dürft ihr gehen.«

Wir blieben zwei Tage, die sich anfühlten wie zwei Jahre. Oft dachte ich, die Uhr müsse stehen geblieben sein. Alle paar Minuten versuchten wir wieder unser Glück mit dem Telefon. Zur Ablenkung suchten wir uns Beschäftigungen; wir halfen im Haushalt und spielten mit Nadia und Nazifa Karten. Doch die Minuten krochen wie Schnecken.

Am dritten Tag berichtete der Radio, dass die Kämpfe etwas nachgelassen hätten. Wir bestanden darauf, gehen zu dürfen. Tante Fauziya, Nadia und Nazifa konnten gar nicht mehr aufhören, uns zu umarmen.

»Ahtiat kuned! Passt auf!«, riefen sie uns nach.

Das Herz schlug mir bis zum Hals, als wir durch die Straßen gingen. In dieser Gegend hatten weniger Kämpfe stattgefunden, alles schien fast normal. Ich erlaubte mir den Luxus, so zu tun, als gäbe es keinen Bürgerkrieg. Wir kamen einfach von einem Kurzbesuch bei unserer geliebten Tante in der Vorstadt zurück. Heimkehr nach einem netten Urlaub. Wir warteten drei Stunden, bis ein überfüllter Bus auftauchte. Nach zwei weiteren Stunden erreichten wir unser Viertel. Normalerweise dauerte die Fahrt fünfzig Minuten.

Madarjan schlang die Arme um uns und reif: *»Khudaya schuker!* Ihr lebt! Gott sei Dank, ihr lebt!«

Surya, Asim und Naim stürmten herbei, umarmten uns und weinten. Suryas Augen waren rot und verschwollen. »Wir haben euch überall gesucht! Wir haben versucht, alle Bekannten anzurufen, aber die meisten Telefone funktionierten nicht. Und die Leute, die wir erreichten, hatten nichts von euch gehört.«

Asim schaute finster. »Wir waren in jedem Krankenhaus. Ich sah mir persönlich jede Leiche an. Ich danke Gott, dass ihr nicht darunter wart, aber ...«

Surya beendete den Satz: »... aber wir fürchteten, euch wäre etwas viel Schlimmeres als der Tod widerfahren.«

Wir fügten uns in die veränderten Umstände. Wir blieben immer mehr zu Hause, doch die Schulen waren weiterhin geöffnet. Meine Freundinnen und ich besuchten so oft wie möglich den Unterricht. Wir gingen ins Kino und spazierten im Park, so oft wir konnten. Madarjan wagte eine schwierige Balance: Einerseits wollte sie uns möglichst zu Hause und in Sicherheit sehen, andererseits ermutigte sie uns, ein möglichst normales Leben weiterzuführen. Und so verließen wir tagelang das Haus nicht, um dann wieder wochenlang ganz normal zur Schule zu gehen. Je normaler unser Leben ablief, desto eher konnten wir uns einreden, dass der Bürgerkrieg nur eine zeitweilige Verwirrung wäre, die bald vorüberginge. Jeder Tag, an dem wir in der Schule saßen und Mathe oder Biologie paukten, schien zu beweisen, dass es noch eine Zukunft gab.

3

1989 zogen die Russen aus Afghanistan ab. Kabul gehörte zu den letzten Städten, die offiziell von den Mudschaheddin übernommen wurden. Damals besuchte ich bereits die medizinische Fakultät. Jahrelang hatten wir gebannt die Radio- und Fernsehnachrichten verfolgt, 1992 waren wir bereits geradezu süchtig nach Nachrichten. Rückblickend glaube ich, wir befanden uns in einem Stadium des Verleugnens. Kabul war ein so wichtiges Zentrum des Fortschritts und relativer Freiheit gewesen, dass wir uns anfänglich zu glauben weigerten, es könne je in die Hände dieses Haufens Wilder fallen. Wir täuschten uns.

Eines Tages besuchte uns Asim nach der Arbeit. »Sie sind hier.«

Wir brauchten nicht zu fragen, wer »sie« waren.

»Woher weißt du das?«, fragte Madarjan nur.

»Auf meinem Heimweg bemerkte ich merkwürdige Männer auf der Straße. Sie trugen Bärte und Turbane. Das waren sicher Mudschaheddin.«

Die meisten Kabuler waren so verwestlicht, dass sie aufgehört hatten, *perahan* und *tunban,* die traditionelle afghanische Kleidung zu tragen. Die Männer bevorzugten westliche Kleidung, Anzüge oder Jeans, trugen keine Bärte oder Kopfbedeckungen.

Ich spürte, wie sich mein Hals zusammenzog. Ich blickte auf Madarjan. Sie wirkte so gelassen wie immer. Wenn sie sich fürchtete, zeigte sie es nicht. Gula, Surya und ich tauschten Blicke aus. Niemand sprach. Dann, einige Minuten später, schalteten wir den Radio an.

Wir hörten die vertraute Stimme des BBC-Sprechers. Die Mudschaheddin standen kurz vor, erschreckend kurz vor Kabul. In Paghman. Es würde sich um Tage, vielleicht nur Stunden handeln, bis sie auch unsere Stadt einnahmen.

Ein Frösteln überfiel mich. Wir hatten uns etwas vorgemacht. Die Mudschaheddin würden auf unabsehbare Zeit in ihrer barbarischen und gesetzlosen Art über uns herrschen. Nichts würde mehr dasselbe sein.

In jener Nacht sah ich den Propheten Mohammed. Er erschien mir im Traum, von weißem Licht umkränzt. Ich erzählte ihm, ich hätte ein Problem. Zwar sagte ich nicht, um was es ging, aber er schien zu verstehen. Er wies mich an zu beten.

Als ich aufwachte, waren mein Gesicht und Kissen tränennass. Ich war mit einem Besuch des Propheten selbst gesegnet worden. Er wusste von meinem Schmerz, von den Schwierigkeiten, vor denen ich stand und stehen würde. Er verstand. Er hatte mir einen Weg gezeigt. Den Weg des Gebets. Ich breitete den Gebetsteppich auf dem Boden aus und kniete mich nieder.

Im Namen Allahs, des Allerbarmers, des Barmherzigen
Alles Lob gebührt Allah, dem Herrn der Welten,
dem Allerbarmer, dem Barmherzigen,
dem Herrscher am Tage des Gerichts!
Dir allein dienen wir, und Dich allein bitten wir um Hilfe.
Führe uns den geraden Weg,
den Weg derer, denen Du Gnade erwiesen hast, nicht den Weg derer, die Deinen Zorn erregt haben, und nicht den Weg der Irregehenden.

Sprich: Er ist Allah, ein Einziger,
Allah, der Ewige, von Dem alles abhängt.
Er zeugt nicht und ist nicht gezeugt worden,
und Ihm ebenbürtig ist keiner.

Als ich mich wieder erhob, schien sich alles verändert zu haben. Ich war zwar noch die Gleiche, und doch eine andere. Die Welt war die Gleiche, aber ich war nicht mehr die gleiche Person, die dieser Welt gegenüberstand.

Vor meinem Traum war ich nicht besonders religiös gewesen. Ich hatte den Glauben respektiert, aber nie gedacht, dass er mir besonders viel bieten könnte. Ich war ein Kind des Fernsehens und des Kinos, der Naturwissenschaften und der Mathematik. Ich kicherte mit meinen Freundinnen, ging auf Partys, amüsierte mich. Nach jenem Traum wurde ich ernsthafter. Ich fastete freiwillig, um meine Seele zu reinigen. Ich begann, fünfmal täglich zu beten, wie es der Koran vorschreibt.

Anfänglich fand meine Familie das merkwürdig. »Woher dieser Sinneswandel?«, fragte Surya.

Madarjan musterte mich liebevoll, aber auch neugierig mit ihren tiefbraunen Augen. Ich erzählte ihnen von dem Traum.

Madarjan machte ein ernstes, feierliches Gesicht. Zärtlich, fast ehrerbietig berührte sie mich mit der Hand. »Mit deiner Vision hast du einen großen Segen erfahren. Aber sprich nicht mehr über sie. Es heißt, wenn Mohammed dich nachts besucht und du es ausplauderst, kommt er nicht zurück.«

Der Prophet erschien mir nie wieder. Doch dieser eine Traum hielt mich in all den Schwierigkeiten aufrecht, die ich über die nächsten Monate und Jahre erleben sollte.

Nach meinem Traumerlebnis veränderte sich die ganze Familie. Madarjan und Surya begannen wieder zu beten. Wir fingen an, gemeinsam den Koran zu studieren. Der strenge Glaube, der der Familie aufgezwungen wurde, als Sulima jung war, und zu so viel Schmerz und Zorn geführt hatte, wurde uns nun zum Quell der Hoffnung und des Trostes.

Der Glaube gab mir einen gewissen inneren Frieden, verringerte aber meine Angst vor den Mudschaheddin kaum. Die Tatsache, dass ich jetzt auch eine gläubige Muslimin war, änderte gar nichts. Denn meine und ihre Vorstellungen vom islamischen Glauben waren völlig konträr. Die Mudschaheddin glaubten an Angst und Zwang, an Bestrafung und Hass. Sie gaben vor, ihre Grausamkeiten im Namen des Islam zu begehen – und manche von ihnen waren vielleicht wirklich dieser Ansicht. Aber ich bin der festen Überzeugung, dass der Islam nicht Blutvergießen und Rache predigt oder sich darum schert, wie weit eine Frau Kopf oder Arme bedeckt. Für mich geht es bei Religion nur um eines: die Beziehung des Einzelnen zu Gott. Ich glaube nicht, dass irgendjemand das Recht hat, einem anderen vorzuschreiben, was er glauben, wie er beten, was er anziehen soll. Ich glaube nicht, dass Frauen schlechter behandelt, in Unwissenheit gehalten oder zu Hause eingesperrt werden sollten. Mein Traum hat mir ein neues Verständnis für den Islam gegeben; dafür bin ich ihm dankbar. Hätte ich ihn nicht gehabt, hätte ich angesichts dessen, was die Mudschaheddin und Taliban aus dem Islam gemacht haben, wahrscheinlich angefangen, meine Religion zu hassen. Dank meines Traums erkannte ich, dass der Islam Frieden und Liebe predigte, nicht Krieg und Hass.

Dennoch hatte ich immer Angst. Ich fürchtete, dass meine persönliche Freiheit beschnitten würde. Würde man mich zwingen, das Studium aufzugeben? Was würde aus meinen Geschwistern, die alle studiert hatten oder studierten? Was würde aus uns?

Ich wusste es nicht. Doch während dieser schwierigen Tage betete und fastete ich. Und ich hoffte. Ich hoffte.

Zwei Tage später erstürmten und übernahmen die Mudschaheddin unsere Stadt. Ich hatte an jenem Tag entschieden, nicht zur Universität zu gehen. Surya blieb ebenfalls zu Hause. Die meisten Büros und Schulen blieben an jenem Tag geschlossen. Mein Bruder Karim ging zwar zur Arbeit, kam aber nach kurzer Zeit wieder zurück. An seinem betroffenen Gesicht konnte ich ablesen, dass es passiert war.

»Die *Watan*-Partei ist gefallen. Die Mudschaheddin haben Kabul eingenommen.«

Ich rannte zum Fernseher. Der Sprecher verkündete, dass die Mudschaheddin die Macht übernommen hätten. Am nächsten Abend verlas eine Sprecherin die Nachrichten. Sie trug ein Kopftuch.

Die Mudschaheddin wüteten weiter. Überall wurden Angestellte der ehemaligen Regierung ermordet. An jenen ersten Tagen nach der Machtübernahme verließ ich das Haus überhaupt nicht. Madarjan, Gula, Surya, Asim, Karim, seine Familie (damals war Karim verheiratet und hatte zwei Kinder), Naim und ich blieben daheim. Gebannt saßen wir vor dem Bildschirm oder dem Radio. Draußen hörten wir immer wieder Schüsse, Explosionen, die Schreie Verwundeter und die Klagerufe der Trauernden, die einen geliebten Menschen verloren hatten. Doch obwohl wir bemüht waren, alles so gut wie möglich zu verdrängen, fragten wir uns, ob die Menschen, die uns nahe standen, sich in Sicherheit befanden. Surya und ich versuchten halbherzig, ein wenig zu lernen, aber wir konnten uns nicht konzentrieren. Ich glaube, ich habe dieselben zwei Seiten meines Biochemiebuchs hundertmal gelesen. Ich betete. Ich wischte den Boden. Ich suchte mir Beschäftigungen. Und ich versuchte, die Tränen zurückzuhalten.

Doch jeder Tag brachte nach dem Erwachen – wenn ich überhaupt geschlafen hatte – neue Schreckensmeldungen. Mein Onkel Fazel, der beim Staat gearbeitet hatte, schraubte gerade an seinem Auto, als ein Mudschaheddin eine Pistole an seine Schläfe setzte. Merkwürdiger- und wunderbarerweise ging die Kugel geradewegs durch seinen Kopf und trat auf der anderen Seite wieder aus. Fazel überlebte, aber er verlor sein Augenlicht. Jetzt sitzt er den ganzen Tag zu Hause und starrt abwesend in die Leere. Manchmal hört er Musik. Seine Frau versorgt ihn gut, aber er ist nur noch ein Schatten seiner selbst. Obwohl er gerade auf die sechzig zugeht, sieht er aus wie ein Endsiebziger. Vielleicht wäre es besser gewesen, er wäre gestorben.

Dann wurde Tante Mariams Mann umgebracht. Die Beerdigung hat sich mir eingeprägt, weil sie einerseits den anderen Beerdigungen glich, die ich über die Jahre besucht hatte, und sich andererseits stark von ihnen unterschied. Wie bei allen Totenfeiern fand die Beerdigung am ersten Tag nach dem Tod statt und die Totenfeier am zweiten. Zum Begräbnis gingen nur Männer, und es gab zwei getrennte Totenfeiern – eine für die Männer, eine für die Frauen. Die Totenfeier glich wegen der bekannten Traditionen und Rituale allen vorhergehenden.

Und doch war sie anders: Denn in einem gewissen Sinn war sie eine Totenfeier für jeden von uns. Wenn in normalen Zeiten jemand stirbt, trauert man mit den Angehörigen um den Toten. Aber wenn in Kriegszeiten jemand stirbt, trauern die Menschen nicht nur um den Verstorbenen, sondern auch um sich selbst. Der Tote könnte der eigene Vater, Mann, Sohn oder Bruder sein. Sie könnten es selbst sein. Sie könnten als Nächste drankommen.

Viele kamen als Nächstes dran.

Die Mudschaheddin gebärdeten sich weiter wie Verrückte in der Stadt. Unter dem Vorwand, islamisches Recht in Afghanistan wiederherzustellen, begingen sie Morde, Vergewaltigungen, Folterungen und Diebstähle. Überall wurden Leute willkürlich erschossen. Selbstredend verbietet das islamische Gesetz all jene Gräueltaten.

Wir waren bemüht, weiter unseren Angelegenheiten nachzugehen. Aber auch wir zogen die Kleidung an, die den Frauen seit neuestem vorgeschrieben wurde – Kleidung, die den Ansprüchen des islamischen Gesetzes an die Züchtigkeit entsprach. Nur dann wagten wir uns aus dem Haus, zur Schule, zur Universität, zum Markt. Doch wir wussten nie, ob die Schule bei unserer Ankunft überhaupt geöffnet sein würde.

Oft genug stand ich vor der Universität, und die Türen waren versperrt, die Räume dunkel und menschenleer. Aber auch an Tagen, an denen Unterricht stattfand, wagte ich oft nicht, das Haus zu verlassen. Jedes Mal, wenn man einen Schritt vor die Tür setzte, riskierte man sein Leben, denn in den Straßen wurde noch immer gekämpft. Eine Freundin Husnas, eine Ärztin, geriet unvermutet in die Schusslinie und starb. Sie hieß Gula, war oft bei uns zu Besuch gewesen, und wir mochten sie alle sehr. Als sie getötet wurde, fühlten wir uns, als ob unsere eigene Gula oder Surya gestorben wäre. Jahre später noch fing Gulas Mutter zu weinen an, wenn sie jemanden aus unserer Familie traf, besonders bei unserer Gula – weil sie den gleichen Namen hatte wie ihre erschossene Tochter.

Frauen waren besonders gefährdet. Die Mudschaheddin gingen wie primitive Höhlenmenschen auf sie los und schnappten sie sich. Wegen der Kämpfe konnte man untertags ohnehin nur selten das Haus verlassen. Nachts ohnehin nicht: Vor der Morgen- und nach der Abenddämmerung strichen die Mudschaheddin herum. Sie hielten nach unbegleiteten Frauen Ausschau, um sie zu begrapschen (im Bestfall) oder, schlimmer, zu verschleppen, zu vergewaltigen und umzubringen. Öffentliche Verkehrsmittel verkehrten kaum noch, wir mussten durch gefährliche Straßen zur nächsten Bushaltestelle gehen.

Nach einer Weile schien es einfacher, allen Kugeln und Mudschaheddin auszuweichen, indem man einfach daheim blieb. Ich ging immer seltener vor die Tür. Manchmal stahl ich mich zum Haus meiner Freundin Aadela, aber meistens blieb ich zu Hause.

Ich hasste es, so eingesperrt zu sein. Ich war so gern draußen, wo ich frische Luft atmen und den Vögeln zusehen konnte. Ich ging gern ins Kino und vor allem zur Universität. Deshalb versuchte ich so oft wie möglich, den Unterricht zu besuchen. Manchmal fand er statt, doch meistens war die Universität geschlossen. Die Erinnerung an die blassen, erschrockenen Gesichter, mit denen meine Familie mich und Gula an jenem Tag empfingen, als wir von Tante Fauziya heimkehrten, hielt mich oft vom Ausgehen ab, wenn ich es eigentlich gern riskiert hätte. Ich wollte meiner Familie nie wieder solche Sorgen bereiten.

Allmählich gewöhnten wir uns daran, den Großteil unserer Zeit im Haus zu verbringen. Und als die Kämpfe heftiger wurden, verkrochen wir uns sogar immer öfter im Keller. Hier würde uns auch dann nichts passieren, wenn eine Rakete das Haus träfe. Wir trugen unseren kleinen tragbaren Ofen hinunter und brachten Töpfe, Pfannen und Geschirr in den Keller. Oft flüchteten sich auch Nachbarsfamilien, die keinen eigenen Keller hatten, zu uns.

Die Welt beschränkte sich für uns auf die Familie. Da wir die ganze Zeit so eng aufeinander hockten, achteten wir besonders darauf, behutsam miteinander umzugehen. Bemerkungen, auf die man früher mit einer scharfen Antwort reagiert hätte, wurden jetzt in der Regel ignoriert. Nur Karims Frau Samira schaffte das nicht. Von Anfang an hatten wir alle sie nicht besonders gemocht, und das Gefühl beruhte auf Gegenseitigkeit. Karim und sie waren Kollegen gewesen und hatten sich ineinander verliebt. Liebesheiraten waren zwar unüblich, aber das war nicht der Grund, warum wir sie ablehnten. Sie war eine zornige, verbitterte Frau, die sich ständig über irgendetwas beschwerte.

»Ihr habt mir das kleinste Stück Brot gegeben.«

»Warum hast du meinem Sohn Omid verboten, mit den Bleistiften zu spielen? Sind sie so wertvoll? Ihr gönnt meiner Familie gar nichts!«

Wir versuchten, es ihr recht zu machen, ihr so viel durchgehen zu lassen, wie wir ertrugen. Das war schon in guten Zeiten schwierig, aber jetzt schien es schier unmöglich. Und trotzdem hing unser Überleben davon ab. Denn wenn zwischen uns Zwietracht aufkäme, könnte sie uns vernichten. Das wussten wir. Wir brauchten ein kleines Nest der Liebe und Unterstützung inmitten des Dschungels aus Explosionen, Schüssen, Schreien und Chaos. Deswegen überhörten wir Samiras Sticheleien. Und wir versuchten, fröhlich zu bleiben.

Wir legten unsere Lieblingsmusik auf und tanzten. Musik war immer ein Teil meiner Seele gewesen, aber jetzt erlangte sie noch größere Bedeutung. Mehr als alles andere vermochte sie, mich in eine andere Sphäre zu versetzen, in der Harmonie und Schönheit herrschten und wo es weder Schmerz noch Leid gab. Mir gefiel die Musik von Zahir Howida, der aus Afghanistan ins Exil gegangen war, doch am liebsten mochte ich Ahmed Zahir. Er war erstaunlich wandlungsfähig und kreativ, er kombinierte östliche und westliche Musikstile und -instrumente. Leider hatten die Kommunisten ihn umgebracht. Und als die Mudschaheddin an die Macht kamen, bombardierten sie sein Grab. Auch die Taliban schändeten sein Grab und zerstörten es vollständig – wie die Gräber einiger anderer beliebter Sänger. Noch heute zählt Ahmed Zahir zu den populärsten Musikern Afghanistans.

Abends saßen wir herum und erzählten Witze oder spielten Karten. Wir versuchten zu lernen, so gut es eben ging. Ich klammerte mich an meine Medizinlehrbücher wie an einen Talisman und unterrichtete Karims Kinder und manchmal auch die Kinder von Nachbarn. Bald fand in unserem Haus ein regelmäßiger Schulbetrieb statt. Das machte mir Spaß und gab mir einen gewissen Halt.

Ich las sehr viele Gedichte – die Geschliffenheit und Gewalt der Bilder sprach mich an. Besonders gern mochte ich die Gedichte von Forugh Farochsad, Nadir Nadirpur, Bidel und Razik Fani. Zu meinen Lieblingsgedichten gehörte »Hoffnung und Traum« von Nadir Nadirpur.

Diese verheimlichte Hoffnung
Hält mich am Leben.
Hoffnung oder Traum … was ist es?

In dieser Hoffnung
Habe ich manche Nacht überstanden
Und an vielen Tagen
Nehme ich diesen Traum mit in die Nacht.
Vielleicht fällt an einem dieser heißen Tage
Ein Stück aus der Sonne
Und schlägt, eine brennende Insel,
Auf unserer Welt auf
Und wir werden zu Asche
Asche, die die Kraft der Rachsucht verbirgt.
Wir sind tot, blutige Leichen,
Wir sind vorzeitig gealterte Kinder
Wir sind die alten, schlimmen Schatten der Nacht
Wir sind die trügerische Morgendämmerung
Mit ihrem schrecklichen Feuer
Wir sind die Opfer unsichtbarer Ereignisse.
Diese Hoffnung bringt mich durch manche Nacht
Dieser Traum bringt mich über manchen Tag.

Vielleicht tritt an einem dieser kalten Tage
Der Fluss über die Ufer
Und wir ertrinken in seiner reißenden Flut
Aus unseren Herzen ringt sich ein Schrei
Unser Todeslied.
Vergesst uns nicht. Wir kämpfen
Um die Ketten der Gefangenschaft
Zu zerreißen.

Während dieser Zeit versuchte ich mich auch selbst an Gedichten. Auf dem Papier konnte ich mir erlauben, das in Worte zu fassen, was man nicht laut aussprechen durfte.

Gefangen

Ich bin gefangen
Gefangen im erstickenden Käfig des Lebens

Verurteilt zu Grausamkeit und Sklaverei
Mein Wille gilt nichts
Der Tag wartet auf die Nacht
Ich bin unfähig, vom Schmerz in meinem Herzen zu sprechen
Kein Wort auf meinen Lippen, auch kein Schrei
Unfähig selbst, die Freiheit eines anderen zu beneiden
Wie lang soll ich noch minderwertig sein?
O Tod, mein einziger Retter
Befreie mich aus diesem Käfig
Ich habe keine Lust mehr zu leben.

Wir lasen uns gegenseitig vor. Wir studierten den Koran. Wir hielten uns in den Armen. Wir weinten, dann lachten wir. Es war gefährlich, zu viel zu weinen. Denn wenn man die Tränen einmal laufen ließ, konnten alle Dämme brechen. Damals hätte uns die Verzweiflung aufgefressen. Es war gefährlich, darauf zu hoffen, dass all der Schrecken bald vorübergehen würde – aber ebenso gefährlich war es, die Hoffnung aufzugeben.

Und so überlebten wir von Tag zu Tag: Karim, seine Frau Samira, seine Kinder, Asim, Naim, Gula, Madarjan und ich. Nach einigen Monaten mietete Karim ein Haus im Ostteil des Landes und zog aus. Zu jenem Zeitpunkt waren die Kämpfe im Osten abgeebbt – größtenteils zumindest –, dafür war es in den Städten noch viel gefährlicher geworden. Denn sobald die Mudschaheddin fest im Sattel saßen, spürten sie anscheinend weniger das Bedürfnis, sinnlose Grausamkeiten zu begehen. Im Osten schien es etwas sicherer zu sein, die schlimmste Gefahr war vorüber.

Karim war reif, sich abzunabeln. Nichtsdestotrotz: Die Reise zu ihrem neuen Zuhause, mit allem Besitz, mit Frau und Kindern, war riskant. Aber Samira hielt es bei uns nicht mehr aus und machte Karim das Leben zur Hölle. Asim ging ebenfalls weg. Er zog mit Zamin, der Onkel Nayks Haus verlassen hatte, nach Makroraion, einem Vorort Kabuls. An ihre Stelle rückten Onkel Daoud, Layla und ihre zwei jüngsten Kinder. Ihr Haus war von den Mudschaheddin niedergebrannt worden, und jetzt brauchten sie ein Dach über dem Kopf. Ich spielte sehr gern mit den Kindern, besonders mit der dreijährigen Rayta, die alle mit ihrem Charme bezauberte.

Noch enger wurde es, als unsere Nachbarn, die Rahimis, deren Haus von einer Rakete getroffen worden war, bei uns einzogen. Sie brachten ihre vier Kinder mit, die unsere »Schulklasse« größer und lebendiger machten. Trotz der Enge fanden wir nie, dass unsere Gäste uns belasteten oder überforderten.

»Wir müssen Gott danken, dass wir noch ein Heim haben«, sagte Madarjan oft. »Wenn Er uns ein Heim gegeben hat, dann hat Er es getan, damit wir es mit den weniger Glücklichen teilen.«

Gott sei Dank hatten wir ein Zuhause. Hier würden wir sicher sein.

Aber selbst zu Hause waren wir nicht mehr in Sicherheit. Es war Februar, Raytas dritter Geburtstag. Normalerweise hätten wir ihr Geschenke gemacht, zu Ehren ihres Geburtstags einen Kuchen gebacken und eine Party gefeiert. Ihre Augen hätten vor Glück geglänzt. Aber es kam anders. An jenem Tag mussten wir aus unserem Haus fliehen – zumindest vorübergehend. Wir wollten zu Tante Fauziya nach Khairkhana.

Es war brutal kalt. Man konnte nicht einmal ein Fenster aufmachen, ohne dass sich die Fingernägel blau färbten. Die Bäume sahen aus wie wild gewordene afghanische Tänzer, sie wiegten und bogen sich im Wind. Die ganze Nacht hatten wir wach gelegen und dem Heulen des Windes sowie dem Krachen von Explosionen und Schüssen gelauscht. Man hatte uns tags zuvor gewarnt, dass in unserem Viertel besonders heftige Kämpfe stattfinden würden. Zwei der sieben Mudschaheddin-Fraktionen hatten die Stadt eingenommen und bekämpften sich bis aufs Messer. Im Krieg gegen die Russen hatten sie sich vereinigt, aber kaum war die Rote Armee besiegt, begannen die Auseinandersetzungen zwischen den Gruppen. Jede Fraktion wollte die vollständige Kontrolle über die Stadt erhalten. Das Radio kündigte für unser Viertel die schwersten Kämpfe an. Man riet dringend, das Stadtzentrum, in dem wir wohnten, zu verlassen und in die Vororte zu gehen.

Wir standen vor Morgengrauen auf, packten Zahnbürsten und einige andere wichtige Dinge in eine Tasche und machten uns zu Fuß auf den Weg. Keiner von uns sprach, während unsere Prozession auf Nebenstraßen durch die Stadt zog, um nicht aufzufallen. Unser Atem formte weiße Wölkchen vor Mund und Nase, der Wind peitschte unsere Rücken. Abwechselnd trugen wir Rayta, als sie nicht mehr laufen konnte. In ihrem kleinen Gesicht spiegelten sich Erschöpfung und Angst.

Ein Kilometer, zwei Kilometer, drei Kilometer. Madarjan atmete schwer. »Steht sie das durch?«, fragte ich Naim leise. »Ihr Blutdruck …«

»Sie hat ihre Pillen genommen, bevor wir aus dem Haus gingen«, flüsterte er zurück.

»Aber die Strecke ist so weit. Und der Arzt hat gesagt, ihr Blutdruck könnte sich verschlechtern.«

Er zuckte mit den Schultern. Was konnten wir schon tun?

Fünf Kilometer. Sechs. Wir schleppten uns weiter, doch Madarjan wurde immer langsamer. »Geht's dir gut?«, fragte ich sie besorgt.

Sie nickte, aber ich sah, dass sie litt. Ich wünschte, ich könnte sie tragen, so wie wir die kleine Rayta trugen.

Acht Kilometer, zehn Kilometer. Wir wanderten und wanderten, bis Surya nach achtzehn Kilometern den Arm ausstreckte und rief: »Schaut, ein Taxi!«

Gegen den Protest des Taxifahrers stürzten sechs von uns sich in das Fahrzeug. Madarjan stieg als Erste ein, dann kamen die Kinder. Wir anderen wanderten weiter, bis auch wir ein Taxi fanden. Die letzten sechs Kilometer fuhren wir in schweigender Erleichterung. Als wir bei Tante Fauziya ankamen, trafen wir nur Nadia, Nazifa und einen ihrer Brüder an; Tante Fauziya war in den Norden zu ihrem Mann gereist.

Es stellte sich bald heraus, dass wir eine kluge Entscheidung getroffen hatten. In Khairkhana war es definitiv ruhiger als im Zentrum Kabuls. Wir richteten uns in Tante Fauziyas Haus ein und nahmen so gut wie möglich unsere gewohnten Tätigkeiten wieder auf: Wir hörten Musik, tanzten, erzählten Witze, putzten, spielten mit den Kindern und beteten. Besonders viel Kraft gab mir der Unterricht für die Kinder. Er verschaffte mir das Gefühl von Kontinuität und Hoffnung. Eines Tages würde dieser Wahnsinn enden, und dann würden diese Kinder in eine richtige Schule gehen können. Der Gedanke befriedigte mich, dass ich ihnen das Wissen vermittelte, das sie brauchen würden, wenn dieser wunderbare Tag käme. In meine Reisetasche hatte ich auch ein Biochemiebuch gepackt. Ich zwang mich, meine Studien damit weiterzuführen. Heute kann ich mich zwar an kein Wort daraus mehr erinnern. Aber damals war es für mich wichtig, weiter so zu tun, als studierte ich Medizin. Ich hielt die Hoffnung hoch, dass eines Tages alles zur Normalität zurückkehren und ich wieder eine Medizinstudentin sein würde.

Zwei Wochen später erfuhren wir, dass die Kämpfe weitgehend eingestellt worden waren und wir nach Hause zurückkehren konnten. Glücklicherweise fanden wir ein Taxi und mussten die 18 Kilometer nicht zu Fuß laufen.

Wir fanden eine Stadt vor, die im Gefolge der Kämpfe noch wie betäubt war. Überall sah man ausgebombte Häuser und andere Zeichen der Zerstörung. Die Straßen lagen auffallend verwaist da – die Menschen wagten sich nur in Notfällen aus dem Haus.

Wir waren wieder daheim.

Das Leben nahm wieder seinen normalen Gang – soweit man in so schrecklichen Zeiten von Normalität sprechen kann. Einige Monate später, zu Beginn des Frühjahrs, spitzte sich die Lage neuerdings zu, und wir mussten abermals fliehen. Diesmal aber unter erträglicheren Bedingungen. Es war wärmer, und wir fanden bald ein Taxi. Wieder dauerte es zwei Wochen, bis wir nach Hause zurückkehren konnten.

Jetzt war es Spätfrühling. Weil es immer noch gefährlich war auszugehen, verbrachten wir den Großteil der Zeit im Haus. Es war zum Verrücktwerden. Der Frühling ist in Afghanistan eine wunderschöne Jahreszeit. Unser Garten betörte Augen und Nase mit seinen Farben und Gerüchen. Die Apfel- und Kirschbäume blühten. Einige Bäume, die wir »verrückte Weiden« nannten, leuchteten grün und einladend. Unsere Sonnenblumen standen in Reihen wie gelbe Soldaten der Hoffnung. Ich wollte nur noch meine Lehrbücher oder Gedichtbände schnappen und die Schönheit draußen genießen – stattdessen war ich im Keller gefangen.

Vorsichtig lotete ich aus, wann und wie ich das Haus verlassen konnte. Ich ging so oft zur Universität wie möglich. Ich wagte mich in den Garten, um die Sonne aufgehen zu sehen. Ich besuchte öfter Aadela. Aber dann brach meine Welt noch weiter zusammen.

Surya und ich saßen im Wohnzimmer und lernten, Madarjan und Gula waren in der Küche. Wo die anderen sich aufhielten, weiß ich nicht mehr. Plötzlich gab es einen Donnerschlag, und das ganze Haus bebte. Glas splitterte, schwere Dinge fielen zu Boden. Wir eilten in die Küche und sahen, dass Madarjan und Gula unversehrt waren. Doch Madarjan war aschfahl und zitterte am ganzen Körper. Gula deutete aus dem Fenster: Eine Rakete hatte das Dach unseres Badezimmers zerstört. Unser Haus war in U-Form erbaut, Küche und Badezimmer lagen an gegenüberliegenden Seiten, dazwischen der Hof. Der Schaden beschränkte sich auf das Badezimmer – das zum Glück gerade nicht benutzt worden war. Mauer- und Glasstücke übersäten den Innenhof. Der Rest des Hauses war unversehrt.

Wieder machten wir uns auf Pilgerfahrt zum Haus meiner Tante. Diesmal packten wir nicht nur die nötigsten Dinge für ein paar Übernachtungen. Diesmal nahmen wir alles mit. Doch ich weigerte mich zu glauben, dass wir nicht zurückkommen würden. Das war unser Zuhause! In meiner Kindheit waren wir zwar einige Male umgezogen, aber unser Haus in Kabul stellte für mich immer einen Fixpunkt dar. Bis heute spielen alle meine Träume dort.

Ich stand vor dem Haus, starrte es an und versuchte, es mit meinen Augen zu fotografieren. Die Kirsch- und Apfelbäume, die ihre süßen Düfte und Früchte mit mir geteilt hatten. Die verrückte Weide, die in den Jahren meines Heranwachsens mein Freund gewesen war. Unter diesem Baum war ich meinen Tagträumen nachgehangen. Ich hatte Gedichte geschrieben, die wichtigen Geheimnisse eines Mädchenherzens Husna anvertraut, mit Aadela und Nima gekichert und getratscht. Wir konnten unmöglich für immer wegziehen. Wir *mussten* zurückkommen.

Einem Impuls folgend rannte ich ins Haus, nahm eine Untertasse, füllte sie mit Salz und stellte sie in mein Zimmer, dorthin, wo mein Bett gestanden hatte. »Ich komme wieder«, versprach ich dem Haus. »Und dann nehmen wir dieses Salz, um das erste Essen zu kochen.«

Eine Woche, nachdem wir ausgezogen waren, zerstörte eine Rakete das Haus völlig.

Wir lebten in Tante Fauziyas Haus, und als ihre zwei verbliebenen Töchter beschlossen, zum Rest der Familie in den Norden zu ziehen, hatten wir es ganz für uns. Allmählich ließ die Gefahr nach – verschwand aber nie vollständig. Es kam immer wieder zu Zusammenstößen und Gewaltausbrüchen. Aber die Mudschaheddin hatten allen gezeigt, wozu sie fähig und bereit waren. Der Großteil der Kämpfe hörte auf, und die Leute begannen, wieder ihren Alltagsgeschäften nachzugehen. Die Universität öffnete wieder, und Gula, Surya, Naim und ich setzten unsere Studien fort. Asim und Zamin kehrten an ihre Arbeitsplätze zurück. Hin und wieder traf ich Aadela und Nima, wenn sich unsere Wege an der Uni kreuzten. Aber wir besuchten unterschiedliche Kurse; Nima und Surya studierten Zahnmedizin.

Als ich eines Tages von der Universität heimkam, fand ich Madarjan über Gula gebeugt vor. Sie betupfte Gulas Schulter und Nacken mit Gazebällchen. Gulas Gesicht war blass, ihre Augen waren blutunterlaufen. Ich blickte auf ihren Hals und ihre Schulter und wäre beinahe in Ohnmacht gefallen: Irgendetwas hatte sich durch ihre Haut gefressen. Tiefe rote Krater klafften in ihrem Fleisch. An einigen Stellen sah ich den Knochen durchscheinen.

Ich war alarmiert. »Was ist passiert?«

Gula machte den Mund auf, doch Madarjan sprach für sie: »Gula hatte einen Unfall im Labor. Säure ist auf sie gespritzt und hat sie verätzt. Wir müssen die Wunden so gut wie möglich verbinden und sie ins Krankenhaus schaffen.«

Ich schauderte. Wir benutzten im Labor die gleichen Chemikalien wie Gula an der tiermedizinischen Fakultät.

Ich sah in Gulas Gesicht. Ihr gequälter, völlig verschreckter Gesichtsausdruck verstörte mich. Sie litt sicher fürchterlich. Ich half Madarjan, Surya und Naim, sie ins Krankenhaus zu bringen.

Einige Monate später verkündete Gula, dass sie zu Husna in die Niederlande gehen würde. Obwohl ich Gula nicht so nahe stand wie Husna, traf es mich schwer, dass auch sie uns verlassen wollte. Noch ein Verlust, noch ein Anker, der gelichtet wurde. Immer wieder fragte ich sie: »Warum? Warum gerade jetzt?«

»Weil ich nicht vergessen kann, wie gefährlich es war, als die Mudschaheddin die Macht ergriffen haben«, antwortete sie. »Und weil ich Husna vermisse.«

Diese Antworten überzeugten mich nicht. Ich spürte, dass

sie mir etwas verbarg. Aber offensichtlich wollte sie nicht darüber reden, also ließ ich es auf sich beruhen. Und heulte, als sie ging. Ich vergoss all die Tränen, die ich jahrelang zurückgehalten hatte. Ich weinte um meine glückliche Kindheit, um mein Gefühl der Geborgenheit. Beides hatten die Mudschaheddin auf dem Gewissen. Ich weinte um das Augenlicht meines Onkels. Ich weinte, weil man das beim Abschied der Schwester darf. Wegen all der anderen Dinge zu weinen, wäre zu gefährlich gewesen.

Erst Jahre später fand ich heraus, warum sie wirklich emigrierte. Auf der Straße war ihr Schleier heruntergerutscht und hatte ihren Nacken und einen Teil der Schulter enthüllt. Ein Mudschahed sah das und überschüttete die Stellen mit Säure. Madarjan hatte Gula gebeten, uns nichts davon zu erzählen. Sie wollte uns nicht noch mehr verängstigen, wir hätten schon genug durchgemacht. Unser Überleben hing davon ab, dass wir weiter das Haus verließen, die Studien fortsetzten und versuchten, so normal wie möglich zu leben.

Genau das taten wir. Asim heiratete und zog in den Osten. Bei seiner Hochzeit tanzten wir und amüsierten uns. Aber obwohl wir bemüht waren, uns den neuen Gegebenheiten anzupassen, waren wir doch immer auf der Hut. Nach all der Zerstörung, die die Mudschaheddin gebracht hatten, konnten wir uns nicht zurücklehnen und so tun, als ob alles bestens wäre. Aber wenigstens glaubten wir, wir wüssten, mit wem wir es zu tun hatten. Gut, die Mudschaheddin waren brutal und durch und durch verdorben. Sie konnten jederzeit alles tun, was ihnen passte. Aber nur noch ganz selten gab es Übergriffe, willkürliche Gewaltakte. Wir konnten die Mudschaheddin einigermaßen umgehen, so wie man sich einen Weg durch ein Minenfeld sucht. Wir dachten, das Schlimmste wäre vorüber.

Doch darin täuschten wir uns.

4

Die Taliban waren Mudschaheddin der zweiten Generation. Viele hatten ursprünglich den Mudschaheddin angehört, sich aber wegen der Verderbtheit und des gottlosen Verhaltens ihrer Mitkämpfer und Anführer von ihnen gelöst. Mehrere Halbcousins und Cousins zweiten Grades meines Vaters gehörten zu dieser Gruppe. Daneben rekrutierten sich die Taliban aus Leuten, die vor den Russen nach Pakistan geflohen waren und dort in *madressas* studiert hatten. Die meisten von ihnen waren Waisen, die in diesen Religionsschulen gekleidet, genährt und einer Gehirnwäsche unterzogen wurden. Von frühester Jugend an hatte man sie zu Gotteskämpfern herangezogen. Das Konzept des *dschihad*, das von den Amerikanern gezielt ausgenutzt wurde, um die gläubigen Afghanen gegen die Sowjets zu mobilisieren, hatte Wurzeln geschlagen. Jetzt wurde es an die nächste Generation weitergereicht. In den *madressas* wurden die Jungen darauf gedrillt, nur eines zu tun: für den Islam zu kämpfen und jeden umzubringen, der ihren Zielen im Weg stand.

Meine Politikkenntnisse sind nicht gut fundiert. Ich weiß nicht, was die Talibanführer und -anhänger dazu brachte, Frauen so sehr zu hassen. Auf jeden Fall führten sie das grausamste und repressivste Herrschaftssystem ein, unter dem Frauen je gelitten haben. Manche vertreten die Meinung, das komme daher, dass viele der Taliban als Waisenkinder ohne die Liebe einer Frau groß geworden sind. Stattdessen sind sie in einem Umfeld von Hass aufgewachsen, in dem sie ihre Interpretation des Islam eingeimpft bekamen. Welche Ironie, dass die Taliban sich als Gruppe gründeten, als eine Bande von Mudschaheddin ein junges Mädchen verschleppte und vergewaltigte. Sie fanden, die Mudschaheddin täten dem Islam Schande an und beschlossen, die Ehre des geschändeten Mädchens und der geschändeten Religion zu rächen. Doch kaum waren sie an der Macht, wurden sie zu den schlimmsten Frauenschändern, die es je gegeben hatte.

Alles begann 1994, als die Taliban Kandahar einnahmen. Wir sammelten uns um das Radio. Konnte das wahr sein? Sie schlossen alle Mädchen- und die meisten Jungenschulen. Jeder Mann musste auf ihren Befehl Bart tragen – oder er riskierte, verprügelt zu werden. Frauen wurden gezwungen, nicht nur den islamischen *hijab* anzuziehen (ein langer Rock, der bis zum Boden reicht; darunter trägt man eine Hose), sondern auch eine Burka: einen Überhang aus dickem Stoff, der den gesamten Kopf und die Schultern bedeckt. Sehen kann man unter der Burka nur durch ein winziges Rechteck, das mit einem Netz verhängt ist.

Nein, nein, das konnte nicht sein! Sicher benutzten sie nur islamische Versatzstücke, um die Bevölkerung für sich zu gewinnen. Selbst ihr Name – Taliban bedeutet »Koranschüler« – zeugte von Demut. Diese Leute bezeichneten sich nicht als Führer oder Lehrer, sondern als Schüler. Vielleicht wollten sie ihre Gläubigkeit demonstrieren, um Unterstützung in der Bevölkerung zu gewinnen und zu zeigen, wie sehr sie sich von den Mudschaheddin unterschieden. Und ihr Plan funktionierte. Zumindest in einigen Städten wurden sie mit Freude und Dankbarkeit als Retter empfangen. Anfänglich sah man sie als tiefgläubige, überzeugte Moslems, die Recht und Ordnung wiederherstellen würden.

Madarjan war zuversichtlich: »Schlimmer als die Mudschaheddin können sie nicht sein. Zumindest schützen sie die Frauen, indem sie sie im Haus behalten. Und sie sorgen wieder für Ordnung.«

Aber ich glaubte keinen Moment lang, dass sich das Leben unter den Taliban verbessern würde. Eisige Finger der Vorahnung umschlossen meinen Hals, wenn ich Radio hörte. Nicht nur, dass wieder Kämpfe ausbrechen würden. Nein, verglichen mit dem Regime der Taliban würde unser Leben unter den Mudschaheddin uns wie das Paradies erscheinen.

Was die Kämpfe anbetraf, täuschte ich mich. Der Tag, an dem Kabul in die Hände der Taliban fiel, war relativ ruhig. Die Taliban hatten die meisten Anführer der Mudschaheddin bestochen und trafen bei ihrem Marsch in die Stadt nur auf geringen Widerstand. Aber mit dem Rest behielt ich Recht.

In den folgenden Tagen wurden die neuen Gesetze über Radio verkündet.

»Auf Befehl des Ministeriums für den Schutz der Tugend und die Bekämpfung des Lasters haben Frauen *hijab* und Burka zu tragen.«

»Zu ihrer eigenen Sicherheit dürfen Frauen das Haus nur in Begleitung eines nahen männlichen Verwandten verlassen.«

»Männer müssen ihren Bart mindestens faustlang stehen lassen.«

»Ehebruch, Prostitution, Homosexualität oder unkeusches Verhalten wird mit dem Tode bestraft.«

»Dieben wird die Hand abgehackt.«

Und das war nur der Anfang.

Kurz nach dem Machtwechsel begannen die Kampfhandlungen. Die Mudschaheddin verteidigten ihre letzten Hochburgen. Telefon- und Stromleitungen wurden gekappt. Als der Strom endlich wieder lief, stand uns der nächste Schock bevor: Im Fernseher empfingen wir nur noch Schneegestöber. Die neueste Ankündigung im Radio klärte uns auf, dass Fernsehen ein übles Ergebnis westlicher Einflüsse sei und eingestellt würde. Reichere Leute konnten sich vielleicht mit ihrem Videorekorder behelfen und Filme abspielen. Doch eine weitere Ankündigung verbot jede Form der Unterhaltung: Filme, Brieftauben züchten (in Afghanistan sehr beliebt), Drachen steigen lassen, Musik, tanzen. Das einzig erlaubte Programm im Radio war eine religiöse Sendung, die Ankündigungen der Taliban verlautbarte und Lesungen aus dem Koran brachte. Zwar konnten wir weiter Radio Pakistan und All-India Radio empfangen, und wir scharten uns eng um den Empfänger, um die Musik zu hören. Aber das Vergnügen war nur sehr begrenzt, weil wir fürchteten, dass jeden Moment ein Mitglied der neu gegründeten Religionspolizei eine unangekündigte Kontrolle durchführen könnte, ob der Haushalt die neuen Regeln befolgte. Wenn man uns erwischte, würden wir geschlagen, ins Gefängnis gesteckt ... oder vielleicht noch Schlimmeres.

Diese ersten Tage erschienen mir wie ein Alptraum. Rückblickend erinnere ich mich nur an Bruchstücke in einer wirren Reihenfolge – als ob ich diese Zeit wie im Fieberwahn einer schlimmen Krankheit erlebt hätte. Jede neue Verlautbarung des Regimes stieß mich weiter in eine Finsternis, die ich vorher nie gekannt hatte. Passierte das alles tatsächlich? Gab es solche Menschen wie die Taliban wirklich? Konnte sich mein Leben so dramatisch verändern, in so kurzer Zeit? Und wenn die Taliban dies alles schon am Anfang ihrer Herrschaft durchgesetzt haben, was käme dann als Nächstes?

Und so war ich wieder eingesperrt. Diesmal war es aber schlimmer als unter den Mudschaheddin. Die Mudschaheddin hatten den Frauen nie befohlen, zu Hause zu bleiben. Wir blieben freiwillig daheim, weil es draußen zu riskant war. Aber es stand uns jederzeit frei, das Haus zu verlassen und die Gefahr zu umgehen – wie ich es tat, wenn ich zur Uni ging. Jetzt patrouillierten überall Religionspolizisten, so genannte »Tugendwächter«, die nur darauf warteten, dass eine Frau gegen das neue Recht verstieß.

Madarjan blieb gelassen: »Die Taliban sind mir noch immer lieber als die Mudschaheddin. Ihre Gesetze sind strikt und hart, aber zumindest wissen wir, was uns erwartet. Die Taliban dringen nicht einfach in Häuser ein und bringen Leute um. Sie vergewaltigen keine Frauen. Wenn wir uns an alle Vorschriften halten, droht uns keine Gefahr.«

Mir war die Unsicherheit unter den Mudschaheddin lieber. Ich war jung, und ich wollte aus dem Haus gehen, auch wenn ich damit eine Gefahr einging. Zu Zeiten der Mudschaheddin gab es keine Regeln, wir konnten mit den umherfliegenden Kugeln russisches Roulette spielen. Und sobald sich die Mudschaheddin sicher fühlten, hatten die schlimmsten Grausamkeiten aufgehört. Ich hatte angefangen, auf eine bessere Zukunft zu hoffen. Der gesetzlich vorgeschriebene Hausarrest traf mich viel härter.

Wir wendeten uns wieder den Tätigkeiten zu, mit denen wir uns während unserer früheren Gefangenschaften beschäftigt hatten. Aber diesmal fiel es uns viel schwerer, Normalität zu heucheln. Ich schaffte es nicht einmal, so zu tun, als ob ich lernte. Ich war ruhelos und gelangweilt. Wir spielten Karten. Die Küche haben wir wohl Dutzende Male geputzt. Wir lasen im Koran. Wir beteten. Wir hörten Radio Pakistan und All-India Radio. Schreckliche Fragen zu unser Zukunft bedrängten uns. Würde dies zum Dauerzustand?

Jeder Tag brachte neue Einschränkungen. Jetzt durften Frauen nicht einmal mehr unter ihrer Burka Make-up tragen. Man verbot ihnen, weiße Socken anzuziehen, hochhackige Schuhe und schließlich alle Schuhe, die Geräusche verursachten. Auch Nagellack war tabu. Wer ein Fenster auf die Straße hatte, musste es schwarz bemalen und dann mit einem schweren Vorhang verhängen, damit kein männlicher Passant einen Blick auf eine Frau im Haus erhaschen konnte. Frauen mussten in Autos auf der Rückbank sitzen, außer wenn ein naher männlicher Verwandter lenkte. Beten wurde zur Pflicht, die Läden mussten zur Gebetszeit schließen.

Als ich das erste Mal die Burka aufsetzte, dachte ich, ich würde sterben. Wir besuchten Tante Mariam, um bei ihr *sale wafaat* zu begehen, den Todestag ihres Mannes. Da sie in einem anderen Stadtviertel wohnte, nahmen wir ein Taxi. Auf der Fahrt sah ich durch die Autofenster verhüllte Frauen, die einige Schritte hinter ihren männlichen Begleitern her eilten. Mir selbst gab die Burka ein unerträgliches Gefühl des Gefangenseins. Außerdem war die Hitze unter dem schweren Stoff kaum zu ertragen. Die Burka drückte auf meinen Kopf, Kopfschmerzen schlängelten sich durch meinen Schädel. Ich kam mir vor wie unter einem Leichentuch. Geräusche erreichten mich nur gedämpft, ich konnte kaum etwas sehen, und nach einigen Minuten fiel mir das Atmen schwer. Dann entdeckte ich, dass ich besser sehen und atmen konnte, wenn ich die Burka ganz eng an mein Gesicht zog und das Netz direkt vor Mund und Augen hing.

Bevor ich das Haus verließ, hatte ich in den Spiegel geblickt und dieses verhüllte Etwas, das da vor mir stand, nicht wiedererkannt. Die Burka verhüllte mein Gesicht, sogar meine Augen. Ich unterschied mich in nichts von allen anderen Frauen auf der Straße. Eine Nicht-Person. Ein sich bewegendes, verhülltes Objekt.

Schreckliche Geschichten machten die Runde. Ein Cousin eines Freundes wurde verprügelt und verlor die Lizenz für sein Geschäft, weil er es versäumt hatte, die Ladenräume während der Gebetszeit zu schließen. Ein anderer wurde erschossen, weil er drei Tage hintereinander nicht zum Gebet in der Moschee erschienen war. Der achtjährigen Nichte eines Nachbarn schnitt man die Finger ab, weil sie Nagellack trug. Jede neue Horrorgeschichte schien einen weiteren Nagel in den Sarg zu treiben, in dem unsere Hoffnung begraben lag.

Im Gesundheitswesen gab es gravierende Einschnitte: Frauen durften keinen Beruf mehr ausüben, nicht einmal als Ärztin oder Krankenschwester. Da aber etwa die Hälfte aller Mediziner in Afghanistan Frauen waren, verschlechterte sich die medizinische Versorgung für alle. Die medizinische Versorgung von Frauen brach fast vollständig zusammen. Zum einen, weil männliche Doktoren selbstredend keine Frauen untersuchen durften, zum anderen konnten die Frauen nicht aus dem Haus, um eine Ärztin zu konsultieren. In der Folge starben viele Frauen an vermeidbaren und heilbaren Krankheiten. Wir hatten alle schreckliche Angst davor, krank zu werden.

Ein paar Ärztinnen versuchten dennoch, heimlich zu Haus zu praktizieren. Im Allgemeinen beschränkten sie sich auf weibliche Patientinnen, die von einem nahe verwandten Mann zu ihnen gebracht werden mussten. Aber es kam auch vor, dass Ärztinnen gegen das Gesetz verstießen und Männer behandelten oder dass männliche Ärzte gegen das Gesetz verstießen und Frauen behandelten. Wenn die Taliban sie dabei ertappten, wurden sie gefoltert oder auf der Stelle umgebracht.

Ein paar Krankenhäuser mit Frauenabteilungen blieben zwar offen, aber die meisten Ärztinnen konnten nicht dorthin gelangen, und die männlichen Ärzte durften die Frauen nicht behandeln. Die Krankenhäuser waren ohnehin überfüllt, es herrschten unhygienische Zustände, und viele Patientinnen starben, weil sich niemand um sie kümmerte. Das steigerte unsere Angst noch – was, wenn man sich den Arm brach? Wenn man Blinddarmentzündung bekam? Wir versuchten, nicht daran zu denken, taten unsere Arbeit und beteten darum, gesund zu bleiben.

Wir alle freuten uns auf *nowroze,* den afghanischen Neujahrstag Ende März. Seit meiner Kindheit war er mir einer der liebsten Feiertage. Sofern sie konnten, reisten die Leute nach Masar-i-Scharif, um auf dem Flecken Erde zu picknicken, wo Ali, der Cousin und Schwiegersohn Mohammeds, begraben liegt. Eine spezielle Flagge, die *janda,* wurde gehisst. Wenn die Fahne am Mast hinaufglitt und sofort im Wind flatterte, beglückwünschten sich die Menschen – das verhieß ein gutes nächstes Jahr. Gerüchten zufolge stieg die Flagge in dem Jahr, als die Mudschaheddin die Macht übernahmen, nicht glatt den Masten hinauf. Tatsächlich konnte sie erst im zweiten Anlauf gehisst werden. Für das Volk ein schlechtes Omen.

Allerdings weiß ich das nur vom Hörensagen, ich selbst war nie in Masar-i-Scharif. Unsere Feierlichkeiten fanden im Haus des ältesten, angesehensten Familienmitglieds statt. Traditionell trugen wir neue Kleider, um den Beginn des neuen Jahres zu symbolisieren. Der Brauch schrieb vor, dass an diesem Tag ganz bestimmte Gerichte aufgetragen wurden. Jede Speise symbolisierte etwas: Glück, Süße oder einen Neubeginn. Üblicherweise aßen wir weißen Reis, weißes Fleisch vom Lamm oder Huhn und grünen Spinat. Das Weiß stand für Reinheit und Neubeginn, während Grün die Farbe des Glücks und neuer Anfänge war. Dazu tranken wir *haft mewa,* Wasser, in dem sieben verschiedene Obst- und Nusssorten 24 Stunden lang eingeweicht worden waren. Mit diesem süßen Getränk sollte uns der Jahresbeginn »versüßt« werden.

An *nowroze* hielt man die Kinder an, nicht zu weinen. Ich erinnere mich noch an Madarjan, die mir den Kopf streichelte, weil ich weinte. Damals muss ich etwa vier gewesen sein. Madarjan sagte: »Wenn du heute weinst, wirst du das ganze Jahr lang weinen. Aber wenn du heute glücklich bist, hält es das ganze Jahr an.«

Traditionell wurde am Neujahrstag viel gespielt. Männer vergnügten sich mit *bus kaschi,* einem uralten Reiterspiel. Junge Mädchen ermunterte man, barfuß über grünes Gras zu laufen. Überall ertönte Musik und Gelächter. Alle wurden von einem wunderbaren Familiensinn erfasst und von einem Gefühl, dass die Welt immer und immer wieder neu erschaffen werden könne.

Die Taliban verboten alle Neujahrsbräuche, vom Hissen der Fahne bis zu den Spielen. Sie untersagten sogar die traditionellen Speisen. »Diese frivolen Akte sind Relikte aus Zeiten des Unglaubens vor Ankunft des Propheten. Für Muslime ziemen sie sich nicht, nur für Ungläubige. Jeder, der *nowroze* feiert, wird ausgepeitscht.«

Während der Mudschaheddin-Herrschaft hatten wir unsere Neujahrsfeierlichkeiten eingeschränkt – zum Beispiel wagten wir uns nicht nach draußen, um über Gras zu laufen –, aber in irgendeiner Form fand immer ein Fest statt. Selbst als es kaum mehr Lebensmittel gab oder wir uns keine neue Kleidung mehr leisten konnten, erhielten wir so viele Traditionen am Leben wie möglich. Aber das Feiern von *nowroze* war noch nie verboten worden.

Wir setzten die alten Bräuche so gut es ging in der Abgeschiedenheit unseres Hauses fort, aber wir hatten Angst. Wer wusste, was die Tugendwächter als Nächstes planten? Vielleicht würden sie plötzlich beschließen, dass auch eine private *nowroze*-Feier unangemessen war, und uns bestrafen. Zum ersten Mal erschien uns Neujahr trist und trostlos. Und das ganze kommende Jahr versprach, ebenso trist und trostlos zu werden.

Die Kämpfe hörten nie auf. Selbst wenn wir hätten ausgehen dürfen, hätten wir nur riskiert, erschossen zu werden oder auf eine Mine zu treten.

Da saßen wir also in Khairkhana, Madarjan, Surya und ich. Die Taliban waren hier zwar nicht so präsent wie im Zentrum Kabuls, zumindest noch im Jahr 1997. Manchmal verließen wir das Haus allein, ohne männliche Eskorte – aber natürlich immer unter der Burka. Doch das kam selten genug vor. Alle Nahrungsmittel und sonstigen Vorräte brachte uns Naim. Hatte er einmal keine Zeit, half uns Zahir aus, der Mann unserer Nachbarin und Freundin Nadima.

Das Telefon läutete. Asim war dran, der nach seiner Heirat in den Osten gezogen war. Seine Frau war seit Monaten schwach und krank. Ein normaler Schnupfen hatte sich zu einer Erkältung ausgewachsen, die nicht mehr wegging. Ihr hartnäckiger Husten und ihre Ruhelosigkeit machten uns allen Sorgen.

»Friba geht es schrecklich. Sie hat Schmerzen im Rücken und in der Brust. Sie hört gar nicht mehr zu husten auf. Ich habe ihre Brust abgehört. Lungenentzündung oder Bronchitis ist es nicht. Ich glaube, sie hat Lungenkrebs.«

Man brauchte nicht Medizin studiert haben, um zu verstehen, was das bedeutete.

Asim fuhr fort: »Vielleicht ist es noch nicht zu spät. Wenn wir einen Chirurgen auftreiben, der den Tumor entfernt, und die Medikamente für eine Chemotherapie bekommen, besteht vielleicht eine Chance. Aber ...«

Er brauchte seinen Satz nicht vollenden. Es gab keine Chirurgen, die Frauen operierten. Medikamente gab es auch nicht. Selbst wenn er irgendwie welche auftrieb, hätte er ohne Biopsie nicht gewusst, welche er einsetzen musste.

»Ich komme sofort«, beschloss Madarjan. »Friba braucht Pflege, das Baby muss versorgt werden. Morgen reise ich ab.«

Naim bot an: »Ich begleite dich.«

Wir beschlossen, dass meine Cousine Hasina und ihr Mann Tawaab bei uns einziehen sollten. Es galt nicht nur als unziemlich für uns zwei Frauen, allein in einem Haushalt zu leben, tatsächlich war es sogar gefährlich. Hasina und Tawaab hatten kürzlich geheiratet und noch keine Kinder, deswegen waren sie am mobilsten. Nach einigen Wochen schaffte Tawaab es aber, seine Ausreise aus dem Land zu organisieren. Er hoffte, ein europäisches Land zu erreichen, etwa die Schweiz oder die Niederlande, und dann seine Frau nachzuholen. Wir drei Frauen durften zwar immer noch nicht alleine leben, aber nur die Nachbarn wussten, dass Tawaab abgereist war. Wir spürten, dass wir ihnen trauen konnten, und hofften, dass niemand anderes davon erfuhr.

Immer neue Horrorgeschichten kursierten. Manche Begebenheiten beobachtete ich mit eigenen Augen, von anderen hörte ich nur.

Eines Tages ging ich mit Tawaab zum Markt. Sollten die Tugendwächter uns anhalten, würde er behaupten, er wäre mein Bruder (ein Cousin galt als zu entfernter Verwandter, um eine Frau zu eskortieren). Einige Schritte vor uns ging eine Frau. Ihre Hose war ein bisschen zu kurz und ließ ihr Fußgelenk frei. Sofort tauchte ein bärtiger Mann mit Turban und in der gefürchteten weißen Uniform der Tugendwächter neben ihr auf, packte sie am Arm und schob sie gegen eine Wand.

»He, *kafir!* Ungläubige! Du zeigst dein Fleisch!«

Er schlug sie mit seiner Peitsche. Wieder und wieder schnellte die Peitsche auf sie hinunter. Erstickte Schreie drangen unter ihrer Burka hervor. Sonst gab es kein Geräusch außer dem Pfeifen und Aufklatschen der Peitsche. Männliche Passanten wandten die Augen ab, Frauen eilten vorüber.

Als der Taliban fertig war, spie er der Frau einen Fluch ins Gesicht, und sie taumelte davon.

In jener Nacht konnte ich nicht schlafen. Natürlich hatte ich von den Züchtigungen gehört – wer hatte das nicht? Aber nie hatte ich eine mitangesehen. Wenn ich die Augen schloss, hörte ich das Klatschen, als die Peitsche immer wieder auftraf. Das unterdrückte Weinen der Frau. Den Schlag meines eigenen Herzens. Die Stille meiner Lippen. Ich hatte nur zugesehen, aber nicht aufgemuckt – was hätte ich auch sagen sollen? Wäre ich eingeschritten, hätte auch ich Prügel bezogen, vielleicht wäre ich sogar wegen Aufmüpfigkeit oder Rebellion getötet worden. Mein eigenes Gefühl der Hilflosigkeit fand ich ebenso einengend und erstickend wie die Burka selbst. Ich hatte davon geträumt, Ärztin zu werden und anderen Leuten zu helfen. Es war mir immer wichtig gewesen, anderen zu helfen. Und jetzt hielt man mich davon ab – und von vielen weiteren Dingen. Die Frau hatte direkt vor meiner Nase gelitten, und ich konnte ihr kein bisschen helfen.

Einige Wochen später besuchte mich meine Freundin Aadela, von ihrem Bruder begleitet. Nima hatte Selbstmord begangen.

Ich war geschockt. »Nima? Warum nur?«

»Ihre Eltern haben sie einem Mann namens Jamal versprochen. Sie konnte ihn nicht ausstehen. Er war ihr Cousin zweiten Grades und hatte sich den Mudschaheddin angeschlossen, bevor er zu den Tugendwächtern ging. Er ist grausam – du willst gar nicht hören, was er getan hat –, und sie wollte ihn nicht heiraten. Aber sie hatte keine Wahl. Wohin hätte sie fliehen können? An wen hätte sie sich wenden können?«

Zögernd fragte ich: »Wie hat sie es getan?«

»Sie hat sich an einem Balken in ihrem Zimmer aufgehängt. Sie verwendete …«

Ich wollte nichts mehr weiter hören. In derselben Woche hatte ich vom Selbstmord einer anderen Frau erfahren und vom Tod einer weiteren. Allerdings hatte ich nur Nima persönlich gekannt. Da war wieder diese Hilflosigkeit. Nima war eine Freundin gewesen, sie hatte eine Tortur jenseits meiner Vorstellungskraft durchlitten. Doch selbst wenn ich davon gewusst hätte: Ich wäre völlig ohnmächtig gewesen, hätte ihr nicht helfen können. Drei Monate wurden von jenem Gefühl der Hilflosigkeit und wachsender Verzweiflung überschattet. Jeden Tag erreichten uns mehr Berichte von Gewaltakten. Als ob man einen Horrorfilm im Schnellvorlauf ansähe. Szenen von Blutvergießen und Terror huschten in so rascher Abfolge an unseren Augen vorbei, dass wir nicht einmal blinzeln oder durchatmen konnten. Alle paar Wochen gab die Tugendpolizei neue Bestimmungen heraus. Selbstmorde von Frauen häuften sich. Wofür lohnte es sich noch zu leben? Wir konnten nicht ausgehen, keinen Beruf ausüben, keinen Interessen oder Hobbys nachgehen. Unsere Ehepartner wurden uns vorgeschrieben, und nicht einmal die Festtage durften wir feiern. Die nächsten Jahre versprachen, eine endlose, monotone Abfolge von immer gleichen Tagen zu werden, die nur von Berichten über Gewalttaten unterbrochen würde. Zunehmend schien der Tod der einzige Ausweg aus diesem Gefängnis.

Ich betete. Ich fastete. Ich versuchte, mir dieses Gefühl von innerem Frieden zu vergegenwärtigen, das mir mein Traum gegeben hatte. Da der Islam dazu missbraucht wurde, uns zu demütigen, fiel es mir allerdings schwer, im Glauben Trost zu finden. Unablässig musste ich mir vorsagen, dass die Taliban nicht die rechtmäßigen Stellvertreter Mohammeds waren. Was sie lehrten, maskierte sich nur als islamischer Glaube. Alles war Lüge. Ich schloss die Augen und erinnerte mich an die Liebe, an den sanften Ausdruck im Gesicht des Propheten, als er mir erschien. Für all das musste es einen Grund geben.

Doch jede neue Horrorgeschichte stieß mich tiefer in die Verzweiflung. Selbst die Erinnerung an meinen Traum konnte mich nicht immer aus diesem Treibsand retten. Die aufreibende Langeweile jener Tage, an denen man im Haus herumhängt und nichts zu tun hat, diente dem gefährlichen Keim der Verzweiflung als Nährboden. Ich musste etwas tun, um mein Denkvermögen am Leben zu halten. Und wenn mein Hirn weiter lebte, verbesserte sich die Chance, dass der Rest des Körpers auch überlebte.

5

Ich gründete meine Schule nicht, um den Taliban zu trotzen. Anfänglich war es nicht einmal eine Schule. Um meinen Geist wieder in Schwung zu bringen, wandte ich mich meinem alten Hobby und Zeitvertreib zu: dem Unterrichten von Kindern. Unsere Nachbarn Nadima und Zahir hatten zwei Töchter namens Zakia und Schula. Sie waren sieben und zehn. Unsere Häuser standen direkt nebeneinander, weshalb Surya und ich es riskierten, uns ohne männliche Eskorte zwischen ihnen hin und her zu bewegen.

Alles begann während eines Gesprächs mit Nadima.

»Zakia ist so klug. Sie hat sich in der Schule so gut angestellt. Zaki, zeig Hala deinen letzten Test.«

Zakia rannte und holte eine Matheprüfung mit einer hervorragenden Note. Sie lächelte stolz, dann bewölkte sich ihre Miene.

»Seit sie nicht mehr zur Schule gehen darf, ist sie so traurig. Sie fürchtet, alles zu vergessen, was sie weiß. Sie versucht, selbstständig aus Büchern zu lernen, aber die sind zu schwer für sie.«

»Willst du, dass ich sie unterrichte?«

Zakias Gesicht erstrahlte. Gespannt sah sie ihre Mutter an, dann wieder mich.

»Würde es dir etwas ausmachen?« fragte Nadima. Sie fing an, sich zu entschuldigen: »Ich war nie gut in Mathe, eigentlich war ich in keinem Fach gut. Ich habe die Schule verlassen, als ich heiratete.«

»Ob es mir etwas ausmacht? Es wäre mir ein Vergnügen.«

»Wirst du auch mit Schula arbeiten?«

»Na klar. Schick sie einfach jeden Morgen mit ihren Schulbüchern zu mir. Erst wiederhole ich mit ihnen den alten Stoff, dann mache ich dort weiter, wo sie aufgehört haben.«

Zu jener Zeit wurde überall Hausunterricht erteilt, so dass mir gar nicht in den Sinn kam, dass ich die Regeln der Taliban verletzte. Ich spürte nur freudige Erregung. Warum hatte ich nicht früher daran gedacht? Es war ein solches Vergnügen, Kindern etwas beizubringen und ihren Gehirnen beim Wachsen zuzusehen.

Zakia und Schula stellten sich als höchst willige Schülerinnen heraus. Jeden Tag kamen sie herüber und lernten Mathe, Biologie, Sprachen und Geschichte. Sie waren intelligent, motiviert und bezaubernd. Ständig baten sie mich um zusätzliche Stunden.

Zwei Wochen später klopfte es an meiner Tür. Als ich öffnete, sah ich eine Frau, die in eine Burka gehüllt war. Ihr Mann begleitete sie. Nachdem sie die Burka abgenommen hatte und ich ihr Gesicht sehen konnte, erkannte ich sie. Ich hatte sie schon öfter in der Stadt bemerkt, wir hatten uns gegrüßt, aber nie miteinander gesprochen.

Bei Tee und Keksen erzählte sie, was sie hergeführt hatte.

»Meine Tochter Efat sagt, Sie unterrichten Zakia und Schula.«

Ich nickte.

»Zakia findet Ihren Unterricht großartig und liegt Efat damit ständig in den Ohren. Jetzt will Efat auch zu Ihnen kommen. Würden Sie ihr auch etwas beibringen?«

Natürlich sagte ich Ja – auch zur nächsten Mutter, die fragte, und zur nächsten und zur nächsten.

Am Ende der zweiten Woche eröffnete ich Surya: »Bei dieser Sache werde ich Hilfe brauchen. Schon jetzt habe ich fünfzehn Schüler, und es scheinen jeden Tag mehr zu werden. Und: Die Schüler, sind unterschiedlich alt. Wenn ich mit einem arbeite, sitzen die anderen untätig herum. Mit so vielen Kindern kann man keinen Einzelunterricht mehr erteilen, man muss das Ganze wie Schulunterricht aufziehen.«

Surya runzelte die Stirn. »Einzelunterricht ist eines, echter Schulbetrieb etwas ganz anderes. Wenn wir eine Schule aufziehen, können wir Riesenärger bekommen. Vielleicht verprügeln sie uns, vielleicht bringen sie uns sogar um.«

»Ich glaube nicht, dass sie uns erwischen«, sagte ich. »Keiner der Eltern wird uns verraten, das wäre ja unsinnig. Sie würden genauso großen Ärger dafür bekommen, dass sie ihre Kinder zu uns geschickt haben. Und die Kinder halten auch dicht. Wovor sollen wir uns fürchten?«

Surya sah gequält drein, sagte schließlich aber: »Ich helfe dir. Aber wir müssen die Geheimhaltung verbessern. Was passiert zum Beispiel, wenn irgendjemand bemerkt, wie viele Kinder zu uns ins Haus kommen? Was sagen wir dann? Dass sie alle unsere sind? Ohne Ehemänner? Weißt du, wir könnten dafür umgebracht werden.« Sie ließ wieder ihr freudloses Lachen hören.

Wir fragten Hasina um Rat, die auch tatsächlich einen Einfall hatte: »Wir weisen sie an, getrennt zu kommen. Nie mehr als zwei, höchstens drei gleichzeitig. Und wir organisieren zwei Schichten. Die erste Gruppe soll um neun Uhr kommen, die zweite mittags, wenn die anderen nach Hause gegangen sind. Den Unterricht beginnen wir dann um halb eins.«

Mir gefiel, dass sie »wir« sagte.

»Du hilfst uns also auch?« fragte ich.

»Ich bin dabei.«

Und so begann unser Schulexperiment. Wir erstellten einen Lehrplan: Biologie, Paschtu, Dari (eine weitere Sprache in Afghanistan, ähnlich wie Farsi), Gesundheitsvorsorge und Hygiene, Mathe, Englisch. Ich sprach nur sehr mäßig Englisch, da ich in der Schule Russisch gelernt hatte. Doch Hasina konnte Englisch und übernahm die Fremdsprachenstunden für die höheren Klassenstufen. Wir vereinbarten, dass ich allen Kindern Paschtu und Dari beibringen würde und der zweiten Klasse Englisch. Weil mein Englisch so schlecht war, verwendete ich bebilderte Bücher. Ich beherrschte das lateinische Alphabet und lehrte die Schüler einfache Substantive: umbrella, apple, bed, book. Sonst konnte ich nur noch ein paar Sätze auswendig. Surya sollte in allen Klassen Mathematik und Biologie übernehmen, Hasina würde alle Schüler in Gesundheitsvorsorge und Hygiene unterrichten und alle außer der zweiten Klasse in Englisch. Da wir keine Schulbücher hatten, beschlossen wir, die Schulbücher der Kinder zu verwenden und auf dieser Grundlage den Unterricht zu improvisieren.

Unsere Schule wuchs schnell. Nach vier Monaten hatten wir sechzig Schüler – dreißig am Morgen, dreißig nachmittags. Die Schülerinnen waren in der Überzahl, aber wir hatten auch drei Buben. Viele Jungenschulen waren in den Kämpfen zerstört worden, darunter einige in unserem Viertel. Ich sah keinen Grund, warum ich nicht auch Jungen etwas beibringen sollte.

Einen der Buben schloss ich besonders ins Herz. Er hieß Ali und war ein Ausbund von Charme. In seinen Augen schimmerte ein ganz spezielles Leuchten, und auf seinen Lippen lag ständig ein Lachen. Neue Lerninhalte verstand er schneller als alle anderen seiner Klasse. Ich liebte sein Wesen, seinen Humor und seinen Verstand. Es war ein wahres Vergnügen, ihn zu unterrichten.

Ich begann, ihn *jan-jigar* zu nennen. Dies ist ein afghanischer Kosename und bedeutet wörtlich »Liebling meiner Leber«. Zurückblickend erkenne ich, dass das ein Fehler war. Ein Lehrer sollte keinen Schüler vorziehen. Aber ich war jung und unerfahren. Außerdem empfand ich mich nicht als »echte Lehrerin«. Ich war einfach irgendwer, der Kinder unterrichtete, weil es keine echten Lehrer gab.

Eines Tages, als Ali in der Schule fehlte, flog auf, dass ich ihn bevorzugte. »Wo ist mein kleiner *jan-jigar?*«, fragte ich Hasina.

Sie antwortete: »Er ist noch nicht da.«

Einige Minuten später kreuzte Ali auf. Layli, ein dickes, dunkelhäutiges Mädchen, das auch ziemlich klug, aber nicht besonders attraktiv war, kam zu mir. »Sie haben nach Ihrem *jan-jigar* gefragt. Er ist gerade gekommen.«

Plötzlich schämte ich mich. Ich hatte nicht bemerkt, dass jemand mein Gespräch mit Hasina mitgehört hatte. Ich zauste Laylis Haare – vielmehr zauste ich den Schleier, den sie über dem Haar trug. »Ihr seid alle meine kleinen *jan-jigars*«, sagte ich.

Einige Amerikaner fragten mich später, ob ich Disziplinprobleme in der Klasse gehabt hätte. Ich darf ganz ehrlich behaupten: nie. Meine Kinder waren alle höflich und wohlerzogen. Sie wussten, dass sie ein großes Risiko eingingen, indem sie unsere Schule besuchten, und trotzdem kamen sie. Und sie waren erpicht darauf, etwas zu lernen. Sie waren sogar unersättlich. Sie verlangen immer nach mehr, als wir ihnen beibringen konnten. »Mehr Fächer! Mehr Stunden!«

Die Gefahr thematisierten wir nie. Wenn die Kinder Angst oder Sorgen hatten, sprachen sie entweder nicht darüber oder machten es mit ihren Eltern aus. Wir behelligten sie mit diesen Problemen nicht. Wir waren der Meinung, sie sollten in der Schule etwas lernen, nicht über Probleme grübeln, die sie ohnehin nicht lösen konnten. Außerdem wollten wir ihnen nicht noch mehr Angst einjagen. Hätten wir die Gefahr immer wieder betont, hätten wir sie nur verschreckt. Gelernt hätten sie dann kaum mehr etwas. Deswegen beschränkten wir uns einfach darauf, unseren Job zu erledigen: Mathe, Biologie und die anderen Fächer zu unterrichten. Untereinander sprachen wir aber sehr wohl darüber.

»Das gefällt mir nicht«, sagte Surya eines Tages. »Dreißig Kinder gleichzeitig. Egal wie vorsichtig sie sind, irgendwann muss jemand sie bemerken. Die Tugendwächter sind überall.«

»In der Regel kommen sie nicht in unser Viertel«, setzte ich dagegen. »Außer, jemand gibt ihnen einen Hinweis.«

»Aber es gehen so viele Kinder ein und aus …«, begann Surya.

Auch ich hatte Angst. »Was können wir tun?«

»Wir könnten die Schule schließen«, meinte Hasima ohne großen Nachdruck.

Ich sah beide an. »Wollt ihr das tun?«

Langsam schüttelte Surya den Kopf: »Nein. Das will ich den Kindern nicht antun. Sie kommen so gern hierher.«

»Und was wir tun, ist wichtig«, sagte ich. »Wir können unmöglich mittendrin aufgeben.«

Je brutaler die Gewalttaten der Taliban wurden, desto öfter hatten wir Diskussionen dieser Art. Ich hörte von einer Frau, die verprügelt wurde, weil die Tugendwächter glaubten, sie wäre allein unterwegs. »Sie gehört zu mir«, protestierte der Mann neben ihr. »Sie ist meine Frau.« Daraufhin wurden beide verprügelt: Der Mann, weil er seiner Frau erlaubte, vor ihm zu gehen, die Frau, weil sie ihrem Mann einige Schritte voraus war.

Ich erfuhr, dass die Taliban das Fußballstadion, das mit internationalen Hilfsgeldern errichtet worden war, als Hinrichtungsplatz benutzten. Fast täglich hörten wir Berichte über die schrecklichen Exekutionen, die dort stattfanden. Jedes Mal fragte ich mich, ob ich wohl als Nächste drankäme. Lohnte sich das Risiko überhaupt, das wir eingingen? Doch dann schloss ich die Augen und sah Alis wissensdurstige Augen und Zakias Grübchen in den Wangen, wenn sie lächelte. Alle Gedanken an eine Schließung der Schule lösten sich auf: Ich konnte diese Kinder nicht im Stich lassen.

Also betete ich. Ich glaubte weiter, dass der Prophet mir helfen würde. Ich tat das Richtige. Gott wollte nicht, dass Frauen im Gefängnis der Unwissenheit eingesperrt wurden. Er wollte, dass Frauen in Ruhe studieren und etwas über Seine Welt lernen konnten. Ich fürchtete mich, doch Gott würde mich sicher beschützen.

Trotz der Angst gehörten jene Monate des Schulbetriebs zu den glücklichsten meines Lebens. Ich fühlte mich produktiv. Ich spürte, dass ich etwas Wichtiges tat, etwas, das über meine Person hinausging. Jeden Morgen, wenn ich aufwachte, war ich dankbar für die Kinder. Ich erkannte, dass nicht nur ich ihnen etwas gab, sondern dass sie mir etwas ebenso Wichtiges zurückgaben. Vielleicht etwas noch Wichtigeres: Dank ihnen war meine Zeit ausgefüllt und mein Gehirn beschäftigt. Immer, wenn ein Kind lächelte, wurde mein Leben etwas heller. Die Kinder erinnerten mich daran, dass Unschuld und Begeisterungsfähigkeit noch existierten, auch in den finstersten Zeiten. Sie gaben mir etwas ganz Grundlegendes zurück. Dafür werde ich ihnen immer dankbar sein.

Ich möchte nicht den Eindruck erwecken, ich hätte jede Minute in Angst verbracht. Das habe ich nicht. Manchmal dachte ich stundenlang kaum an die Taliban. Die Gefahr war eher wie ein leichtes Rauschen im Hintergrund. Ich filterte es heraus und widmete mich ganz den Kindern. Manchmal vergaß ich sogar, warum ich überhaupt eine Schule in meinem Haus einrichten musste. Ich konnte so tun, als wäre alles normal.

Aber ich lebte in einer künstlichen Blase, die bald platzen sollte.

6

Es geschah fast fünf Monate nach Gründung unserer Schule. Ein gewöhnlicher Morgen – oder zumindest schien es so (wenn man nach der Machtergreifung der Taliban überhaupt noch irgendetwas als »normal« bezeichnen konnte). Die erste »Schicht« Schüler war im Klassenzimmer. Wir hatten Biologieunterricht. Ich ging in den Hof, um ein Blatt vom Baum zu holen, anhand dessen ich den Kindern zeigen wollte, wie die Adern Wasser in eine Pflanze transportieren.

Zunächst hörte ich das Klopfen an der Tür nicht. Als es lauter wurde, dachte ich, man klopfe bei unseren Nachbarn. Erst als ich jemanden stürmisch gegen die Tür trommeln und rufen hörte, zog ich meine Burka über und öffnete die Tür – und fiel vor Schrecken beinahe in Ohnmacht. Meine Knie wurden weich, mein Magen schlug Kapriolen. Die weiße Uniform, der Bart, der Turban, der unnachgiebige Gesichtsausdruck sagten alles. Ich starrte auf drei Tugendwächter.

Der größte von ihnen blaffte mich an: »Bist du die Lehrerin?«

»Lehrerin? Wovon sprechen Sie?«

Innerlich beschwor ich die Kinder. Ich flehte sie an. Bitte, bitte bleibt ruhig. Sitzt still. Lacht nicht. Und dann betete ich stumm zu Gott. Ein stilles Gebet, dass er mein Leben schone. Bitte.

»Ich hörte, hier sei eine Schule.« Der Große führte weiter das Wort.

»Da hat Ihnen jemand etwas Falsches erzählt«, sagte ich. »Jemand hat sich getäuscht.«

»Sicher?« Der Mann versuchte, an mir vorbei ins Haus zu blicken, aber ich blockierte den Türspalt und verdeckte ihm den Blick.

»Ehrlich!« Konnte er mir anhören, dass ich log? *Den* Vorteil hatte die Burka: Man konnte mein Gesicht nicht sehen. Nie hätte ich gedacht, dass die Burka mich einmal schützen würde.

Er musterte mich lange und eindringlich. Ich wartete darauf, dass er etwas sagte. Ich wartete nur darauf, dass ein Kind Lärm machte und uns alle verriet. Diese Momente des Wartens schienen Ewigkeiten zu dauern.

»Ich hoffe, du erzählst die Wahrheit«, sagte er schließlich. »Wenn nicht, werden wir dich schwer bestrafen.«

Der zweite Mann schaltete sich ein: »Wenn du lügst, kommen wir zurück und töten dich.«

Der erste Mann gab den anderen ein Zeichen, dann verschwanden sie.

Mir zitterten die Knie so sehr, dass ich kaum durch die Eingangshalle gehen konnte. Mein Magen rumorte noch immer fürchterlich. Meine Hände schwitzten.

Surya sah mein Gesicht und erriet sofort, was passiert war.

»Sag den Kindern nichts«, flüsterte ich ihr zu. »Ich will sie nicht erschrecken.«

Sie warf mir einen entsetzten Blick zu, dann nickte sie und kehrte in die Klasse zurück. Ich hörte, wie sie sagte: »Also, wir waren gerade bei den Brüchen.«

Ich atmete tief durch. Ich musste mutig und stark sein. Durfte den Kindern nicht zeigen, wie erschüttert ich war. Mutig und stark. Nur Mut!

Als ich mich beruhigt hatte, ging ich in die Klasse zurück. »Hier habe ich das Blatt, das ich euch zeigen wollte.«

»Wollt ihr weitermachen?«

Es war Abend, alle Kinder waren heimgegangen. Surya, Hasina und ich saßen am Tisch.

»Ich glaube, ja.« Surya flüsterte beinahe. »Jedes Mal, wenn ich über eine Schließung der Schule nachdenke, sehe ich die Gesichter der Kinder vor mir. Ich bringe es nicht fertig, ihnen das anzutun.«

»Mir geht's genauso«, sagte ich.

»Mir auch, aber wenn sie jetzt zurückkommen? Was, wenn sie ihre Drohungen wahr machen? Sie haben gedroht, dich umzubringen, wenn du gelogen hast.«

»Ich kann mir nicht vorstellen, dass sie zurückkommen. Ich denke, sie haben mir geglaubt, dass es hier keine Schule gibt.«

Hasina sah skeptisch aus: »Ich weiß nicht ...«

»Sie wirkten, als ob sie mir glaubten. Sonst wären sie ja nicht gegangen, ohne das Haus zu durchsuchen.«

»Vielleicht sollten wir einen Plan für den Fall entwerfen, dass sie zurückkommen«, schlug Surya vor.

»Was für einen Plan?«

»Wo die Kinder sich verstecken können, wenn das Haus durchsucht wird.«

Wir redeten bis spät in die Nacht, doch auch am nächsten Morgen hatten wir noch keine Lösung gefunden. Ich gähnte: »Lass uns nach der Schule weitermachen.«

»Was, wenn sie heute wiederkommen?« fragte Hasina.

Ich stand auf und ging zum Waschbecken, um mein Gesicht zu waschen. »Ich glaube nicht, dass sie das tun.«

Ich saß im Vorderzimmer des ersten Stocks. Wir nannten es das »Büro«, weil wir den Kindern dort Aufgaben zuteilten. Ich blickte aus dem Fenster auf den Hof. Dort standen sie. Diesmal waren sie vier, alle bewaffnet.

Heute klopften sie nicht. Sie drückten die Tür ein und stürmten das Haus. Zwei von ihnen griffen mich an den Haaren und schleiften mich die Treppe hinunter und in den Hof.

»Du hast uns angelogen!« schrie der Mann von gestern.

»Wovon reden Sie?« Ich erkannte kaum meine eigene Stimme wieder.

Er zog noch fester an meinen Haaren, ein anderer gab mir eine Ohrfeige. »Wir wissen, wer du bist. Du kommst aus einer Familie von Ungläubigen. Deine Schwester war Kommunistin, jetzt ist sie Christin. Du bist auch Christin. Lüge und Ketzerei liegen dir im Blut.« Der andere schlug mich erneut und brüllte etwas von Christentum und Unterricht in Englisch, einer Sprache des korrupten Westens.

Ich kann mich nicht an den ganzen Rest erinnern. Sehr wohl aber erinnere ich mich an den Schmerz, an die Schläge. An das Gefühl, als eine Faust meine Wange traf. An das Weinen einer Frau. An das Kreischen der Kinder. An das Gebrüll der Männer: »Geht alle heim, Kinder. Wenn wir je wieder einen von euch hier erwischen, fackeln wir das Haus mitsamt euch allen ab.«

Als Nächstes kann ich mich daran erinnern, dass mich jemand an den Haaren hochzog. »Du verdienst den Tod«, sagte einer der Männer.

»Wir kommen wieder«, ergänzte ein anderer. »Wir werden an dir ein Exempel statuieren. Jeder, der hört, was du getan und welche Strafe du dafür bekommen hast, wird sich hüten, sich gegen Gott zu versündigen.«

Er schubste mich zu Boden. »Morgen kommen wir wieder!«, drohte er und wedelte mit seiner Pistole in meine Richtung.

Surya und Hasina kamen aus dem Haus gelaufen. Sie umarmten mich und halfen mir auf die Beine. »Geht's dir gut?«, fragte Surya immer wieder.

Ich ließ mich von ihnen stützen, als ich ins Haus taumelte.

»Geht's *euch* gut?« fragte ich, nachdem sie mir das Gesicht gewaschen und den Kopf bandagiert hatten. »Haben sie euch was angetan?«

Surya schüttelte den Kopf. »Sie hatten es nur auf dich abgesehen. Irgendwie wussten sie, dass du die Hauptfigur hinter der Schule bist und Hasina und ich nur mitmachen.«

»Geht's den Kindern gut?«

Surya nickte. »Sie sind alle nach Hause gegangen. Man hat sie fürchterlich erschreckt, ihnen aber nicht weh getan.«

Schmerzen pulsierten durch meinen Kopf, mein Gesicht war geschwollen. Ganze Büschel Haare fehlten und meine Kopfhaut blutete. Surya brachte mir einen Eisbeutel.

»Wie, glaubst du, sind sie uns auf die Schliche gekommen?« fragte Hasina.

»Ein Nachbar ...«, setzte Surya an.

»Nein.« Ich erinnerte mich daran, was sie über meine Familie gesagt hatten, und berichtete Surya und Hasina kurz davon. »Sie kannten sich in meiner Familie genau aus.«

Suryas Augen weiteten sich: »Glaubst du ...«

Ich nickte: »Nur so konnten sie das alles wissen.«

Wir mussten es nicht laut aussprechen. Wahrscheinlich hatten unsere eigenen Verwandten uns verraten. Madarjan wohnte in der Nähe der Halbcousins und Cousins zweiten Grades, die früher den Mudschaheddin angehört hatten und danach zu den Tugendwächtern der Taliban gestoßen waren. Vielleicht hat uns auch ein Mitglied von Ibrahims Familie verraten, die uns allen feindlich gesonnen war. Von ihnen gehörten viele ebenfalls zu den Tugendwächtern. Die Taliban, die meine Schule geschlossen hatten, wussten einfach zu viel. Sie wussten sogar, dass Sulima während ihrer Zeit in Europa Kirchen besucht hatte – deswegen nahmen sie an, sie wäre zum Christentum übergewechselt. Diese Information konnten sie von keinem Außenstehenden bekommen haben. Die Taliban kontrollierten kleine Wohngegenden wie die unsere nicht routinemäßig. Sie kamen üblicherweise nur, wenn jemand einen Gesetzesverstoß angezeigt hatte.

»Wir müssen fort von hier«, sagte ich.

Surya nickte. »Aber wohin?«

»Ich gehe zurück zum Haus meiner Mutter«, meinte Hasina. »Ihr könnt beide mitkommen.«

»Nein, das geht nicht.« Mein Kopfweh verschlimmerte sich. Das Eis schien nicht zu helfen. »Dort suchen sie uns sicher. Wir können nicht bei Verwandten bleiben.«

»Wo willst du dann hin?«

Ich zerbrach mir den Kopf darüber, ob irgendjemand uns verstecken könnte. »Was ist mit Naims Freund Jabar?«

Surya brachte mir neues Eis. »Gute Idee.«

Naim und Jabar waren seit der High-School befreundet. Jabar hatte geheiratet und lebte in einem anderen Vorort von Kabul. Schon lange war er zum guten Freund der ganzen Familie geworden. Surya und ich mochten ihn und vertrauten ihm. Er besaß einen Laden einige Blocks von unserem Haus entfernt. Voller Angst machten wir uns auf den Weg dorthin – was, wenn die Tugendwächter uns ohne männliche Begleitung sehen würden?

»Bleibt bei meiner Familie, bis uns ein besserer Plan einfällt«, sagte Jabar. Er eskortierte uns zu unserem Haus zurück, wo wir das Nötigste in einen Koffer warfen. Ich dachte nicht einmal daran, persönliche Dokumente einzupacken. Nur die grundlegenden Dinge kamen mir in den Sinn wie eine Zahnbürste, Kleidung zum Wechseln und vor allem: schnellstmöglich aus dem Haus zu verschwinden.

Ich schloss den Koffer und eilte nach draußen. Dann standen wir auf der Schwelle, klammerten uns aneinander und weinten.

Ich trat einen Schritt vor und betrachtete das Haus, in dem ich so viele wunderbare Kinder unterrichtet hatte. Ihre Gesichter tanzten vor meinen Augen: Ali, Layli, Schula, Efat. Ich hatte sie lieben gelernt und kam mir nun vor, als ließe ich sie im Stich. Ich hatte nicht einmal die Möglichkeit, ihnen Auf Wiedersehen zu sagen.

Aber ich konnte es mir nicht leisten, lange meinen Gedanken nachzuhängen. Jede Minute, die wir länger blieben, erhöhte die Gefahr. Jeden Moment konnten die Taliban zurückkommen und ihre Drohung wahr machen, mich weiter zu bestrafen. Wir mussten fort.

Mehr Umarmungen, Küsse und Tränen. Dann brachte Jabar Hasina zum Haus ihrer Mutter. Surya und ich folgten Jabar zu seiner Wohnung.

»Hier könnt ihr nicht lange bleiben«, kündigte er an. »Vielleicht durchsuchen sie die Häuser der Nachbarschaft nach euch. Ich wohne zu nah. Aber ich habe meine Schwester angerufen, die jetzt in Now Abad lebt. Sie meint, ihr könnt bei ihr bleiben, bis wir euch aus dem Land schaffen.«

Aus dem Land! Und was ist mit Madarjan? Meinen Geschwistern? Meinen Freunden? Wie sollte ich Hasina, Aadela und all meine anderen Freunde zurücklassen? Ich begann zu weinen.

Jabar kam mit einem Taschentuch und einer Tasse Tee ins Zimmer. Ich trocknete meine Tränen. »Du hast Recht«, gestand ich ihm ein. »Hier im Land bin ich nirgendwo mehr sicher. Ich muss es verlassen.«

Mein Kopf schmerzte an den Stellen, wo sie mich geschlagen und an den Haaren gezogen hatten. Ein stattliches Bündel Haare fehlte. Rücken und Beine waren geschwollen (ich war ja von den Tugendwächtern niedergestoßen und über den Boden geschleift worden). Und dann versiegten meine Tränen plötzlich. Sie waren mir ausgegangen. Ich hatte keine Gefühle mehr, ich war wie betäubt. Ich bewegte mich mechanisch wie ein Roboter: Ich trank Tee. Ich legte mich hin und schlief. Ich lächelte Jabars Kinder an. Aber ein Teil von mir hatte sich verabschiedet. Mein wahres Ich war in Deckung gegangen.

Suryas Anwesenheit war eine Wohltat, wenn sie mir den Schmerz auch nicht nehmen konnte. Jabars Frau behandelte uns sehr freundlich, ebenso seine Schwester, zu der er uns nach Einfall der Dunkelheit brachte. »Bleibt hier, bis ich eure Ausreise organisiert habe«, sagte er. »Ich weiß, dass ihr das Land nicht verlassen wollt. Wenn ich irgendeinen Weg sehe, euch in den Osten zu bringen, wo eure Mutter lebt, dann mache ich das. Falls dies nicht zu realisieren ist, bleibt nur übrig, euch nach Pakistan zu schaffen.«

Ich versuchte, ihm zu danken, aber die Worte blieben mir im Hals stecken. Er spürte das und wedelte mit der Hand, wie um meine Versuche wegzuwischen. »Mach dir keine

Sorgen. Ich bin froh, dass ich helfen kann. Ich wünschte nur, ich könnte mehr tun.«

In jener Nacht floh mich der Schlaf. Bilder von Tugendwächtern schlugen auf mich ein wie Fäuste. Und wenn mir gerade nicht vier Pistolen schwingende Männer erschienen, dann sah ich die verängstigten Gesichter der Kinder.

Die Erschöpfung holte mich am nächsten Tag ein. Ich schlief den größten Teil des Tages, fühlte mich danach aber nicht besser. Das merkwürdige Gefühl der Betäubung hielt drei Tag lang an, bis Jabar mit neuen Informationen zurückkam. »Ich habe arrangiert, dass ihr bei meinem Freund Khaled in Jalalabad bleiben könnt.«

»Aber in Jalalabad wimmelt es nur so von Tugendwächtern!«, protestierte ich.

»Tut mir Leid«, sagte Jabar. »Ich sehe keine Möglichkeit, euch in den Osten zu bringen. Alle Straßen sind blockiert. Ihr müsst euch auch in Jalalabad weiter verstecken. Aber ich glaube, dort werden sie euch nicht suchen. Sie suchen eher in eurem Viertel in Kabul.«

»Und was wird danach aus mir?«

»Khaled hat versprochen mitzuhelfen, dich aus dem Land zu schaffen.«

Ich spürte, wie sich meine Brust zusammenzog und sich ein Kloß im Hals bildete. »Danke«, sagte ich.

Während meines Aufenthalts bei Khaled und seiner Frau Swita ließ meine Betäubung langsam nach. Vor allem Swita umsorgte uns liebevoll. In ihrem Haus erholte ich mich langsam. Swita brachte uns Filme, die wir auf dem Videorekorder abspielten. Sie spielte mit uns Karten, um uns abzulenken und die Zeit zu vertreiben. Natürlich konnte ich nicht auf die Straße, aber Swita war so nett, dass mir der Hausarrest weniger schlimm erschien.

Zweieinhalb Monate später verkündete Khaled: »Ich habe arrangiert, dass eine von euch in die Vereinigten Staaten gehen kann.«

Surya und ich sahen uns an. »Nur eine?«

Khaled nickte. »Mehr war nicht drin. Welche von euch macht es?«

»Du solltest gehen«, sagte ich zu Surya. »Ich liebe dich und ich will nicht, dass du hier in Gefahr bist.«

Surya schüttelte den Kopf. »Nein, du solltest gehen. Du bist jünger als ich, und ich bin für dich verantwortlich.«

»Was hat denn das Alter damit zu tun? Du bist älter als ich, daher muss ich dir Respekt erweisen.«

Suryas Stimme wurde lauter. »Du schwebst in größerer Gefahr. Die Taliban bedrohen mich nicht mit dem Tod.«

»Ja, aber du hast auch bei der Schule mitgemacht. Du bist auch in Gefahr«, warf ich ein. »Ich hätte keine ruhige Minute, wenn ich in Sicherheit wäre und du weiter hier.«

»Hala, hör mir zu.« Surya sah mir tief in die Augen. »Mich hat man nicht bedroht, sondern dich. Mir passiert nicht viel, aber dir sehr wohl. Wenn ich gehe und dir etwas zustößt, habe ich dein Blut auf dem Gewissen. Bitte geh! Ich werde mich arrangieren.«

Ich wusste, dass sie Recht hatte. Die Taliban wollten an mir ein Exempel statuieren. Surya hatten sie nicht bedroht. Ich war zum Tode verurteilt worden. Und die Taliban gehören zu den Leuten, die ihre Drohungen wahr machen.

»Ich gehe«, sagte ich schließlich. Und dann fing ich so heftig zu weinen an, dass ich kein Wort mehr hervorbrachte.

»Gib dich als meine Schwester aus«, wies mich Khaled an, als wir mit dem Bus Richtung Grenze fuhren. Ich nickte.

»Aber wenn sie nun nach dem Ausweis fragen? Ich habe meinen zurückgelassen, weil ...«

»Es ist besser, keine Dokumente bei sich zu haben, denn niemand soll wissen, wer du bist«, unterbrach mich Khaled. »Der Ausweis würde nur Ärger bringen. Wenn alles klappt, werden sie glauben, dass ich dein Bruder bin und dass wir Verwandte in Pakistan besuchen.«

Und wenn sie ihm nicht glauben würden? Ich hatte zu viel

Angst, an die möglichen Folgen zu denken. Mein Herz schlug heftig. Zum ersten Mal im Leben hatte ich kein Familienmitglied um mich, mit dem ich reden konnte, das mir beistand. So groß die Gefahr auch gewesen war, wenigstens war mir immer jemand zur Seite gestanden: meine Geschwister, Madarjan, meine Cousinen und Tanten. Wir unterstützten uns gegenseitig, sie trösteten und berieten mich. Klar war Khaled freundlich und ein wahrer Gentleman, aber er gehörte nicht zur Familie. Ich fühlte mich allein und hatte Angst.

Ich sah meine Heimat in der Ferne verschwinden. Würde ich je zurückkehren? Würde ich Madarjan, Surya, Hasina, Aadela, all meine Familienmitglieder und geliebten Freunde wieder sehen? Sie wussten nicht einmal, dass ich das Land verließ; es wäre zu gefährlich gewesen, ihnen eine Nachricht zukommen zu lassen. Was wäre, wenn ich an der Grenze geschnappt würde? Vielleicht würden sie mich umbringen, vielleicht einsperren und vergewaltigen. Und was würde passieren, wenn man mich im Flugzeug mit gefälschten Papieren erwischte? Was geschah mit Leuten, die mit falschen Pässen reisten? Und wie würde Amerika sein? Könnte ich in einem neuen, fremdartigen Land glücklich werden?

Gleichzeitig fühlte ich mich hoffnungsvoll erregt. Endlich frei! Keine Burka mehr. Kein Verstecken mehr, keine Lügen, keine Geheimnisse. Ich konnte gehen, wohin ich wollte, und tun, was ich wollte. Wenn ich es nur in die USA schaffte, würden alle meine Probleme gelöst sein.

Wir hatten die Grenze erreicht. Ich trug die Burka. Züchtig senkte ich den Kopf. Ich hörte, wie Khaled leise mit den Grenzposten sprach. »Sie ist meine Schwester«, erklärte er. Sie nickten und ließen uns durch.

Wenig später waren wir in Pakistan, einen Schritt außerhalb des Machtbereichs der Taliban – zumindest ihres offiziellen Machtbereichs. Denn selbst in Pakistan sympathisierten viele mit den neuen Herrschern Afghanistans. Viele der Taliban-Soldaten waren in Pakistan ausgebildet worden. Sie waren auf *madressas* gegangen und hatten hier noch Freunde und Lehrer. Selbst hier befand ich mich also noch nicht in Sicherheit und musste mich weiter verstecken.

»Wir fahren zu Rajab und seiner Frau nach Peschawar«, teilte mir Khaled auf der Weiterreise mit. »Sie sind Freunde von mir. Du kannst einige Tage in ihrem Keller bleiben, während ich letzte Arrangements für deine Weiterreise treffe.«

Ich versuchte, ihm zu danken. Doch nun, da wir Afghanistan verlassen hatten, brach ich in Tränen aus. *»Taschaker!* Danke!« Er schüttelte abwehrend den Kopf.

»Gern geschehen. Das war noch nichts Besonderes. Ich habe nur getan, was getan werden musste.«

Rajab und seine Frau empfingen mich sehr herzlich. Vielleicht hätte ich mich in ihren Haushalt integrieren können, aber ich fühlte mich allein im Keller wohler. Jetzt durfte sich mir nichts mehr in den Weg stellen! Nichts durfte meine Abreise in Gefahr bringen. Rajabs Frau brachte mir die Mahlzeiten auf einem Tablett. Ich blieb unten, las und versuchte zu schlafen. Ich musste Kräfte sammeln. Wer wusste, was noch auf mich zukommen würde?

Khaled kam am dritten Tag zurück. »Wir fahren zum Flughafen«, sagte er und öffnete die Tür seines Autos. »Dort wartet ein Mann auf uns. Sein Name braucht dich nicht zu interessieren. Er hat die vorbereiteten Dokumente. Du darfst nirgendwo dein Gesicht zeigen, nicht einmal am Flughafen. Bleibe immer verschleiert und sieh zu Boden. Er kümmert sich um den Rest.«

»Was, wenn sie mich nach meiner Beziehung zu ihm fragen? Soll ich seine Frau, Schwester …«

Er schnitt mir das Wort ab: »Überlass das ihm. Er hat das schon öfter gemacht. Er weiß, wie er mit den Offiziellen am Flughafen umgeht.«

Wir fuhren am Flughafen vor, Khaled stieg aus. Er nickte einem Mann zu, der nahe am Bordstein stand. Der Mann trat auf uns zu.

»Das ist sie«, sagte Khaled und reichte dem Mann einen

Umschlag. Dann wandte er sich mir zu. »*Khuda hafiz!* Auf Wiedersehen, Hala. Und viel Glück!«

Als ich ihn davongehen sah, musste ich die Tränen unterdrücken. Er nahm einen Teil von mir mit sich. Beim Verlassen Afghanistans hatte ich mich allein gefühlt, weil er nicht zur Familie gehörte. Aber inzwischen war Khaled ein Freund geworden. Es war, als gehöre er zur Familie. Und er stellte meine letzte Verbindung mit der Heimat dar. Zum ersten Mal in meinem Leben war ich jetzt ganz auf mich allein gestellt.

Wie Khaled es vorausgesagt hatte, brachte der Mann mich ohne Schwierigkeiten an Bord eines Flugzeugs. Wie jedes gute muslimische Paar gingen wir, ich immer ein paar Schritte hinter ihm, durch die Hallen des Flughafens. Ich wusste nicht, mit welcher Linie wir flogen oder unter welchem Namen ich reiste. Nichts. Ich folgte dem Mann einfach blind. Wie eine gehorsame Muslimin.

Er reichte die Papiere einem Beamten. Ich weiß nicht, was sie miteinander sprachen. Es ist üblich, dass Männer alle Transaktionen für ihre Frauen erledigen, damit diese nicht mit anderen Männern sprechen müssen. Der Beamte schöpfte daher keinen Verdacht. Überdies wurde auch klar, dass der Mann dies nicht zum ersten Mal machte. Der Beamte kannte ihn. Beide wechselten ein paar Worte, dann deutete der Beamte auf eine Tür. Durch einen geschlossenen Korridor bestieg ich das Flugzeug.

Ich betete stumm für Madarjan, Surya und den Rest der Familie, während ich mein Land immer kleiner werden sah.

Und ich betete für das Land selbst.

7

»Ladies und Gentlemen, wir beginnen unseren Anflug auf den John-F.-Kennedy-Flughafen von New York. Die örtliche Zeit ist neun Uhr vormittags. Bitte schließen Sie die Sicherheitsgurte, vergewissern Sie sich, dass sich die Rückenlehne Ihres Sitzes in der aufrechten Position befindet und dass das Tischchen vor Ihnen hochgeklappt ist.«

Die Durchsage, zuerst auf Englisch, dann auf Arabisch, weckte mich aus unruhigem Schlummer. Wo war ich? Ich rieb mir die Augen und sah mich um. War ich nicht mehr im Keller? Warum schwankte der Boden? Wer waren all diese fremden Leute? Neben mir saß ein Mann, jemand, den ich nie zuvor gesehen hatte. Wie konnte ich so nah neben einem Fremden sitzen? Man würde mich dafür auspeitschen, töten ...

Es dauerte ein paar Minuten, bis ich mir das Geschehene wieder ins Gedächtnis gerufen hatte: Ich war nicht in Afghanistan. Nicht in Pakistan. Ich war entkommen. Ich saß in einem Flug der Egypt Airlines und war auf dem Weg in die USA. Ich durfte sitzen, neben wem ich wollte. Ich durfte mit jedem sprechen, egal ob Mann oder Frau. Nie wieder würde ich mich verstecken müssen. Nie wieder würde mich eine Regierung schlecht behandeln. Amerika war ein freies Land, und auch ich würde frei sein. Bald würde ich zum ersten Mal seit drei Jahren frei durch die Straßen laufen, nie wieder würde mich jemand einsperren.

Als das Flugzeug gelandet war, erhob ich mich. Mein Magen vollführte Kapriolen, als ob wir noch in der Luft wären. Mein Unterbauch schmerzte, und mir war übel. Ich musste dringend auf die Toilette.

»Geht's Ihnen gut?« fragte eine Stewardess. »Sie sehen blass aus.«

Ich schämte mich, ihr von meiner Monatsblutung zu erzählen, und wie schlecht es mir während dieser Tage immer ging. »Mir geht's prima.«

»Vielleicht sind Sie ein bisschen luftkrank. Das gibt sich bald.«

Gleich würde Sulima sich um mich kümmern. Auf der Fahrt zu ihr würde ich mich im Auto ausruhen und bei ihr dann hinlegen können. Morgen wäre das Schlimmste vorüber. Wenigstens war ich endlich angekommen, in den Vereinigten Staaten, wo meine Schwester mir helfen und die Regierung mich beschützen würde. Ich packte den Griff meines Koffers und zwang meine Füße, mich den Gang hinunter und ins Terminal zu tragen. Ich folgte den anderen Passagieren zu einer Reihe von Schaltern. Leute in Uniformen wiesen die Fluggäste an, ihre Reisedokumente vorzuweisen.

Ich kam dran.

Ein Mann mit stachligem Schnauzer streckte seine Hand aus. »Pass und Visum bitte.« Seine Stimme klang gelangweilt.

»Kein Pass, kein Visum.« Ich sprach nur gebrochen Englisch und hoffte, er würde mich verstehen. »Asyl.«

Sein Gesicht verfinsterte sich. Seine Augen verengten sich, er presste seine Lippen zusammen. Er wies mit der Hand die Richtung. »Folgen Sie mir.«

Seine Stimme hatte sich jetzt verändert. Sie war hart und scharf. Worüber ärgerte er sich?

Ich folgte ihm durch einige lange Hallen in einen Raum mit einer Reihe von Schaltern. An jedem saß ein Beamter hinter einem Computer. Im Wartebereich standen eiserne Bänke, an denen merkwürdige Metallringe befestigt waren. Der Mann deutete erst auf den Wartebereich, dann zu den Schaltern. »Setzen Sie sich hier hin. Sie werden mit einem dieser Leute sprechen.«

Ich wollte ihn fragen, wo die Damentoilette war, aber er

war schon verschwunden. Ich sah mich um. Zwei Schwarze mit müden Gesichtern saßen vor mir. Eine junge Chinesin umklammerte mit den Händen ein Taschentuch, offensichtlich mit den Tränen ringend. Sie war so winzig, dass sie wie ein Kind wirkte. Mehrere Leute verschiedener Hautfarben und Ethnien standen an den Schaltern und sprachen mit den Einwanderungsbeamten dahinter.

Ich hoffte, Sulima würde bald auftauchen. Mein Englisch reichte nicht, um den Offiziellen meine Situation zu erklären. Ich benötigte sie: Sie musste das hier für mich erledigen, mich dann nach Hause bringen und mich umsorgen. Einen Moment lang sorgte ich mich. Würde Sulima wissen, wie sie mich fand? Aber dann tat ich die Frage ab. Sulima lebte schon viele Jahre in den Vereinigten Staaten. Sie kannte sich mit dem System und auf dem Flughafen aus. Ich war mir sicher, dass sie jede Minute aufkreuzen und mir helfen würde.

Ich hatte Recht – und doch nicht. Sulima fand mich schließlich, aber nicht, weil sie mit dem System oder dem Flughafen vertraut war, sondern mit Glück und Hartnäckigkeit: Einen Tag zuvor hatte Sulima lediglich einen Kurzanruf erhalten, dass ich am folgenden Vormittag am John-F.-Kennedy-Flughafen eintreffen würde. Das war alles; sie kannte weder Fluglinie, Flugnummer noch Ankunftszeit. Der Schleuser wusste bis zur letzten Minute selbst nicht, welchen Beamten er würde bestechen können, deswegen konnte er auch niemanden vorher informieren, welchen Flug ich nehmen würde.

Sulima kam um halb sechs Uhr morgens an den Flughafen, nach verzweifelten Versuchen, jemanden zu finden, der sie im Geschäft vertrat. Bob hielt auf einer Konferenz in Schweden eine Vorlesung, weshalb sie die lange Fahrt nach New York allein machen musste.

Im Flughafen wandte sie sich an den Schalter von Pakistan International, in der Annahme, ich käme wahrscheinlich mit einem Flug dieser Linie. Eine Stunde verging, dann eine zweite. Sie begann, auf der Suche nach mir durch den Flughafen zu streifen. Drei Stunden lang wanderte sie von Terminal zu Terminal. Um zehn war sie erschöpft, besorgt und in Tränen.

Ein Uniformierter sprach sie an. Er hatte einen schwarzen Schnurrbart und einen italienischen Akzent. »Ich arbeite beim Zoll. Mir ist aufgefallen, wie Sie hier herumwandern. Kann ich Ihnen vielleicht weiterhelfen?«

Sulima brach wieder in Tränen aus. »Ich suche meine Schwester.«

»Mit welchem Flug kommt sie?«

»Das ist ja das Problem. Ich weiß es nicht. Man hat mich vor kurzem erst telefonisch informiert, dass sie heute ankommen würde, mir aber keine Flugnummer mitgeteilt.«

»Von wo kommt sie denn?« fragte der Mann.

Sie erzählte ihm, dass ich aus Pakistan käme, um der Verfolgung zu entgehen, und zwar mit dem erstmöglichen Flug. Als sie das gesagt hatte, veränderte sich sein Gesichtsausdruck. Er sah ernst drein. »Lassen Sie mich eine Minute darüber nachdenken«, bat er.

Nach einigen Sekunden des Schweigens machte er ihr ein Zeichen, sie solle ihm folgen. Er ging voraus und holte sein Funkgerät hervor. Er sprach leise hinein, so dass Sulima nichts verstehen konnte. »Eigentlich dürfte ich das nicht«, sagte er, nachdem er das Funkgerät weggesteckt hatte. »Die Einwanderungsbehörde erlaubt den Angehörigen von Neuankömmlingen erst dann, sie zu sehen, wenn die Reisenden die Sicherheitskontrollen passiert haben und offiziell ins Land gelassen worden sind. Aber Sie sind so durcheinander, dass ich Ihnen gern helfen möchte.«

Sie bogen um eine Ecke und sahen einen Polizisten, der durch die Halle auf sie zukam. »Das ist sie«, berichtete der Zollbeamte dem Polizisten und verschwand, noch bevor Sulima sich bedanken konnte. Wir kennen den Namen dieses mitfühlenden Menschen nicht. Wir wissen nicht, wie wir ihm danken sollen. Ich hoffe, er liest dieses Buch, denn dann erfährt er, wie viel seine Hilfe Sulima und mir bedeutet hat.

Der Polizist brachte Sulima in den Raum, in dem ich darauf wartete, einen Einwanderungsbeamten zu sprechen. Er öffnete die Tür einen Spalt. »Sehen Sie Ihre Schwester?«

»Ich habe sie seit fast zwanzig Jahre nicht mehr gesehen. Ich hoffe, ich erkenne sie wieder«, sagte Sulima. Sie ließ den Blick durch den Raum gleiten – und machte mich sofort aus. Der Polizist öffnete die Tür, und Sulima rannte mir entgegen. Wir brachen beide in Tränen aus. Wir umarmten uns ganz fest und wollten uns gar nicht mehr loslassen. Endlich lösten wir uns ein wenig voneinander und sahen uns an. Als sie Afghanistan verließ, war ich gerade neun Jahre alt gewesen, und ich erinnerte mich kaum mehr an sie.

»Dein Gesicht hat sich kaum verändert«, sagte sie auf Paschtu. »Du siehst nur ein bisschen erwachsener aus.«

Ich umklammerte fest ihre Hand und erzählte ihr, was mir zugestoßen war. Ich war gerade bei der Flucht über die pakistanische Grenze, als die Frau hinter einem der Schalter mich aufrief. Sulima und ich gingen hinüber.

»Wo kommen Sie her?«, fragte die Beamtin barsch.

»Meine Schwester stammt aus Afghanistan, doch sie ist aus Pakistan eingereist«, sagte Sulima.

»Was wollte sie wissen?«, fragte ich Sulima auf Paschtu. Ich verstand zwar genug, um mir auszurechnen, um was es ging, aber ich wollte sicher sein.

Sulima übersetzte und teilte der Beamtin mit: »Meine Schwester spricht kaum Englisch. Ich werde für sie übersetzen.« Die Frau runzelte die Stirn. »Das geht nicht. Wir haben professionelle Dolmetscher. Einer von ihnen muss unser Gespräch übersetzen. Verwandte dürfen das nicht. Welche Sprache spricht sie?«

»Paschtu«, antwortete Sulima.

»Was ist denn das? Noch nie gehört!«

»Das ist die Sprache, die wir in Afghanistan sprechen.«

Sie sah in einem Ordner nach. »Ich habe keinen Übersetzer für diese Sprache.«

»Sie spricht auch Dari«, sagte Sulima.

»Nie davon gehört. Ich muss jemand anderen auftreiben.« Sie nahm den Telefonhörer ab, sagte etwas und wandte sich dann wieder uns zu.

»Wo sind Ihre Papiere?«

Sulima sagte: »Sie hat keine Papiere. Sie beantragt Asyl.«

»Und wovor sind Sie geflüchtet?« Sie klang, als ob sie uns nicht glaubte.

»Meine Schwester flieht vor den Taliban. Sie wollen sie umbringen.«

»Was bedeutet Taliban?«

Durfte ich meinen Ohren trauen? Ich dachte, jeder wüsste über die Taliban und die schrecklichen Dinge Bescheid, die sie Frauen antaten.

»Sie unterrichtete Mädchen«, sagte Sulima.

Die Frau schnaubte. »Und was war daran falsch?«

Ich konnte es nicht glauben. Diese Frau arbeitete den ganzen Tag mit Ausländern und hatte keinen Schimmer, wie es in anderen Ländern zuging. Sulima redete intensiv auf die Frau ein; offenbar erklärte sie dieser ignoranten Beamtin die Lage in Afghanistan. Mein Bauch tat mir noch schlimmer weh, ich musste dringend auf die Toilette. »Bitte sag der Frau, ich muss auf die Toilette«, wisperte ich Sulima zu.

»Meine Schwester muss auf die Toilette«, sagte Sulima.

»Ein bisschen später. Zuerst habe ich noch einige Fragen an sie.«

Die Schmerzen verschlimmerten sich, ich dachte, meine Blase würde platzen. »Es ist dringend«, flüsterte ich.

»Meine Schwester ...«, setzte Sulima an.

»Sie sind in keiner Position, um mit mir zu verhandeln«, unterbrach sie die Frau. Sie sah mich an. »Je früher Sie kooperieren, desto früher können wir entscheiden, was wir mit Ihnen tun.«

Was sie mit mir tun?

Sie fuhr fort: »Wir müssen entscheiden, ob wir Ihre Geschichte glauben. Wenn wir nicht überzeugt sind, stecken wir Sie in das nächste Flugzeug dorthin zurück, wo Sie hergekommen sind.«

Ich fing an zu heulen. Wie konnten sie nach allem, was ich durchgemacht hatte, nur daran denken, mich zurückzuschicken? Das konnte nicht wahr sein. Wir waren doch in Amerika. Hier stand doch die Freiheitsstatue. Sulima hatte mir einmal in einem Brief davon berichtet. Hieß es auf der Inschrift nicht, dass diejenigen willkommen seien, die in ihrem eigenen Land verfolgt wurden? Vielleicht war das hier gar nicht Amerika. Vielleicht war ich noch in Pakistan oder saß im Flugzeug und hatte einen Albtraum.

Aber mein Unterleib schmerzte vor Hunger und Krämpfen, meine Blase drohte zu platzen. Mein Körper teilte mir mit, dass ich nicht träumte. Ich befand mich auf einem amerikanischen Flughafen, vor einer unfreundlichen Beamtin. Wie konnte ich ihr meine Lage klar machen?

»Meine Schwester muss auf die Toilette«, wiederholte Sulima bestimmt.

»Na gut.« Die Stimme der Frau klang ungeduldig. In so einem Ton hätte ich mit einem Kind geredet, das sich um den Unterricht zu drücken versuchte, indem es ohne Not auf die Toilette verschwand.

»Aber es muss sie jemand begleiten. Und vorher müssen wir sie durchsuchen.«

Sie nahm den Telefonhörer wieder in die Hand.

»Was passiert hier? Warum lassen die mich nicht mit dir nach Hause fahren?«

»Ich weiß es nicht. Aber ich finde es heraus.«

Ich begann wieder zu weinen. »Ich habe Angst. Was ist, wenn sie mich schlagen?«

»Wir sind hier in Amerika, nicht in Afghanistan. Die amerikanische Polizei benimmt sich nicht wie die Taliban.«

Eine weitere Beamtin tauchte auf. Ich hob den Koffer auf und wollte ihr folgen.

»Sie dürfen Ihren Koffer nicht mitnehmen«, blaffte sie.

»Bitte«, sagte ich leise.

»Der Koffer bleibt hier«, wiederholte sie.

»Aber ...« Ich flüsterte Sulima etwas ins Ohr.

»Meine Schwester braucht ihren Koffer« sagte Sulima bestimmt.

»Unsere Regeln lauten …«

»Sie hat ihre Tage und braucht eine Binde.«

Damals kannte ich das Wort »Binde« noch nicht, aber ich erriet, was Sulima sagte. Ich lief tiefrot an und wollte im Boden versinken. Im gleichen Raum standen Männer herum. Was, wenn sie hörten, wie Sulima über meine Menstruationsprobleme sprach?

Sulima und ich folgten ihr, aber die Beamtin schüttelte den Kopf. »Nein. Die Verwandte bleibt hier.«

Ich wurde allein in einen kleinen, weiß gekachelten Raum mit Zementboden, einem Tisch und einigen Klappstühlen aus Metall geführt. Er war kalt und schäbig.

»Ziehen Sie sich aus.«

Meine Augen weiteten sich. Diese Frau, eine Fremde, befahl mir, mich auszuziehen. Warum?

Sie bemerkte mein Zögern. Ihre Stimme wurde lauter und schneidender. »Ich sagte, ziehen Sie sich aus!«

Meine Finger nestelten an den Knopflöchern. Ich zitterte vor Kälte und Scham, als ich Bluse und Rock ablegte. Sollte ich meine Unterwäsche auch ausziehen? Ich dachte an meine Periode und errötete. Ich presste meine Augen zusammen, damit sie meine Tränen nicht sah.

Sie blickte auf meine Füße. »Socken und Schuhe auch«, sagte sie.

Zitternd stand ich da, während sie mit den Händen meinen Körper abtastete. Meine Brust, meinen Bauch, die Innenseite meiner Schenkel. Dann befahl sie mir, mich umzudrehen, und setzte die Durchsuchung fort. Endlich deutete sie auf meine Kleidung und sagte: »Ziehen Sie sich an, ich bringe Sie zur Toilette.«

Sie wartete vor der Tür. Als ich fertig war, brachte sie mich in den Raum zurück, wo Sulima wartete. Neben ihr stand ein Mann. Er begann, Arabisch mit mir zu sprechen.

»Was soll das?«, fragte ich Sulima.

Sie zog eine Grimasse. »Der Mann ist Übersetzer. Sie glauben, du sprichst Arabisch.«

»Aber nicht gut. Es langt gerade für die Gebete.«

Sulima wandte sich an die Dame hinter dem Schalter. »Ich sagte Ihnen doch, dass meine Schwester kein Arabisch spricht.«

»Dann probieren wir es mit Urdu. Das spricht man in Pakistan.«

»Sie kann auch kein Urdu«, sagte Sulima. Ich hörte Ungeduld und Genervtheit aus ihrer Stimme. »Bitte erlauben Sie, dass ich für sie übersetze.«

Nach zäher Diskussion gab die Beamtin schließlich nach und schoss eine ganze Salve von Fragen ab: Warum hatte ich Afghanistan verlassen? Wer seien die Taliban? Warum wollten sie mich dafür umbringen, dass ich Mädchen unterrichtete? Warum konnte ich mir vor meiner Abreise weder Pass noch Visum besorgen? Warum wollte ich nicht nach Pakistan zurück? Wovor fürchtete ich mich? Wie war ich ohne Papiere an Bord der Maschine gekommen? Wie hatte ich eine Ausbildung bekommen, wenn Frauen doch nicht zur Schule gehen durften? Und so weiter, immer wieder. Sie befragte mich über zwei Stunden lang.

Ich antwortete, so gut ich konnte. Es lief zäh, weil ich alles zuerst Sulima erzählen und dann warten musste, bis sie übersetzt hatte. Ich hatte noch immer Schmerzen und bat um ein Schmerzmittel, aber das wurde mir verweigert. Seit meiner Abreise aus Pakistan hatte ich nichts mehr gegessen. Während des Fluges war ich zu traurig und zu luftkrank, um einen Bissen hinunterzubekommen. Jetzt war mir schwindlig, schlecht, und ich hatte Angst. Nach zwei Stunden Befragung griff die Beamtin zum Hörer. Als sie aufgelegt hatte, sagte sie zu Sulima: »Die erste Phase des Prozesses ist vorbei. Wir stecken sie nicht ins nächste Flugzeug zurück.«

Sulimas Erleichterung und Freude spiegelten sich in ihrem Gesicht. Wir umarmten uns. Ich bat sie, der Frau zu danken, und wandte mich zum Gehen.

»Wo wollen Sie hin?« Die Stimme der Frau war scharf und zornig. »Sie dürfen hier nicht einfach rausmarschieren!«

Sulima bedeutete mir zu warten. »Ich verstehe nicht …«, sagte sie.

»Sie ist ohne Papiere ins Land eingereist. Wir wissen nicht, wer sie ist. Wir wissen nicht, ob ihre Geschichte stimmt. Wir können nicht entscheiden, ob sie ins Land darf. Das muss ein Richter tun.«

»Kann sie nicht bei mir bleiben, bis ein Gerichtstermin feststeht?«

Die Frau schüttelte den Kopf. »Nein, sie muss in Gewahrsam.«

Sulima runzelte die Stirn: »Gewahrsam, was bedeutet das?«

Bevor die Frau antworten konnte, tauchte ein Polizeibeamter auf. »Madam, Sie müssen jetzt gehen«, befahl er Sulima.

Ich klammerte mich an sie: »Bitte geh nicht! Lass mich hier nicht allein!«

»Sie müssen sofort gehen«, wiederholte der Polizist. Seine Miene war so ausdruckslos und versteinert wie der Zementboden. »Ich weiß nicht, wer Ihnen erlaubt hat, diesen Bereich zu betreten, aber jetzt verschwinden Sie am besten schnell.«

»Ich will dem netten Mann, der uns geholfen hat, keinen Ärger machen«, sagte Sulima zu mir. »Ich gehe besser.« Sie drückte mich ganz fest an sich. »Ich helfe dir. Ich bekomme heraus, was hier los ist. Ich verspreche es. Bis dahin musst du tapfer sein.«

»Ich bin tapfer gewesen.« Mittlerweile schluchzte ich laut. »Ich war stark und tapfer und dachte, hier wäre ich in Sicherheit. Und jetzt halten sie mich fest und tun mir vielleicht so weh wie die Taliban.«

»Bleib nur weiter tapfer.« Sulimas Arme umschlossen mich. »Du glaubst doch an Gott. Bete, dass er dir beisteht. Inzwischen versuche ich, die Angelegenheit zu klären.«

Als ich sie durch die Tür verschwinden sah, fing ich wieder an zu weinen.

»Wir bringen Sie jetzt weg«, sagte der Polizist. Er nahm eine Kette aus der Tasche und befestigte sie an meinen Füßen.

Sie legten mich in Ketten wie ein Tier! Sie würden mich einsperren! Der Raum begann, sich um mich zu drehen, alles wurde grau, meine Haut fühlte sich kalt und klamm an, meine Beine gaben unter mir nach. Alles drehte sich, immer schneller. Weit entfernt hörte ich jemanden sagen: »Sie wird ohnmächtig!« Dann spürte ich einen Schlag auf den Hinterkopf, als er auf dem Schoß eines Manns aufschlug, der auf der Metallbank saß.

Als ich wieder zu mir kam, lag ich auf einer Bahre. Alles schwamm mir vor den Augen, ich musste ein paar Mal blinzeln, bis ich meine Umgebung wieder scharf wahrnahm. Ich befand mich in einer Art Hospital. Zwar unterschied sich der Raum sehr von den Krankenhäusern in Afghanistan, dennoch erkannte ich sofort, dass ich in einem Krankenzimmer lag. Neben mir stand jemand. Eine Frau mit weißem Hemd und weißer Hose. Eine Krankenschwester, vermutete ich. Sie sprach zu den Polizisten, die mich hergebracht hatten.

»Sie können sie zum Flughafen zurückfahren. Sie erholt sich schon wieder.«

Zurück zum Flughafen? Ich versuchte, mich aufzurichten. »Nein!«

Ich bat um ein Schmerzmittel. Zuerst lehnten sie ab, dann gab mir die Krankenschwester zwei Tabletten. Als sie hörte, wann ich das letzte Mal gegessen hatte, brachte sie mir Tee und ein Sandwich. Erst jetzt merkte ich, wie hungrig ich war, und verschlang das Essen dankbar. Als ich fertig war, bat ich sie, Sulima anzurufen.

»Wer ist Sulima?«, fragte die Krankenschwester.

»Meine Schwester.« Ich richtete mich mühsam auf und nahm die Telefonnummer aus der Tasche. »Bitte sagen Sie ihr, wo ich bin. Bitte geben Sie mir den Hörer, damit ich mit ihr reden kann.«

Sie versuchten, Sulima zu erreichen, aber die war natürlich noch auf dem Nachhauseweg. Ich hatte keine Vorstellung, wie weit Pittsburgh vom Flughafen entfernt war. Statt ihrer ging Sulimas Tochter ans Telefon und sagte, ihre Mutter sei nicht da.

»Bitte versuchen Geschäft«, bettelte ich.

Die Krankenschwester wirkte genervt. »Sie verschwenden meine Zeit«, meinte sie.

In diesem Augenblick kam Sulima auf mich zugerannt. Glücklich rief ich: »Woher wusstest du, dass ich hier bin?«

Sulima erklärte, dass sie gerade daheim angerufen habe und ihre Tochter ihr ausgerichtet habe, wo ich sei. »Diese nette Beamtin ließ mich zu dir durch, obwohl das eigentlich nicht erlaubt ist. Sie sagte mir, ich dürfe hier bleiben, aber nur kurz.«

Sulima hielt meine Hand, und wir sprachen miteinander. Als sie schließlich gebeten wurde zu gehen, dachte ich, mein Herz würde brechen. Dann kam die Beamtin und brachte mich zurück zum Flughafen.

Immer noch in Ketten, wurde ich durch die Korridore des Krankenhauses geführt, hinaus zu einem Streifenwagen und zum Flughafen. Ich fand mich im gleichen Wartebereich wieder, mit den Schaltern und den Computern. Diesmal führte mich die Beamtin zu einer Bank am hinteren Ende des Raumes. Sie kettete mein Fußgelenk fest. Jetzt wusste ich, wofür die seltsamen Metallringe an der Bank gedacht waren.

»Bitte ...«

Ich bekam keine Antwort. Man hörte nur das Geräusch der Schuhe der Polizistin und das Klimpern ihrer Schlüssel, als sie sich zum Gehen wandte.

Ich sank auf die Bank und lehnte mich zurück. Wie lang würde ich hier warten? Wann würden sie wiederkommen? Was, wenn ich wieder in Ohnmacht fiele oder krank würde? Würden sie mir helfen? Und was würde mir als Nächstes passieren?

Den ganzen Weg zurück zum Flughafen hatte ich geweint,

so dass ich jetzt keine Tränen mehr übrig hatte. Ich war völlig ausgebrannt. Mein Kopf sank mir auf die Schulter, ich schloss meine Augen.

Ich schlief fürchterlich schlecht. Die Kette schmerzte, sie hemmte den Blutfluss und ließ meinen Fuß taub und eiskalt werden. Die Position, in der ich fest gekettet war, verhinderte, dass ich mich hinlegen oder den Fuß bewegen konnte. Ich hatte keine warme Kleidung mitgebracht, und die metallene Bank war kalt und hart. Sie hatten mir den Koffer genommen, so dass ich nicht einmal weitere Kleidungsstücke drüberziehen konnte. Ich zitterte, und mein Unterleib schmerzte mehr denn je. Als ich es endlich schaffte einzunicken, sah ich im Traum Männer über mir stehen und die Peitsche schwingen. Sie trugen Bärte und Turbane, aber die Uniformen der amerikanischen Polizei. Entsetzt fuhr ich hoch. Von der Hüfte abwärts war alles taub. Ich versuchte, meine Beine zu bewegen und die Zehen zu krümmen, um das Blut wieder in Fluss zu bringen.

Ich muss wieder geschlafen haben, als ich plötzlich hörte: »Steh auf und beweg dich!«

Ein anderer Polizist. Ein rothaariger Mann mit langer Nase.

»Was ist Zeit?«, fragte ich.

»Drei Uhr morgens«, sagte er. »Zeit zu gehen.«

»Wohin?«

»An einen Ort, wo du dich ausruhen kannst. Wo Leute wie du warten, bis sie vor Gericht erscheinen.«

Er löste meine Fußfessel von der Bank. Ich taumelte auf die Beine und versuchte, ihm so rasch wie möglich zu folgen. Meine eingeschlafenen Füße erschwerten das Gehen. Er führte mich zu einer anderen Frau, kettete auch sie los und fesselte uns mit Handschellen aneinander. Die Handschelle war so groß, dass sie mir über die Hand rutschte. Daraufhin zog der Polizist ein paar Schrauben an, dann passte sie – leider zu gut.

»Wie lang, bevor ich Richter sehe?«

Er zuckte mit den Schultern. »Nicht lang. Vielleicht ein paar Tage.«

Ich sollte an einen Ort »zum Ausruhen« gebracht werden. Das klang doch nett. Gemütlich. Nach einem Ort, wo Neuankömmlinge wie ich von Menschen umsorgt wurden, die ihre Lage verstanden. Ich träumte von einem warmen Bett, einer heißen Suppe und einer freundlichen Krankenschwester. Dann würde ich den Richter sehen, der mich nach Hause gehen und bei Sulima leben lassen würde. Alles war ein Riesenmissverständnis. Die Beamten müssen ihren Fehler bemerkt haben, während ich geschlafen habe. Jetzt machten sie es wieder gut. Sie brachten mich an einen Ort, wo ich hingehörte.

Sie steckten mich in einen großen Transporter, zusammen mit zwei Männern aus Liberia und der Jamaikanerin, an die ich gefesselt war. Die Handschellen der beiden Männer waren ebenfalls zusammengeführt. Ich schaute aus dem Fenster, aber draußen war es noch zu dunkel, um etwas sehen zu können. So wusste ich nicht, wo wir hinfuhren. Die Luft war kühl. Ich kauerte mich in den Sitz, um die Körperwärme zu bewahren. Wir rasten an Lichtern vorbei, die weit entfernt blinkten.

Bald sah ich neue Lichter. Der Transporter bog auf einen Parkplatz, der von einem hohen Maschendrahtzaun begrenzt wurde, auf dem wiederum Stacheldraht befestigt war. Am Tor stand ein weiterer Polizeibeamter. Der Beamte, der unseren Wagen fuhr, öffnete sein Fenster, wechselte mit dem Uniformierten am Tor ein paar Worte und wurde durchgewunken.

Ich blickte auf das Gebäude vor uns. Es hatte massive Türen und Gitter vor den Fenstern. Mein Magen rumorte heftig, einen Moment dacht ich, ich müsste mich übergeben. Das war kein Ort »zum Ausruhen«, sondern ein Gefängnis!

Ich war von einem Gefängnis ins nächste geraten.

8

Ich stolperte aus dem Transporter. Die Handschellen klirrten, als die Jamaikanerin und ich uns ungeschickt bewegten. Wir wurden in einen großen Raum geführt, in dessen Ecke eine Frau an einem kleinen Tisch saß.

Der Polizeibeamte überreichte ihr vier Papierstücke. Sie bellte: »Hala Obaidi und Martha Marston!«

Wir traten vor, und sie löste unsere Handschellen. Dann deutete sie auf eine Tür. »Da hinein!«

Wir folgten der Richtung ihres Fingers. Die Tür zu dem Raum war vergittert. Schwer fiel sie hinter uns ins Schloss. Ein Schlüssel drehte sich.

Die Zelle, in der wir uns befanden, war winzig, etwa so groß wie der Raum, in dem man mich am Flughafen durchsucht hatte. An eine Wand war eine Bank aus Zement eingelassen. Ich setzte mich erschöpft und sah mich um.

Der Raum war in der Mitte durch eine Mauer getrennt, die etwa halb so hoch war wie die Decke. Ich spähte über die Trennwand. Auf der anderen Seite befanden sich Toilette und Waschbecken. Ich schauderte. Wie sollte ich mich je an so was gewöhnen? Jeder in unserer Zelle konnte den Oberkörper desjenigen sehen, der die Toilette benutzte. Und wenn man sich hinstellte und über die Mauer blickte, konnte man alles sehen.

Ich zitterte und versuchte, meinen Pullover fester um mich zu ziehen. Aber das richtete gegen die Kälte in dem ungeheizten Raum mit seinem Steinboden und seiner Bank aus Zement nichts aus. Martha und ich tauschten Blicke. Ich fühlte mich so hilflos und so allein. Sie wirkte nett und mitfühlend, aber wir sprachen keine gemeinsame Sprache, und sie konnte nichts tun, um mir zu helfen. Ich presste meine Fäuste auf die Augen. Ich brauchte Madarjan.

Es wurde kälter. Ich schlug gegen das Fenster. Nach einigen Minuten kam die Frau an die Tür. Ich hörte, wie ein Schlüssel sich im Schloss drehte, dann stand sie vor mir, zornig.

»Was willst du?«

Meine Zähne klapperten. »Mir ist kalt.«

»Tut mir Leid, da kann ich nichts dagegen tun.«

Sie wollte gerade wieder die Tür schließen. »Bitte, mein Koffer?«

»Ich darf dir nichts aus deinem Koffer holen lassen.« Sie knallte die Tür hinter sich zu.

Eine Stunde verging. Ich saß zusammengekauert auf der Bank und erschauderte vor Kälte. Ich spürte, wie sich mein Unterleib wieder zusammenkrampfte. Nun würde ich doch die Toilette benützen müssen. Und ich würde irgendwie an die Binden in meinem Koffer gelangen müssen.

Ich klopfte wieder gegen das Fenster. Diesmal dauerte es länger, bis sie kam. Und als sie die Tür öffnete, war sie noch wütender. »Was ist jetzt schon wieder?«

»Ich habe Periode. Ich brauche Binde.«

Sie sah extrem genervt aus, als ob ich meine Periode nur bekommen hätte, um sie zu ärgern.

»Ich schau mal, was ich tun kann.« Die Tür fiel wieder ins Schloss.

Einige Minuten später kam sie zurück. »Folge mir.« Sie wies mit der Hand.

Ich folgte ihr in einen anderen Raum, wo inmitten eines Haufens von Gepäckstücken mein Koffer stand. »Mach schnell und hol dir, was du brauchst. Beeil dich.«

Ich nahm eine Binde heraus und eine Bluse. Die Bluse war zwar dünn, würde aber zumindest eine zusätzliche Kleidungsschicht abgeben.

Zurück in der Zelle, blieb mir nichts anderes übrig, als meine Scham zu überwinden und die Toilette zu benutzen.

Zwei Stunden später wurden wir geholt und von einer weiteren Beamtin in Waschräume gebracht. Sie befahl uns, uns auszuziehen und zu duschen. Die Vorhänge waren windig und zu schmal für die Duschzellen, aber die Frau bestand darauf, uns zu beobachten.

Was glaubte sie denn, dass wir tun würden? Durch den Abfluss fliehen?

Als wir fertig waren, bekamen wir eine Gefängnisuniform – einen hässlichen orangefarbenen Overall. Dann fotografierten sie uns und hefteten die Fotos an eine Art Ausweis mit einer Nummer. Ich hatte jetzt einen neuen Namen und eine neue Identität. Ich war Gefangene Nr. 427. Die Beamtin reichte mir ein Blatt Papier und ein Büchlein. »Auf dem Blatt findest du eine Auswahl von Anwälten. Du kannst nach deiner Credible-Fear-Befragung einen anrufen. Im Büchlein stehen die Hausregeln von Wackenhut. Halte dich strikt daran, sonst ergeht es dir schlecht.«

Als ob es mir nicht schon schlecht ginge! Ich blätterte im Büchlein. Der Text war auf Englisch! Wie sollte ich die Regeln einhalten, wenn ich die Sprache nicht verstand, in der sie niedergelegt waren? Und was ist eine Credible-Fear-Befragung?

Sie übergab uns einen Kopfkissenbezug, in dem steckte, was wir im Gefängnis brauchen würden. Ich schaute hinein und sah eine Decke, Betttücher und zwei Handtücher. Wir bekamen auch Zahnbürste, -pasta, Kamm, Seife, drei BHs, drei Slips und seltsame Baumwollschuhe mit Plastiksohlen.

Dann wurden wir in einen Raum mit Telefonen geführt und darüber informiert, dass wir einen Anruf frei hätten. Ich rief Sulima an.

Als ich ihre Stimme höre, brach ich wieder in Tränen aus. »Ich bin im Gefängnis! Es heißt Wackenhut. Ich bin Nummer 427. Die sperren mich ein! Ich hab Angst. Mir ist kalt. Man hat keine Privatsphäre. Bitte hol mich hier raus!« Die Worte sprudelten nur so aus mir heraus, ich konnte sie nicht mehr aufhalten.

Sulima redete liebevoll, aber auch streng auf mich ein. »Beruhige dich, Hala! Ich werde alles tun, was in meiner Macht steht, um dich so schnell wie möglich frei zu bekommen. Bleib stark und gib die Hoffnung nicht auf. Und jetzt gib mir einen Beamten.«

Ich reichte den Hörer an einen Beamten weiter, der Sulima erklärte, wie sie mich kontaktieren konnte. Ich durfte R-Gespräche mit ihr führen, aber sie durfte mich nicht anrufen. Wollte sie mich erreichen, musste sie eine Nachricht bei der Gefängnisverwaltung hinterlassen und auf meinen Rückruf warten.

Ich schluchzte, als ich auflegte. »Mach hin, wir haben nicht den ganzen Tag Zeit«, fuhr der Beamte mich an. Ich folgte ihm in einen Raum, der aussah wie eine Krankenstation. Eine Ärztin in weißem Kittel steckte ihren Kopf aus der Tür: »Die Nächste!«

Man führte mich in einen kühlen Untersuchungsraum. Die Ärztin reichte mir einen Becher und öffnete die Tür zum Badezimmer. Ich verstand, dass sie eine Urinprobe wollte. Glücklicherweise konnte man die Tür zu dieser Toilette verschließen. Dann wies man mich an, mich auf den Tisch zu setzen, nahm mir Blut ab, maß den Blutdruck und untersuchte meine Vitalzeichen. Als die Ärztin fertig war, schrieb sie etwas auf einen Zettel und reichte ihn mir. »Bring den in dein Schlafquartier«, sagte sie, brachte mich zur Tür und steckte den Kopf aus dem Zimmer: »Die Nächste!«

Ich folgte der Beamtin in einen Schlafsaal. Sie schloss eine Tür auf. »Das ist dein Raum.« Dann rief sie eine Wache. »Das sind die beiden Neuen«, sagte sie und deutete auf meine jamaikanische Leidensgenossin und mich.

Die Wachfrau wirkte müde und genervt. »Mir nach!«

Sie führte uns in den Raum und wies auf zwei Betten. »Nehmt eure Betttücher und macht die Betten.«

Ich kam ihren Anweisungen nach und sah mich dann um. Der Schlafbereich hatte sechs Stockbetten, drei auf jeder Seite des Raums. Die anderen Gefangenen schliefen noch. Neben dem Schlafbereich lag der Aufenthaltsbereich, von ersterem durch eine halbhohe Mauer getrennt. Ich sah einige Plastiktische und -stühle und einen an der Wand befestigten Fernseher. In einer Ecke stand ein schmaler Tisch. Eine Wärterin beugte sich über einige Papiere. In der anderen Ecke befand sich der Sanitärbereich, der eine Dusche und drei Toiletten umfasste. Auch zwischen Bad und den anderen Bereichen stand nur eine halbhohe Trennwand. Ich stöhnte. Es war genau wie in der vorherigen Zelle; jeder konnte zusehen, wenn man das Bad benutzte.

Als ich das erste Mal duschte, merkte ich, dass es sogar schlimmer war: Die Überwachungskamera zielte genau auf die Dusche. Auch hier schloss der Vorhang nicht vollständig. Sollte ich mich hier waschen, während jemand durch eine Kamera auf mich starrte?

Ich sank auf das Bett und schlug die Hände vor dem Gesicht zusammen. War ich den Taliban entkommen, nur um hier an einem kalten Ort ohne Freunde zu stranden? In Afghanistan hatte ich wenigstens Familie und Freunde. Dort richteten wir uns gegenseitig mit Liebe und Lachen auf. Dort konnte ich mich frei von einem Raum unseres Hauses zum nächsten bewegen. Dort konnte ich mein Bett machen – oder es unordentlich lassen. War ich hier wirklich in Amerika?

Ich fühlte, wie mich jemand sanft auf die Schulter tippte. Als ich aufsah, stand ein Mädchen vor mir, das nur wenig älter war als ich. »Wo du her?« fragte sie in gebrochenem Englisch.

»Afghanistan«, antwortete ich.

Sie schlag ihre Arme um mich und begann, auf Dari loszuplappern. »Wie wunderbar, jemanden zum Reden zu haben! Ich heiße Nasima.«

Es war, als hätte ich eine Schwester gefunden. Ich stellte mich vor und erkundigte mich, wie sie hierher gekommen war. Weinend erzählte sie mir ihre Geschichte: Die Mudschaheddin hatten all ihre Angehörigen getötet. Sie waren nachts gekommen und hatten das Haus der Familie niedergebrannt. Nasima war dem entgangen, weil sie bei einer Freundin übernachtet hatte. Danach hatte sie gefürchtet, als Nächste dran zu sein. Da sie niemanden mehr zurückließ, fiel es ihr nicht schwer, aus Afghanistan wegzugehen. Weitere Details darüber, wie sie das Land verließ, habe ich nie erfahren, aber anscheinend war sie nach Amerika geflohen, weil hier eine Tante von ihr lebte.

An meinem dritten Tag in Wackenhut wurde ihr Asyl gewährt. Obwohl ich sie weniger als 72 Stunden gekannt hatte, weinte ich, als sie ging. Ich hatte ein weiteres Stück Heimat verloren.

Zu den anderen Frauen fand ich schwerer Kontakt. Zunächst einmal gab es eine Sprachbarriere. Die meisten von uns sprachen gebrochen Englisch, aber mit meinem beschränkten Wortschatz und dem ebenfalls beschränkten Wortschatz der anderen fiel die Verständigung schwer. Einige zierten sich, ihre Vorgeschichte oder von ihrer Flucht zu erzählen. Andere benutzten Gesten und die wenigen englischen Worte, die sie kannten. Zwei Frauen aus Ghana und eine aus Uganda waren vor einem grausam geführten Krieg geflohen. Anfangs schienen sie abweisend und misstrauisch. Ich erfuhr, dass sie von Weißen übel misshandelt worden waren und mir misstrauten, weil ich weiß war. Später, als sie merkten, dass ich ihnen nichts Böses wollte, tauten sie auf. Ich verstand nicht alles, was sie sagten. Ich glaube, ihre nächsten Angehörigen sind vor ihren Augen umgebracht oder schrecklich gefoltert worden. Zwei der drei Frauen wurde Asyl gewährt, aber eine wurde abgeschoben. Wir weinten alle, als ihr Asylantrag abgelehnt wurde. Das Entsetzen in ihren Augen verfolgt mich bis zum heutigen Tag. Natürlich weinten wir nicht nur um sie, sondern auch um uns. Jede wusste, sie selbst könnte als Nächste deportiert werden.

Mit zwei Mädchen aus Pakistan freundete ich mich näher an. Seit meiner Zeit in Pakistan fühle ich mich mit den Menschen dieses Landes verbunden. Ich versuchte sogar, ihre

Sprache zu lernen. Beide hatten Schreckliches durchgemacht, aber keine wollte darüber reden. Und so gaben sie mir Sprachunterricht, um die Zeit zu vertreiben. Ich wollte auch Englisch lernen und bat Gefangene, die es beherrschten, um ihre Hilfe.

Obwohl ich mit meinen Zellengenossinnen gut auskam, fühlte ich mich einsam. Es gab niemanden, mit dem ich mich richtig austauschen konnte – zumindest keinen Menschen. Meine Seele konnte ich nur Gott anvertrauen.

Gebete wurden für mich jetzt noch wichtiger. Ich begann, meinen Tag um die Gebetszeiten herum zu organisieren. Ich wachte um sechs auf, wenn man uns Frühstück brachte. Danach gingen wir nicht wieder zu Bett, weil um sieben der Wachwechsel stattfand und wir uns zum Durchzählen in einer Reihe aufstellen mussten. Zu diesem Anlass mussten wir vollständig angezogen sein, mit Plastikschuhen, Hemd und Overall. Nach dem Appell legte ich mich normalerweise wieder bis Mittag ins Bett – außer ich hatte Putzdienst. Zum Mittagessen mussten alle aus den Betten und sich im Aufenthaltsbereich zeigen, auch wenn sie keinen Hunger hatten. Nach dem Essen sprach ich mein kurzes Gebet, das zweite Gebet des Tages. Dann schlief ich, sah fern, plauderte mit den anderen und betete noch einmal.

Um fünf gab es Abendessen. Danach betete ich üblicherweise, anstatt mit den anderen im Aufenthaltsraum rumzuhängen. Oft betete ich zwei bis vier Stunden am Stück. Nachts stand ich um Mitternacht auf, schlief dann weiter und stand um zwei Uhr noch einmal auf. Wenn ich um elf ins Bett ging, stand ich um eins auf. Man nennt das *ta'ajud*. Es gilt als besonders tugendhaft, wenn man zwei Stunden nach dem Einschlafen wieder aufsteht und betet. Wir glauben, dass Gott einem alle Wünsche erfüllt, wenn man das mehrere Tage hintereinander macht.

Da mehrere muslimische Frauen in unserer Zelle waren, konnten wir uns beim Weckdienst abwechseln. Zwei Christinnen beteten nachts auch und beteiligten sich ebenfalls am Weckdienst. Manchmal baten wir die wachhabende Beamtin, uns zu wecken. Anfänglich zeigte sie sich kooperativ, doch dann erfuhr sie, dass es ihr verboten war, Gefangene zu wecken, außer zum Frühstück oder um ihnen mitzuteilen, dass sie abgeschoben würden. Danach wagte sie nicht mehr, uns zu helfen. Doch zu jenem Zeitpunkt hatte sich mein Körper schon daran gewöhnt, mitten in der Nacht aufzuwachen. Ich brauchte niemanden mehr, der mich weckte.

Noch nie zuvor hatte ich mit Angehörigen anderer Religionen oder Glaubensrichtungen zusammen gebetet. Ich fand heraus, dass wir zwar unterschiedliche Worte benutzten, aber im Grunde das Gleiche machten. Wir baten eine höhere Macht um ihre Hilfe. Wir gaben unser Leben in Seine Hand. Wir waren alle Schwestern im Leid, erschaffen vom gleichen Gott.

Meine Gebete verursachten einige Schwierigkeiten. Zum Beispiel mussten wir Anstaltskleidung tragen und durften unseren Kopf nicht bedecken. Aber der Islam schreibt vor, dass Frauen während des Gebets ihr Haar verhüllen. Seit meinem Traum hatte ich mein Haar auch außerhalb der Gebetszeiten immer bedeckt. Doch im Gefängnis ließ man mich keinen Schleier tragen. »Warum solltest du anders aussehen als die anderen Gefangenen?«, fuhr die Wärterin mich an, als ich sie um ein Kopftuch bat. Ich fühlte mich unwohl, mit unbedeckten Haaren herumzulaufen, vor allem zu Gebetszeiten.

Auch ging mir ein Gebetsteppich ab. Den Großteil der Gebete verbringt man auf dem Boden kniend und sich verneigend. Es gilt als respektlos, sich auf den nackten Boden zu knien, weshalb Moslems fast immer eine Unterlage benutzen. Wir nennen das *juoy namaz*. Wenn gerade kein spezieller Gebetsteppich zur Hand ist, breitet man irgendein sauberes Tuch aus, das man parat hat.

Anfänglich verwendete ich mein Leintuch.

»Obaidi! Nummer 427! Du weißt, dass du den Bereich

nicht in einen Schweinestall verwandeln darfst! Mach dein Bett!«

»Aber ich bedecke Boden für Gebet.«

»Nein, du bedeckst den Boden nicht!«

Ich begann zu weinen.

»Na gut, na gut«, sagte die Wärterin. »Ich darf das zwar eigentlich nicht, aber ich gebe dir ein Extra-Leintuch, das du zum Beten hernehmen kannst.«

Sollte ich aufs Ganze gehen? »Darf vielleicht ich zwei haben? Anderes Kopf bedecken?«

Sie runzelte zwar die Stirn, aber sie reichte mir zwei Leintücher.

Die nächste Wachhabende sah mich beten. »Von wem hast du die Extratücher?« fragte sie.

Ich wollte die erste Wärterin nicht in Schwierigkeiten bringen, deswegen sagte ich einfach: »Ich brauche für Gebet.«

»Das geht aber nicht. Hier bekommt niemand Extra-Leintücher. Gib sie mir sofort zurück!«

Ich fragte den Imam – den islamischen Gefängniskaplan –, ob er für eine Änderung der Gefängnisregeln sorgen könne, nur für die Gebetszeiten. Als ich ihn das nächste Mal traf, sah ich sofort, dass die Gefängnisleitung Nein gesagt hatte.

»Das verstehe ich nicht«, sagte ich zum Imam. »Amerika ist Land der Freiheit. Aber sie lassen mich nicht tun Religion.«

»Ich mache noch einen Versuch«, versprach er.

Wir standen gerade am Beginn des Fastenmonats Ramadan, weshalb es mich besonders störte, ohne Teppich und Kopfbedeckung zu beten. Vielleicht verstanden die Behörden, wie wichtig der Ramadan für Moslems ist, denn einige Tage später kam der Imam zurück. Er hielt einen kleinen Gebetsteppich und einen Schal. »Du darfst beides nur zum Gebet verwenden. Bring beides nicht in den Aufenthaltsraum und benutze es im Schlafbereich nur zum Beten.«

Während des Ramadan stellte ich meinen Tagesablauf

um, denn in diesem Monat fasten Moslems untertags und essen nur nachts. Also ließ ich das Frühstück aus. Ich wollte, dass spirituelle Nahrung meine Seele, nicht dass physische Nahrung meinen Körper nährte. (Nicht dass das Gefängnisessen besonders nahrhaft gewesen wäre. Das Gemüse – wenn es welches gab – war verkocht und matschig, das graue Fleisch von undefinierbaren Tieren war fett, der Haferschleim wässrig. Das Essen schmeckte nach gar nichts und sollte wohl nur dafür sorgen, dass den Leuten übel wurde und sie sich bestraft vorkamen.) Ich betete, anstatt zu frühstücken. Zum Mittagessen musste ich zwar erscheinen, aber ich aß nichts. Ich hob das Essen auf und aß es nachts, wenn ich durfte, oder ich verschenkte es.

Die Wärterinnen waren in der Regel unfreundlich. Eine Schwarze namens Doris hatte es besonders auf mich und einige andere weiße Mädchen abgesehen. Sie trug uns doppelte Reinigungsdienste auf, während die schwarzen Mädchen schlafen durften.

Einmal vergaß ich, meinen Schal abzunehmen. Man hätte meinen können, ich hätte jemanden umgebracht. »Nimm dieses Ding von deinem Kopf!«, brüllte Doris. Ein anderes Mal betete ich noch, als das Mittagessen kam. »Steh auf, nimm dein Tablett, stell dein Essen auf den Tisch und bete dann. Bete nicht mit unserer Zeit.«

Ich wollte protestieren. Die Ungerechtigkeit beklagen. Fragen, warum sie mich so schlecht behandelte. Aber ich wollte sie nicht noch mehr gegen mich aufbringen. Ich hatte beobachtet, was passierte, wenn Gefangene den Wärtern widersprachen.

Kim war ein chinesisches Mädchen, das nach einer Zwangsabtreibung geflohen war. Sie hatte das Gesetz der Ein-Kind-Familie gebrochen und war ein zweites Mal schwanger geworden. Im fünften Monat, als ihr Bauch sichtbar wurde, erwischte man sie. Man schleppte sie zur Polizeiwache, dann in eine Klinik. Sie wurde festgehalten, während man das Kind, einen Buben, entfernte. Ich kannte alle Details, weil Kim kein Blatt vor den Mund nahm und ihre Geschichte jedem erzählte. Sie sprach ein gutes Englisch, und ich hatte keine Schwierigkeiten, sie zu verstehen. Oft redete sie von dem getöteten Kind. Immer wieder sagte sie: »Er war ein Baby, kein Fötus. Sie haben einen Menschen ermordet.« Sie sprach auch von ihrer Tochter, die jetzt bei ihrer Mutter in China lebte.

Kim nahm nicht nur kein Blatt vor den Mund, sie war auch wütend. Schnell kamen Verwünschungen über ihre Lippen. Sie ließ sich von niemandem herumschubsen, auch nicht von den Wärterinnen. »Ich bin daheim schäbig genug behandelt worden. Hier macht das niemand mit mir!«

Eines Tages betete ich. Ich war so vertieft, dass ich die Unruhe, die ausbrach, gar nicht bemerkte. Später erfuhr ich, dass Kim Doris beschimpft hatte. Gleich darauf stürmten zwei Wachleute in den Raum, packten Kim an den Armen und schleppten sie in die Strafzelle. Ich selbst habe sie nie gesehen – Gott sei Dank! –, aber andere Gefangene haben mir von ihr erzählt. Demnach sah sie etwa aus wie die Zelle, in die man mich direkt nach meiner Ankunft gesteckt hatte. Die Gefangene wurde an Hand- und Fußgelenken an die Wand gekettet. Es gab kein Bett, nicht einmal eine Matratze oder eine Decke. Der Raum war kalt. Es befand sich zwar eine Toilette in der Zelle, aber um sie zu benutzen, musste die Gefangene eine Wärterin rufen. Natürlich konnte die Wärterin über die Trennwand beobachten, wie die Gefangene ihr Geschäft verrichtete.

Kim verbrachte eine ganze Woche dort. Dann wurde sie in einen anderen Schlafraum verlegt. Ich weiß nicht, was aus ihr geworden ist.

Nachdem ich gesehen hatte, was Kim passierte, beschloss ich, das brave Mädchen zu spielen und keinen Ärger zu machen.

Nur ein Mensch konnte mich zum Lachen bringen: Marguerite. Wir nannten sie Maggie. Sie war vor einem prügelnden Ehemann aus Frankreich geflohen, stammte aber ursprünglich aus Nigeria. Sie sprach nicht viel über ihre eigenen Probleme. Stattdessen gab sie den Gefängnisclown.

Manchmal packte sie meine Hand. »Komm und tanz mit mir, Honey.« Dann wirbelte sie mit mir herum. »Lässt du dir von denen die Laune verderben? Wuiiiii!«

Sie nahm die Texte beliebter Lieder und passte sie an das Gefängnisleben an. Leider erinnere ich mich an keine Einzelheiten mehr, weil ich die Sprache kaum beherrschte und die Songs nicht kannte, die sie verballhornte. Aber damals fand ich sie sehr lustig. Manchmal trieb sie uns zu körperlichen Übungen an. »Bewegt eure Hintern, Ladies. Eins, zwo, drei, vier, eins, zwo, drei, vier. Steht nicht nur rum! Lasst uns laufen. Fertig? Das Zimmer hinauf und herunter. Los geht's!«

Sie war die einzige Schwarze, die Doris nicht mochte. »Du spinnst«, bemerkte Doris trocken.

Maggies Gesicht wurde ernst. »Klar spinne ich. Und weißt du was? Du bist eine Wärterin, deswegen wirst du nicht verrückt. Glaub mir: Wenn du hier einsäßest, würdest du auch verrückt.«

Maggie war ausgebufft. Sie saß schon lang in Wackenhut und kannte alle Tricks und Schliche. Sie war mir eine unschätzbare Hilfe dabei, wenigstens teilweise zu verstehen, was vor sich ging.

»Weißt du, du hast Glück gehabt«, sagte sie. »Sie hätten dich am Flughafen gleich zurückschicken können.«

»Ohne Prozess? Im Fernsehen, amerikanische Sendungen. Da ist Richter. Er sitzt an großem Tisch. Er schlägt mit Hammer ...«

Sie brach in Gelächter aus. »Nur Amerikaner kommen sicher vor einen Richter. Wir nicht. Wir sind Ausländer. Wir gelten nichts. Wir haben nicht die gleichen Rechte wie die Amerikaner. Die Einwanderungsbeamten am Flughafen sind deine Richter, wenn du aus dem Flugzeug aussteigst. Wenn sie dich nicht mögen, sitzt du zack!«, – dazu schlug sie bekräftigend mit der Faust auf den Tisch – »im nächsten Flugzeug zurück.«

Später fand ich heraus, dass dieser Vorgang »beschleunigte Abschiebung« heißt.

Die Einwanderungsbeamten am Flughafen entscheiden über das Schicksal des Asylanten. Wenn sie aus irgendeinem Grund – aus mieser Laune, wegen Vorurteilen oder einfach aus Ignoranz – die Geschichte eines Antragstellers nicht glauben, dürfen sie ihn abweisen. Mit Grausen denke ich daran, was mir hätte passieren können, wenn Sulima nicht da gewesen wäre, um zu übersetzen und meine Situation zu erklären.

Auch gegen unsere Behandlung im Gefängnis konnten wir nicht vorgehen. Misshandlungen durch Wärter, Unfreundlichkeiten des Personals ... wir mussten alles hinnehmen.

Als Sulima mich besuchte, bemerkte sie sofort, wie die Wärter uns begegneten. »Ich muss mich bei ihnen beschweren. Das ist ja ungeheuerlich.« Aber ich flehte sie an, es nicht zu tun. Ich fürchtete, ich würde Schwierigkeiten bekommen. »Wenn du sie herausforderst, machen sie mir das Leben hier zur Hölle.« Sulima ist mutig und nimmt kein Blatt vor den Mund. Sie setzt sich für alle ein, die schlecht behandelt werden. Es muss sie verrückt gemacht haben zu sehen, wie ich behandelt wurde, und nichts dagegen unternehmen zu können.

Später erzählte sie mir, dass sie sich bei einer Wärterin beschwerte, nachdem ich in meinen Saal zurückgeführt worden war.

»Warum behandeln Sie diese Leute wie Kriminelle?«

»Hören Sie mal zu, Lady. Diese Frauen sitzen im Knast. In meinen Augen sind das alles Kriminelle.«

Frauen aller Farben und Konfessionen kamen und gingen. Es war wie ein Karussell des Leidens. Jedes Mal, wenn einer von uns Asyl gewährt wurde, hätten wir am liebsten eine Party gefeiert. Wenn aber der Antrag einer Frau endgültig abgelehnt wurde, fühlten wir alle mit ihr, als ob der Schlag uns getroffen hätte.

Die Sorge, ob uns Asyl gewährt würde, hing ständig über uns. Jede stand in einem anderen Stadium des Prozesses. Keine von uns würde sich wahrscheinlich je wieder von den Wunden erholen, die unsere Regierungen uns zugefügt hatten. Wir litten unter der Unsicherheit und lebten in einer harten und fremden Welt. Und wir waren vollkommen überrumpelt worden. Wir waren mit hohen Erwartungen nach Amerika gekommen. Natürlich hatten wir mit gewissen Schwierigkeiten gerechnet, weil wir mit falschen Papieren reisten. Wir dachten, wir müssten uns vielleicht ein bisschen mit Behörden herumschlagen. Aber dass wir im Gefängnis landen würden, das hätten wir nie erwartet. Alle von uns waren mit einer Vorstellung davon nach Amerika gekommen, für was das Land stand. Ich weiß noch, dass ich, als ich noch in Afghanistan lebte, dachte, in Amerika würden alle gleich behandelt. Aber hier stellte ich fest, dass das nicht stimmte. Schlimme Dinge passieren mit Menschen, die aus anderen Ländern kommen. Leute werden ins Gefängnis geworfen, weil sie ihr eigenes Land verlassen haben, um ihr Leben zu retten.

Und so lebte ich schon wieder von einem Augenblick zum nächsten. Hoffnung war zu gefährlich, schließlich konnte man mir das Asyl auch verweigern. Besser konzentrierte ich mich darauf, mich von Tag zu Tag durchzuschlagen. An morgen dachte man am besten gar nicht. Also unterhielt ich mich mit den anderen Gefangenen. Ich lernte Englisch. Ich betete. Ich erledigte meine Aufgaben. Und ich schrieb Gedichte. Nur schriftlich konnte ich ausdrücken, wie verloren und hoffnungslos ich mich fühlte.

Fremd
Ich bin das dürre Blatt am Baum,
Das kein Traum streift, nur der Wind.
Es klammert sich bebend an seinen Ast,
Aber es kann sich nicht retten.

Ich bin die endlose Wüste unter der Sonne.
Kein Mensch weit und breit, nur eine Karawane von Schmerzen.
Die Hoffnungslosigkeit brennt sich so tief ein,
Dass nicht einmal die Tränen der Wolken die Wunden heilen.

Ich bin das Vöglein, das aus dem Nest gefallen ist
Und in seiner Angst den Kopf unter dem Flügel birgt.
Das aus der Tiefe von Schmerz und Verzweiflung
Lautlos schreit.

Ich bin das ungesungene Lied
In einem Herzen voll Angst.
Niemand will meine Worte hören.
Ich bleibe stumm.

9

In dieser ganzen Zeit kroch mein Asylantrag durch die verschiedenen Instanzen der amerikanischen Bürokratie. Die zweite Stufe begann zwei Tage nach meiner Ankunft in Wackenhut mit einer Befragung durch einen Beamten der Einwanderungsbehörde. Später fand ich heraus, dass es sich dabei um die Credible-Fear-Befragung handelte. Darin versucht die INS (die Einwanderungsbehörde) festzustellen, ob der Antragsteller sich aus gutem Grund fürchtet, in sein Heimatland zurückzukehren.

Man hatte mir gesagt, dass ich eine Person auswählen dürfe, die meiner Befragung beiwohnte, und natürlich nannte ich Sulima.

Als ich aber in den Raum geführt wurde, bemerkte ich überrascht, dass eine andere Frau bei ihr stand.

»Wer ist das?«, fragte ich.

Sulima erklärte mir, dass das eine Anwältin war. Sie kam aber nicht weit in ihrer Erläuterung, warum die Anwältin hier war und wieso die Gefängnisverwaltung erlaubt hatte, dass sie noch jemand mitbrachte (denn eigentlich hätte ich nur eine Person verlangen dürfen), als bereits der Asylbeamte den Raum betrat und sagte, er wolle anfangen.

Später erzählte sie mir die Geschichte. Nachdem sie vom Flughafen zurückgekehrt war, begann Sulima bei Freunden herumzutelefonieren und sich zu erkundigen, wie man mich aus der Haft befreien könnte. Eine Freundin verwies sie an das *Lawyers Committee for Human Rights*. Sulima war so versessen darauf, so schnell wie möglich einen Anwalt zu sprechen, dass sie sofort wieder nach New York fuhr, wo die

Organisation ihren Sitz hat. Sie übernachtete vor dem Büro in ihrem Auto, um Punkt neun Uhr vor Ort zu sein, wenn das Büro öffnete. Die Nacht muss sehr kalt und unbequem gewesen sein. Bis heute bestaune ich ehrfürchtig, wie viel sie für mich getan hat.

Das Lawyers Committee for Human Rights willigte ein, uns zu helfen. Es fand heraus, wann meine Credible-Fear-Befragung stattfinden würde. Dann sandten sie eine Anwältin – die Frau, die jetzt neben ihr stand –, die Sulima begleitete.

Nun sprach der Beamte, und ich musste gut aufpassen. Er erklärte, dass ich meine Geschichte erzählen und einige Fragen beantworten müsse. Ein Farsi-Übersetzer stehe am Telefon bereit und würde über Lautsprecherschaltung zu hören sein. Sie stellten einen Farsi-Übersetzer, weil Farsi ähnlich dem Dari ist und sie weder einen Dari- noch einen Paschtu-Übersetzer zur Verfügung hatten.

Später erfuhr ich von Maggie, dass ich zu den Glücklichen zählte: Ich wusste, was ein Telefon war. Es gab Leute aus unterentwickelten Weltgegenden, die noch nie ein Telefon gesehen hatten. Die enge Zelle und das merkwürdige Objekt flößten diesen Frauen riesige Angst ein. Sie waren überzeugt, dass es sich dabei um eine neuartige Foltermethode handelte.

»Warum darfst du nicht übersetzen, wo du doch als Übersetzerin gekommen bist?«, fragte ich Sulima.

»Weil damit ein professioneller Übersetzer beauftragt werden muss. Ich bin nur hier, um dich zu sehen.«

Zu Beginn wurde ich nach meinem Namen befragt, meiner Adresse in Afghanistan und einigen anderen grundsätzlichen Dingen. Dann wurden die Fragen komplizierter. Ich begann, die Lage in Afghanistan unter den Taliban zu erklären. »Als die Taliban an die Macht kamen, mussten die Frauen zu Hause bleiben.« Doch noch bevor ich den Satz beenden konnte, unterbrach mich der Übersetzer mit einer Zwischenfrage. »Ich dachte, Frauen dürften hinaus, wenn ein männlicher Verwandter sie begleitet.«

»Das stimmt. In Begleitung eines männlichen Verwandten

dürfen sie auf die Straße. Aber es muss ein naher Verwandter sein, zum Beispiel der Mann oder ein Sohn …«

Er beendete meinen Satz: »… oder Bruder oder Vater oder Cousin.«

»Nein, kein Cousin«, korrigierte ich ihn.

Die Befragung ging quälend langsam voran. Selbst unter idealen Umständen hätte sie lang gedauert, weil das Hin- und Herübersetzen die Unterhaltung stark bremste. Daneben fiel mir der Übersetzer ständig ins Wort. Immer wieder musste ich erklären, was ich eigentlich meinte.

Schließlich reichte es auch dem Beamten: »Bitte lassen Sie sie doch ausreden. Sie sollen nur übersetzen, nicht fragen oder kommentieren.«

Wir machten weiter. Ich begann zu erklären, dass Frauen auf der Straße die Burka tragen mussten. »Burka« war zwar eigentlich ein arabisches Wort, hatte sich aber inzwischen eingebürgert. Auf Dari nannten wir die Burka umgangssprachlich *tschadari*. In Afghanistan meint man mit *tschadari* die volle Burka. Aber im Iran, wo der Übersetzer herkam, bezeichnet *tschadari* den Tschador, also den Schleier, der Kopf und Schulter, aber nicht das Gesicht bedeckt.

Als der Übersetzer dem Einwanderungsbeamten das Wort *tschadari* erklärte, tat er das falsch. Trotz meiner beschränkten Englischkenntnisse erahnte ich das, wie auch Sulima den Fehler bemerkte.

»Nein. *Tschadari* bedeutet in Afghanistan etwas anderes«, unterbrach sie den Übersetzer und beschrieb die Burka.

Der Übersetzer widersprach ihr, aber Sulima verteidigte vehement ihre Position. Dies geschah mehrere Male. Das im Iran gesprochene Farsi unterscheidet sich leicht von dem in Afghanistan gesprochenen Dari. Entweder kannte der Übersetzer die Bedeutung unserer Worte nicht genau, oder er war zu ungeduldig, um sich genau anzuhören, was ich sagte. Schließlich reichte es dem Beamten.

»Vielen Dank für Ihre Bemühungen«, verabschiedete er sich vom Mann am Telefon. »Aber Ihre Dienste werden nicht länger benötigt.« Er wandte sich an Sulima: »Bitte übersetzen Sie für Ihre Schwester.«

Was für ein netter Mann! Freundlich und höflich. Und offenkundig betroffen von den Dingen, die ich ihm erzählte. Oft runzelte er während meiner Erzählung die Stirn und sagte: »Das ist ja schrecklich«, oder: »Es tut mir Leid, dass Ihnen das zugestoßen ist.«

»Glauben Sie mir?«, fragte ich ihn, als ich geendet hatte. »Kann ich jetzt gehen?«

»Ich glaube Ihnen, und wenn es an mir läge, würde ich die Tür öffnen und Sie sofort gehen lassen.« Er seufzte und schüttelte den Kopf. »Aber mein Job ist, Sie zu befragen. Ich treffe keine Entscheidungen. Ich habe alles niedergeschrieben, was Sie mir erzählt haben. Ich leite das an andere weiter, die dann eine Entscheidung treffen.«

Sulima fragte: »Ist in dem Dokument, das Sie schreiben, vermerkt, dass ich übersetzt habe? Das dürfen Verwandte doch eigentlich nicht.«

Er zwinkerte ihr zu: »Wir haben den Telefonübersetzer ja schließlich genutzt. Außerdem war Ihre Wiedergabe genauer als diejenige des Übersetzers.« Dann lächelte er mich an. »Sie haben großes Glück mit einer so tüchtigen und hilfsbereiten Schwester.«

»Und wir sind froh«, meinte Sulima, »einen so netten Beamten wie Sie zu haben.«

Ich stimmte aus ganzem Herzen zu. Ich dankte ihm ebenfalls. »Viele Leute hier nicht nett. Sie nett und hilfsbereit. Danke.«

Zwei Tage nach der Credible-Fear-Befragung erhielt ich ein offizielles Dokument. Ein Beamter der Einwanderungsbehörde kam vorbei und überreichte es mir persönlich. Der Brief war datiert vom Tag nach der Befragung und setzte mich davon in Kenntnis, dass der Abschiebungsprozess gegen mich angelaufen sei. Maggie las ihn mir vor und erklärte die komplizierten Worte:

Sie sind ein ankommender Ausländer. Die Einwanderungsbehörde stellt fest, dass Sie
1. kein Bürger der USA sind.
2. in Afghanistan gebürtig und afghanische Staatsbürgerin sind.
3. bei der Einreise kein gültiges Visum, keine Wiedereinreisegenehmigung, keinen Grenzübertritts-Identitätsausweis oder sonstige gültige Einreisepapiere besaßen oder vorwiesen.

Aufgrund des oben Genannten wird geschlossen, dass Sie in Übereinstimmung mit den folgenden Rechtsgrundlagen der Abschiebung aus den Vereinigten Staaten anheim fallen ...

Es folgten verzwickte Gesetzestexte. Ich bat Maggie, nicht weiter vorzulesen. Die Sprache war schwierig, und ich war viel zu verzweifelt, um zuzuhören. An die Rückseite des Dokuments waren Mitschriften der Gespräche am Flughafen und der Credible-Fear-Befragung geheftet.

»Keine Angst«, sagte Maggie und umarmte mich. »Das sind gute Neuigkeiten. Es bedeutet, dass du die Credible-Fear-Befragung bestanden hast! Jetzt kannst du einen Richter treffen und um Asyl bitten.« Sie umarmte mich erneut. »Besorg dir nur einen guten Anwalt. Bitte deine Schwester, durch die Liste zu gehen, die sie dir am ersten Tag hier gegeben haben.«

Doch Sulima hatte bereits einen Anwalt vom Lawyers Committee for Human Rights gestellt bekommen.

»Und wer soll das bezahlen?«, fragte ich. »Ich will nicht, dass du einen Haufen Geld ausgibst. Einige Anwälte auf meiner Liste arbeiten kostenlos.«

»Diese Leute auch«, teilte Sulima mir mit. »Die Frau, die dafür gesorgt hat, dass ich bei der Credible-Fear-Befragung dabei sein konnte, gehört auch der Organisation an. Auch die Anwältin, die mit mir kam. Aber sie wird dich nicht vertreten. Ein anderer Anwalt der Organisation wird dich bald besuchen kommen.«

Eine Woche später erschienen zwei Anwältinnen, begleitet von Sulima, die übersetzen durfte. Kalpana Vajramati stammte aus einer indischen Familie, aber ihre Mutter war Amerikanerin. Sie war mit der östlichen Kultur vertraut, was es mir einfacher machte, meine Geschichte zu erzählen. Lenore Smith war eine schöne, blonde Amerikanerin. Sie trug ein nüchternes Kostüm und sah sehr professionell darin aus, aber darunter verbarg sich ein warmes Herz und großes Mitgefühl. Wir setzen uns in einem speziellen Raum zusammen, in dem Gefangene sich mit ihren Anwälten beraten konnten. Leicht gehemmt schüttelten wir uns die Hand. Dann zog Kalpana einen Stuhl für mich heran. Lenore öffnete ihre Aktentasche und entnahm ihr Block und Stift.

»Vielen Dank für Ihr Kommen«, sagte ich. Mein Englisch klang gestelzt. Ich fragte mich, ob meine Worte wirklich rüberbringen konnten, wie dankbar ich dafür war, dass beide meinen Fall kostenlos übernommen hatten. Ich bat Sulima, ihnen das klar zu machen.

Anfangs war ich nervös, und das merkte man. Würde ich ihnen – auch mit Hilfe einer Übersetzerin – vermitteln können, was mir zugestoßen war? »Ich war ... also bei uns.« Ich holte tief Luft und setzte erneut an. Das lief nicht besonders.

Lenore legte eine Hand auf meinen Arm. »Lass dir nur Zeit. Keine Angst.«

Quälend langsam erzählte ich meine Geschichte. Sie machten sich Notizen, stellten Fragen. Sie redeten miteinander und stellten dann abermals Fragen. Hatte ich irgendwelche Dokumente von daheim, die zeigten, dass die Taliban hinter mir her waren? Ich erklärte, so gut ich konnte, dass das nicht so ablief. Hatte ich eine Geburtsurkunde oder ein anderes offizielles Dokument, das meine Identität bewies? Ich erklärte, dass ich fliehen musste und keine Möglichkeit hatte, irgendwelche Dokumente zu sammeln. Manchmal schienen die beiden verblüfft, wenn ich ihnen die Zustände in meiner Heimat beschrieb. Aber Sulima erläuterte, was sie nicht verstanden, und gab ihnen zusätzliche Informationen.

Am Ende des Gesprächs fühlte ich mich viel besser. Diese Leute standen auf meiner Seite. Als sie mich umarmten, wusste ich: Ich hatte zwei neue Freundinnen gefunden.

Kalpana stand auf und verabschiedete sich: »Wir kommen wieder und klären dann alle noch auftretenden Fragen.«

Eine Woche später waren sie zurück mit einer Liste von Fragen. Viele drehten sich um meine Angehörigen. Zum Beispiel wollten sie wissen, inwiefern sich meine Familie am Betrieb der Schule beteiligt hatte. Darüber hinaus schien es ihnen wichtig, die Verwandtschaftsverhältnisse zu verstehen. Angesichts der Größe unserer Familie war das keine einfache Aufgabe.

»Sag mir noch mal, welcher deiner Brüder ist Arzt? Welcher Ingenieur? Du sagst, deine Schwester ist Tierärztin? Ist das in eurem Land ein üblicher Beruf? Aha, und wo leben sie jetzt?«

Bei ihrem nächsten Besuch brachten sie Neuigkeiten mit. »Dein erster Gerichtstermin wurde für nächste Woche angesetzt«, sagte Kalpana.

Mein Magen krampfte sich zusammen. »Was muss ich dort tun?«

»Das ist eine erste Anhörung. Sie nennt sich Master Calendar Hearing. An diesem ersten Termin fällt keine Entscheidung. Dieser Termin ermöglicht es dem Richter, dich mit eigenen Augen zu sehen und erst kleine Fragen zu klären. Danach setzt er ein Datum für deinen nächsten Auftritt vor Gericht fest.«

»Kommt Sulima auch?«, fragte ich.

Kalpana schüttelte den Kopf. »Vor Gericht geht es viel strenger zu als bei einer Credible-Fear-Befragung. Sie wird nicht anwesend sein dürfen.«

Die hatten leicht reden, ich solle mir keine Sorgen machen. Vor Gericht war ich sehr nervös. Es war Angst einflößend, einen Richter zu sehen und zu wissen, dass meine gesamte Zukunft in der Hand eines einzigen Menschen lag. Aber ich war nicht so nervös, wie ich befürchtet hatte. Vielleicht lag das daran, dass ich keine wichtige Rednerrolle einnehmen, sondern nur anwesend sein musste.

Ich hörte, wie Lenore erklärte, sie und Kalpana hätten den Fall pro bono übernommen. Dies bedeutete, wie ich später erfuhr, dass sie den Fall kostenlos betreuten. Sie erläuterte, dass sie mich erst vor kurzem zum ersten Mal gesehen hätten und meinen Fall noch studierten. Dann teilte sie dem Richter mit, dass ich Asyl beantragte.

Der Richter nickte und öffnete einen Kalender. Gemeinsam setzten sie einen Termin für das zweite Master Calendar Hearing fest, zwei Wochen später. Der Richter forderte sie auf, weitere Dokumente, die auf meine Identität hinwiesen und für den Fall wichtig waren, mitzubringen.

»Wofür nächster Termin?«, fragte ich, nachdem wir den Gerichtssaal verlassen hatten. »Entscheidet Richter Asyl?«

Lenore schüttelte den Kopf. »Ein Asylantrag muss persönlich vor Gericht gestellt werden, ein Brief reicht da nicht. Beim nächsten Termin werden wir formell einen Asylantrag stellen. Dann wird ein Datum für deinen Prozess festgelegt.«

»Was ist Affi … Affi David?«

Kalpana lachte. »Das Wort lautet Affidavit und bedeutet ›beeidigte Aussage‹. Du wirst uns deine gesamte Geschichte erzählen, von deiner Kindheit an. Das schreiben wir nieder. Dann lassen wir Sulima die Geschichte eurer Familie erzählen. Wir werden uns mit Husna und Gula in Verbindung setzen und ihre Versionen der Geschichte ebenfalls aufnehmen. Wenn ihre Aussagen sich mit deinen decken, was sie sicher tun werden, glaubt der Richter eher daran, dass du die Wahrheit sagst.«

»Von welchen Briefen hat der Richter gesprochen?«

»Gibt es irgendwelche Briefe deiner Familie, in denen die Situation im Land beschrieben wird oder in denen du erwähnt wirst? Ich denke da zum Beispiel an einen Brief von deiner Mutter an deine Schwester, in dem sie ausdrückt, wie stolz sie darauf ist, dass du zum Medizinstudium zugelassen wurdest. So etwas.«

Ich hatte versucht, tapfer zu sein, aber jetzt fing ich zu weinen an. »Bleibe ich im Gefängnis?«

»Wir werden versuchen, dich auf Bewährung frei zu bekommen«, versprach Lenore.

»Was ist Bewährung?«

»Sie lassen dich frei, aber du hast noch kein Asyl bekommen. Du musst noch einmal vor Gericht erscheinen.«

Ich trocknete meine Augen. »Ich muss nicht im Gefängnis bleiben?«

Sie hielt ihre Hand hoch: »Nicht so schnell! Mach dir keine zu großen Hoffnungen. Die meisten Leute in deiner Lage bekommen keine Bewährung. Die Einwanderungsbehörde sträubt sich da oft.«

»Selbst wenn man zu Verwandten gehen kann? So wie ich Sulima habe? Das nicht logisch.«

Lenores Miene verfinsterte sich. »Das ganze System ist nicht logisch. Aus welchem Grund sollte man Leute wie dich einsperren und das Ganze mit meinen Steuergeldern finanzieren, wenn du bei deiner Schwester leben kannst, die Bürgerin der Vereinigten Staaten ist? Genau deswegen mache ich diesen Job. Um dir zu helfen und anderen in derselben Lage.«

Ich drückte fest ihre Hand. Aber eine Frage hatte ich noch.

»Warum haben sie Angst?«

»Sie fürchten, du tauchst unter und gehst nicht zur Anhörung«, antwortete Lenore.

Ich fing an zu lachen. »Das verrückt! Ich kenne Land nicht. Mein Englisch nicht gut. Ich müssen verstecken. Wenn verstecken, besser in Heimat.«

Lenore fiel in mein Lachen ein. »Du bist viel vernünftiger als die.« Dann seufzte sie. »Die Gesetze werden wir nicht über Nacht ändern. Aber wir können dir helfen.«

»Entscheidet Richter heute Bewährung?«

Kalpana schüttelte den Kopf. »Über die Bewährung befindet die Einwanderungsbehörde. Glaub mir, dort sind sie viel strenger als der Richter und verstehen nichts von deinem

Asylgesuch. Und auch wenn sie deiner Forderung nach Bewährung nicht entsprechen, kannst du keinen Richter anrufen. Aber du brauchst dir auch keine Sorgen zu machen, wenn du nicht Bewährung bekommst. Das sagt nichts über deine Chancen vor Gericht aus.«

Beim zweiten Master Calendar Meeting, das einige Wochen später stattfand, reichte ich formal meinen Asylantrag ein.

Mein Antrag auf Bewährung wurde abgelehnt. »Es tut mir Leid«, sagte Kalpana. »Aber der Richter kann über die Bewährung nicht entscheiden. In dieser Situation agiert die Einwanderungsbehörde als Richter, Staatsanwalt und Gefängniswärter. Dagegen können wir nichts ausrichten.«

Aber Sulima akzeptierte das Nein nicht als Antwort. Sie ist eine starke, sture Person. Bei ihrem Kampf für Gerechtigkeit lässt sie sich durch nichts aufhalten. Sie arbeitete unermüdlich. Gleichzeitig sammelte sie Unterlagen für meinen Asylantrag und versuchte alles Mögliche, um mich auf Bewährung frei zu bekommen. Sie wandte sich an die Kongressabgeordneten ihrer Gegend. Sie forderte sie auf, die Einwanderungsbehörde unter Druck zu setzen, damit meine Anträge auf Bewährung und auf Asyl positiv entschieden würden. Sie kontaktierte einen Fernsehsender, worauf ein Reporter nach Wackenhut kam und mich interviewte. Und sie wandte sich an das *Vera Center for Justice*.

Ich glaube, meine letztendliche Entlassung auf Bewährung verdanke ich nur Sulimas rastlosem Einsatz. Ich wette, sie hat auch dafür gesorgt, dass mein Fall relativ schnell und effizient entschieden wurde. Die meisten anderen Gefangenen wurden nicht so gut behandelt. Einige saßen jahrelang hinter Gittern und warteten auf Gerichtstermine und Bewährungsentscheidungen.

Es begann mit einem Traum.

Den ersten träumte aber nicht ich selbst, sondern Marina. Sie war eine der Christinnen, die mit uns betete. Während meiner zweiten Woche im dritten Monat der Haft sprach sie mich an: »Letzte Nacht hörte ich im Traum die Stimme Gottes. Er sagte mir, dass deine Gebete erhört wurden. Du wirst freigelassen.« Oh, wie gern wollte ich ihr glauben! Durfte ich einem Traum vertrauen? Sie sprach mit solcher Überzeugung. Aber vielleicht redete da nur ihr gutes Herz. Vielleicht träumte sie nur deswegen von der Erfüllung meiner Wünsche, weil sie so sehr hoffte, dass ich freikäme.

Doch in der folgenden Woche hatte auch ich einen Traum.

Ich bin in Kabul, vor meinem Elternhaus. Es ist Frühling. Die Rosenbüsche blühen. Ich spüre die Sonne auf meinem Gesicht. Ich blicke auf, und plötzlich fliege ich. Die Bäume unter mir wuchern in sattem Grün und sind von leuchtend roten Rosen umgeben. Ich befinde mich auf dem Weg zu Husna. Ich fühle mich geborgen und selbstsicher. Ich bin glücklich. Ich bin frei!

Das Gefühl von Hoffnung und Glück hielt noch lange nach meinem Erwachen an. Ich glaubte – und glaube noch immer –, dass Gott jenen Traum sandte, um mir Hoffnung zu geben. Meine Religion lehrt, dass wir ein Zeichen erhalten, bevor ein Wunder geschieht – wenn wir mit ernsthaftem Glauben in unseren Herzen beten. Mein Traum war dieses Zeichen. Das Grün symbolisiert Glück, Glauben und Erholung. Rot steht für Wohlstand und Ehre. Und der Umstand, dass ich im Traum flog, verspricht Freiheit und den Griff nach den Sternen.

Zum ersten Mal seit meiner Ankunft in Wackenhut gestattete ich mir, an die Zukunft zu denken und zu hoffen. Bald würde mir etwas Gutes widerfahren.

Eine Woche nach meinem Traum wurde ich auf Bewährung freigelassen.

Nie werde ich den Tag vergessen, an dem ich davon erfuhr. Meine Anwältinnen besuchten mich, um am Entwurf für mein Affidavit vor Gericht zu arbeiten. Sulima begleitete sie als Übersetzerin. Sie freute sich über jede Gelegenheit, mich besuchen zu dürfen. Gern verbrachte sie all die Stunden im Auto, nur um mich zu sehen.

Wir saßen um den Tisch herum. Es war Januar 1999, Ramadan. Ich fastete, aber Lenore, Kalpana und Sulima aßen Sandwiches und tranken Kaffee. Plötzlich ging die Tür auf. Ein Beamter kam herein.

»Wer ist die Anwältin?«

»Ich«, antwortete Lenore.

»Und ich«, fügte Kalpana hinzu.

»Und wer ist die Schwester?«

»Ich«, sagte Sulima.

Er legte ein offiziell aussehendes Dokument vor ihr auf den Tisch. Mein Herz setzte aus. Sie war gekommen, um zu übersetzen, und nun bekamen wir Schwierigkeiten, weil sie meine Schwester war.

»Sie haben eine Stunde, um von hier zu verschwinden«, sagte der Beamte.

O nein! Sulima wurde hinausgeworfen! Wir waren wirklich in Schwierigkeiten.

Da schrie Sulima: »Sie lassen sie frei!«

Sie sprang auf und schlang ihre Arme um mich, wobei sie Kaffee über alle Papiere verschüttete. Lenore und Kalpana umarmten sich gegenseitig. Dann fielen wir uns alle in die Arme. Wir umarmten uns, weinten und lachten, als der Beamte sich wiederholte: »Ich sagte, in einer Stunde müssen Sie weg sein.«

Lenore und Kalpana blieben zurück, um den Kaffee aufzuwischen, während ich in meinen Schlafsaal zurückkehrte, um mich von den anderen zu verabschieden. In den Augen der anderen Gefangenen sah ich die gleiche Mischung aus Freude (für mich) und Angst (um sich selbst), die ich ebenfalls empfunden hatte, wenn andere uns verließen. Mit Umarmungen, Küssen und Tränen wurde ich verabschiedet.

»Dein Traum hat Recht behalten«, sagte ich zu Marina.

»Daran habe ich nie gezweifelt«, antwortete sie.

»Ich werde für deine Freilassung beten«, versprach ich. Und tatsächlich wurde ihr drei Wochen später Asyl gewährt.

»Vergiss uns nicht!«, rief Maggie und wischte sich mit den Händen die Tränen aus den Augen. Als ob ich eine von ihnen vergessen könnte, speziell Maggie!

Als ich den Schlafsaal verließ, gab mir der Beamte meinen Koffer zurück. »Wechseln Sie in Ihre Kleidung.«

Zum ersten Mal nach drei Monaten und zwei Wochen trug ich wieder normale Kleidung. Keine Gefangenenuniform. Keine Burka. Einfach normale Kleidung.

Lenore empfing mich mit einer Umarmung. »Sieh dich nur an! Wie schön du in Zivil bist!«

Kalpana stupste Lenore mit dem Ellbogen an: »Sie hat auch in Gefängniskleidung gut ausgesehen.«

»Sollen wir gemeinsam Abend essen gehen?«, fragte Lenore, als wir zum Auto gingen.

Ausgehen? In ein Restaurant? Das hatte ich nicht mehr gemacht, seit die Mudschaheddin die Macht ergriffen hatten. Was für ein Luxus! »Oh ja!«

»Sollen wir ein Taxi rufen?«, fragte Lenore. »Kalpana und ich haben kein Auto hier, wir sind mit dem Taxi gekommen.«

»Wozu die Umstände?« sagte Sulima. »Mein Auto steht hier auf dem Parkplatz.«

Wir öffneten die Tür zu Sulimas Auto, und eine ganze Lawine von Zeug kam uns entgegen. Unterlagen, hauptsächlich zu meinem Fall. Einwickelpapiere von Süßigkeiten, Bücher, Gartenwerkzeuge, Dünger, Samen, Zwiebeln, Blumenerde und eine Tüte Kartoffeln, mit denen sie das Abendessen der Familie kochen wollte.

Lenore brach in Gelächter aus. »Was ist denn das? Baust du im Auto Kartoffeln an?«

Wir luden das ganze Zeug in den Kofferraum und drückten den Deckel mit Mühe zu. Dann fuhren wir zu einem Restaurant.

Ich schaute aus dem Autofenster und konnte kaum glauben, was ich sah. Der Anblick von Leuten, die frei und ohne Angst durch die Straßen schlenderten, verwirrte mich. Die Neonreklamen der Geschäfte überwältigten mich und flößten mir fast Ehrfurcht ein. Ich öffnete das Fenster, obwohl es kalt war, und sog die frische Luft ein. Ich glotzte Frauen ohne Burka an, die einfach so herumgingen. Ich starrte Paaren nach, die Hand in Hand spazierten. Ich staunte und fühlte eine riesige Dankbarkeit dafür, frei zu sein. Die Schönheit. Die Weite von alldem.

Wir aßen in einem Restaurant mit mittelöstlicher Küche in Manhatten. Ich trank meine erste Tasse Tee seit drei Monaten und vierzehn Tagen. Nach dem Gefängnisfraß war es wunderbar, wieder gutes und nahrhaftes Essen genießen zu können. Ich aß Lamm und Reis und konnte gar nicht glauben, dass ich mir tatsächlich aussuchen konnte, was ich essen wollte. Ich durfte von einem schönen Teller speisen anstatt von einem Plastiktablett mit vier Abteilungen, wie wir es im Gefängnis hatten. Um uns herum unterhielten sich die Leute und genossen ihre Gerichte. Sie wussten gar nicht, welches Glück sie hatten, dass sie frei waren. Sie empfanden den Abend im Restaurant als etwas ganz Normales. Für mich war er eine herrliche und feierliche Angelegenheit.

Als wir das Restaurant verließen, begann es zu schneien. »Ich hatte gehofft, dir das Empire State Building zeigen zu können«, sagte Kalpana bedauernd. »Aber ihr habt eine lange Fahrt vor euch, und das Wetter könnte schlimmer werden.«

»Außerdem hat sie keine warmen Sachen«, fügte Sulima an. Sie legte mir einen Arm um die Schulter.

»Diesen verblüffenden Zufall begreife ich noch immer nicht ganz«, verriet Sulima mir im Auto. »Ich war so viele Stunden im Auto gesessen, um dich und die Anwältinnen zu sehen, und genau an dem Tag entscheiden sie, dir Bewährung zu geben. Hätten sie es morgen oder übermorgen getan, hätte ich die ganze Strecke noch mal fahren müssen. Doch so bin ich genau rechtzeitig da gewesen.«

»Das war kein Zufall«, sagte ich. »Wenn Gott ein Wunder vollbringt, dann macht er es richtig.«

Mein letzter Gerichtstermin fand fünfzehn Tage nach meiner Freilassung statt. Auf der langen Fahrt nach New York war ich still und in mich versunken. Ich hatte weiter gefastet und gebetet, obwohl der Ramadan schon vorüber war. Ich fühlte mich schwach, und mein Magen verknotete sich. Was, wenn der Richter mir diese frische, wundervolle Freiheit wieder nahm, die ich gerade erst erlangt hatte? Was, wenn er mich nach Afghanistan zurückschickte?

Ich war besonders nervös, weil die Anwältin der Einwanderungsbehörde dafür berüchtigt war, dass sie mit Asylanten übel umsprang. »Hüte dich vor ihr«, hatte mich Maggie gewarnt. »Wenn man so lang im Loch sitzt wie ich, erfährt man alles über diese Fieslinge. Lass dich von ihr nicht aus der Fassung bringen. Vielleicht brüllt sie dich an, so als ob sie glaubte, du würdest lügen oder versuchen, das amerikanische Volk zu berauben oder sonst was. Sie wird dir Fragen stellen, um dich in die Falle zu locken. Du weißt schon: Fuhren die Leute, die dir weh getan haben, ein blaues oder ein grünes Auto? Was soll das heißen, du kannst dich nicht erinnern?«

»Sie sind zu Fuß gekommen«, sagte ich.

Sie lachte. »Das war doch nur ein Beispiel, du Dummerchen. Sie wird auf jedem Detail deiner Geschichte herumhacken und dich nach Kleinigkeiten fragen, an die sich kein Mensch erinnern könnte, auch wenn er nicht gerade um sein Leben rennen würde. Dann wird sie es so hinstellen, als ob du lögest, weil du dich nicht erinnerst. Lass dich von ihr nicht irre machen, Mädchen.«

Als wir alle den Gerichtssaal betreten und uns gesetzt hatten, erhob sich Lenore für ihre Einführungsrede. Sie stellte sich und Kalpana vor und erklärte: »Asyl wird gewährt, wenn eine wohlbegründete Angst vor Verfolgung aufgrund eines der folgenden vier Punkte besteht: aufgrund politischer Meinungen, religiöser Glaubensvorstellungen, der Familienzugehörigkeit oder des Geschlechts. Wir sind der Meinung, dass in diesem Fall alle vier Punkte erfüllt sind.« Sie sah von mir zum Richter und fuhr dann fort: »Miss Obaidi hielt Unterricht für junge Mädchen für nichts Böses und kam damit mit der Politik der Taliban in Konflikt, Mädchen jede Schulbildung vorzuenthalten. Die Taliban warfen ihr an dem Tag, an dem sie ihre Schule schlossen, vor, dem Christentum anzugehören. Die Mudschaheddin zerstörten das Haus der Familie in Kabul, weil ihre ältere Schwester der Frauenrechtsbewegung angehörte und Verbindungen zu Kommunisten unterhielt. Ein weiterer Grund war, dass alle Kinder der Familie eine höhere Schulbildung erfahren hatten und qualifizierte Berufe ausübten. Und schließlich erlegten die Taliban Frauen strengste Restriktionen auf. Miss Obaidi war praktisch in ihrem eigenen Haus gefangen. Man hielt sie vom Studium ab und beraubte sie ihrer Karriere, ihrer Freiheit und selbst der medizinischen Versorgung. Hätte sie sich aufgelehnt, hätten ihr extreme Strafen gedroht. Deshalb darf man zurecht behaupten, sie wurde aufgrund ihres Geschlechts verfolgt.«

Danach informierte Lenore das Gericht über die Reihenfolge der Zeugen, die sie aufrufen wollte, und der Unterlagen in dem dicken Dossier, das sie vorbereitet hatte. »Bitte beachten Sie die Affidavits der Schwestern von Miss Obaidi und die Briefe anderer Familienmitglieder aus Afghanistan.« Sulima, Husna und Gula hatten alle beeidigte Erklärungen abgegeben. Einige Aktivisten von Menschenrechtsgruppen wie Human Rights Watch hatten dasselbe getan. Angefügt waren Artikel über die Politik der Taliban, die Geschichte Afghanistans und ein ganzer Stapel Briefe von Familienmitgliedern, in denen ich erwähnt wurde: Briefe von Gula an Husna oder von Naim an Sulima, in denen der Absender beschrieb, was alle so trieben. In ihnen wurde mein High-School-Abschluss erwähnt und mein Medizinstudium.

Als sie ihre einführende Rede beendet hatte, deutete Lenore abermals auf mich. »Vielen Dank. Und jetzt möchte ich unsere erste Zeugin aufrufen, Hala Obaidi.«

Mein Herz schlug so wild, dass ich sicher war, der Richter würde die Schläge hören und mich aus dem Gerichtssaal werfen lassen. Aber Lenore lächelte mich an.

»Ihr Name?«, fragte der Richter.

»Hala Obaidi«, antwortete ich.

Der Richter runzelte die Stirn. »Ich weiß, dass Sie ein bisschen Englisch verstehen und sogar ein paar Worte sprechen können. Aber Sie müssen warten, bis Ihnen die Fragen übersetzt werden. Das ist Gesetz.«

»In Ordnung. Tut mir Leid«, sagte ich.

Er schüttelte den Kopf. »Schon wieder. Sie hätten warten müssen, bis der Dolmetscher Ihnen meine Worte übersetzt hatte.«

Ich nickte, und Lenore begann die Fragen durchzugehen, die wir schon geübt hatten. Name. Geburtsland. Staatsbürgerschaft. Alter. Bildungsgrad. Ich wurde allmählich ruhiger. Dann musste ich Fragen zu den Mudschaheddin und den Taliban beantworten. Ich erklärte die Gründe für meine Flucht und warum ich vor der Rückkehr Angst hatte.

Nach ein paar Fragen merkte ich, dass der Dolmetscher sich bei der Übersetzung Freiheiten herausnahm und auf Grund dessen, was er über Afghanistan wusste, improvisierte. Nicht schon wieder, dachte ich.

Ich sagte, dass nach meiner Überzeugung ein paar von meinen eigenen entfernten Verwandten die Taliban über meine geheime Schule informiert hatten.

»Sie sagt: ›Vielleicht hat meine eigene Familie die Taliban über meine geheime Schule informiert, oder vielleicht sind die Kinder einem Nachbarn aufgefallen, weil wir in Afghanistan sehr eng nebeneinander wohnen.‹«

»Das habe ich nicht gesagt!«, rief ich erzürnt. Wir stritten so lange, bis er dem Richter eine genaue Übersetzung meiner Worte lieferte.

Ein paar Minuten später sagte ich, die Männer hätten mich mit Händen und Fäusten geschlagen. Bei der Übersetzung fügte er hinzu, sie hätten mich mit Stahlseilen geschlagen.

»So war es aber nicht«, verbesserte ich ihn.

»Aber ich weiß, dass viele Frauen mit Stahlseilen geschlagen wurden«, beharrte er.

»Ja, aber in meinem Fall war es nicht so.«

Als er seine Behauptung wiederholte, wandte ich mich zu Lenore um. Ich versuchte ihr mit den Augen zu signalisieren, dass der Dolmetscher sich nicht an meine Worte hielt. Aber sie schüttelte den Kopf. Sie wollte damit wohl sagen, ich solle einfach weitermachen und ihn wenn nötig korrigieren.

Ich tat mein Bestes, und schließlich hatte ich eine verständliche und stimmige Aussage zustande gebracht.

Jetzt war die Anwältin der Einwanderungsbehörde dran, mich zu befragen. Ich wappnete mich gegen ihre Fangfragen. Lenore und Kalpana hatten mich auf den Typ Fragen vorbereitet, die ich vielleicht gestellt bekäme. Beispielsweise: »Sie haben Medizin studiert. Beschreiben Sie den Verdauungsprozess unter Verwendung der angemessenen medizinischen Terminologie.« Oder: »Wenn Sie wirklich aus Afghanistan stammen, wie Sie behaupten, warum verwenden Sie dann einen Übersetzer für Farsi? Farsi wird in Iran gesprochen, nicht in Afghanistan.« Auf alle Fangfragen, die wir durchgegangen waren, hatte ich Antworten. Aber was würde ich auf die Fragen sagen, auf die Lenore und Kalpana mich nicht vorbereitet hatten?

Doch dann geschah etwas völlig Überraschendes: Die Anwältin der Einwanderungsbehörde brach in Tränen aus. Diese Frau, die so viele Asylantragsteller in Angst und Schrecken versetzt hatte, weinte um mich. Dann trocknete sie ihre Tränen und stellte ein paar Standardfragen: Name, Adresse in Afghanistan, Angehörige, die Gründe für meine Flucht, warum ich meinen Bruder Naim nannte, obwohl er offiziell Abdelnaim hieß. Daraufhin erklärte ich das verzwickte System afghanischer Namensgebung.

Schließlich bat sie mich, die Namen einiger Angehöriger zu nennen. Auf die Frage, bei welchem Onkel Sulima während ihrer College-Zeit gelebt habe, antwortete ich: »Onkel Nayk.« Die Anwältin lächelte und erklärte, sie hätte keine weiteren Fragen. Lenore gab mir mit nach oben gestrecktem Daumen Zeichen, dass alles gut gegangen war. Dann wurde Sulima in den Saal gerufen.

Man stellte ihr die gleichen Fragen – zu ihrer Geschichte, ihren Fluchtgründen, ihren aktuellen Lebensumständen. Man befragte sie zur politischen Lage in Afghanistan und stellte ihr Fragen zu meiner Person. Als Lenore geendet hatte, bombardierte die Anwältin der Einwanderungsbehörde Sulima mit Fragen. Als Letztes wollte sie wissen, wie der Onkel geheißen habe, bei dem sie während ihrer College-Zeit gelebt habe.

»Er hieß Nayk-Mohammed.«

Ich glotzte blöd. Nie hatte ihn jemand in meiner Nähe Nayk-Mohammed genannt. Sulima fing meinen Blick auf und ergänzte: »Aber die Kinder nannten ihn alle Onkel Nayk; das war der gebräuchliche Name in der Familie.«

»Woher wussten Sie, dass diese Frau wirklich Ihre Schwester ist? Sie haben sie schließlich zwanzig Jahre lang nicht gesehen.«

Was für eine lächerliche Frage! Sulima lachte, dann fingen auch meine Anwältinnen zu lachen an. Schließlich fiel auch die Anwältin der Einwanderungsbehörde ein. Ich fürchtete schon, der Richter würde so viel Fröhlichkeit missbilligen, aber selbst er lächelte.

Dann wurde die Anwältin der Gegenseite wieder ernst. »Keine weiteren Fragen.«

Lenore erhob sich für ihre Schlussbemerkung. »Miss Obaidi hat den Nachweis erbracht, dass sie Anrecht auf politisches Asyl hat.« Die Leidenschaft und Zuneigung in ihrer Stimme passte gar nicht recht zu den sorgsam gewählten und nüchternen Worten im Juristenslang: »Diskretionäre Faktoren wiegen schwer zu Gunsten einer Asylgewährung.

Miss Obaidi ist eine gebildete junge Frau und wird zweifellos zu einem produktiven Mitglied der amerikanischen Gesellschaft werden. Nie hat sie sich an der Verfolgung einer anderen Person in Afghanistan beteiligt. Im Gegenteil, sie riskierte ihr Leben im Einsatz für die Menschenrechte, indem sie gegen das Verbot der Taliban Mädchen in ihrem Haus unterrichtete.« Lenore warf ihr Haar zurück, als sie ihre Schlussfolgerung zog: »Aus den oben genannten Gründen bitten wir respektvoll darum, Hala Obaidis Antrag auf politisches Asyl stattzugeben.«

In Wackenhut hatten Freundinnen mich gewarnt, dass die meisten Fälle stundenlang verhandelt wurden. Mein Prozess hatte gerade einmal eine Stunde und zwanzig Minuten gedauert. Dann zog sich der Richter in sein Zimmer zurück.

»Das ging aber schnell. Bedeutet das etwas Schlechtes?«, fragte ich Lenore ängstlich.

Sie lachte. »Entspann dich, Hala. Ich habe bei der Sache ein gutes Gefühl.«

Die Anwältin der Einwanderungsbehörde hatte unser Gespräch mitbekommen. Sie kam zu unserem Tisch herüber und versicherte mir: »Keine Angst! Alles wird gut.«

Als der Richter erschien, schlug mein Herz rasend schnell. Lenore zeichnete mir ein lächelndes Gesicht auf ihren Block.

»Dem Antrag auf Asyl wurde stattgegeben«, verkündete der Richter.

Es war wahr. Gott hatte mich nicht im Stich gelassen. Ich war ein aus dem Käfig befreiter Vogel, der über den grünen Bäumen flatterte, glücklich und frei.

10

Heute lebe ich bei Sulima und ihrer Familie. Worte können nicht ausdrücken, wie sehr ich sie liebe und wie dankbar ich bin, hier sein zu dürfen. Sulimas Töchter sind mir wie neue Geschwister: Wir kichern zusammen, wie ich es früher mit meinen Schwestern getan habe. Und Bob, Sulimas Mann, ist ein großzügiger und hilfsbereiter Mensch. Er ist mir ein echter Freund und eine große Stütze. Aus einer ersten Ehe hat er zwei Söhne, die mir wie Brüder sind. Nach meiner Haft ist es wunderbar, wieder unter Angehörigen zu leben.

Aber ich musste mich auch anpassen. Meine ersten Wochen hier waren von Freude und Staunen erfüllt, aber auch von großer Verwirrung, selbst über Kleinigkeiten. Die Wahlfreiheit war schier überwältigend. Es war Jahre her, dass ich das letzte Mal Kleider gekauft hatte. Wir hatten unter der Burka keine neuen Sachen gebraucht, selbst wenn wir sie uns hätten leisten können. Wie sollte man aus dem riesigen Angebot wählen, das in den USA selbstverständlich ist? Selbst als ich mir schließlich einige Dinge herausgesucht hatte, verwirrte mich die Vielzahl der Möglichkeiten. Sollte ich den roten Pullover anziehen oder den blauen? Wie legte man Make-up auf? Wie sollte ich mein Haar tragen? So viele Jahre war meine Wahlfreiheit bei der Kleidung eingeschränkt gewesen, erst durch die Taliban, dann in Wackenhut. Ich hatte auch nie Schminke tragen dürfen. Ich kam mir vor wie auf einem anderen Planeten.

Es war erschreckend, durch die Straßen zu laufen, gleichzeitig aber auch erheiternd. Immer wieder suchte ich nach den bärtigen Männern mit der vertrauten weißen Uniform, die um eine Ecke biegen und mich mit ihren Peitschen jagen würden. Jedes Mal, wenn eine Amerikanerin auf der Straße an mir vorbeiging, setzte mein Herz einen Schlag aus. Man konnte ihr Haar sehen. Wusste sie denn nicht, dass sie in schrecklicher Gefahr schwebte, wenn sie so herumlief? Dann musste ich mir wieder vorsagen: Wir sind nicht in Afghanistan, hier gibt es keine Taliban.

Ich musste Entscheidungen treffen. Am schwersten fiel es mir, mich von meinem Traum, Ärztin zu werden, zu verabschieden. Wer sollte die Universitätsgebühren bezahlen? Und selbst wenn ich das Geld hätte, müsste ich noch mindestens zehn Jahre lang lernen. Ich wäre fast vierzig, bis ich hinter meinen Büchern hervorkommen und das Leben genießen könnte. Aber ich wollte nicht noch länger darauf warten zu leben. Ich hatte schon zu viele Jahre verloren. Und so schrieb ich mich am örtlichen College ein und belegte eine Reihe von allgemeinen Kursen. Ich hoffte, dass ich klarer sehen würde, wenn ich mich erst einmal an das Land und die Freiheit gewöhnt hätte.

Die Kurse begannen. Ich arbeitete an meinen Englischkenntnissen und nahm probehalber an den unterschiedlichsten Kursen teil, in Poesie, Geschichte und Soziologie. Allein das Fach »Kommunikation« legte ich wieder ab, weil man darin Reden halten musste. Dafür war ich zu schüchtern und wegen meiner mangelnden Englischkenntnisse zu gehemmt. Für eine Frau aus einer von den Taliban beherrschten Gesellschaft ist der Gedanke zutiefst erschreckend, vor einer Gruppe von Leuten aufstehen und sprechen zu müssen.

Ich weiß immer noch nicht, welchen Beruf ich nach dem College ergreifen will. Ich belege jedes Semester nur drei Kurse, weil ich nebenbei in Sulimas Blumenladen arbeite. Es ist schwierig, einen Vollzeitjob und ein Studium unter einen Hut zu bekommen. Und natürlich will ich Sulima helfen, weil sie so gut zu mir war. Ihr kleines Geschäft wurde um ein Gewächshaus erweitert und benötigt längst mehr als eine Person.

Während jener ersten Wochen in Freiheit erlaubte ich mir zu beweinen, was ich verloren hatte. Diesen Luxus hatte ich mir in Afghanistan oder Wackenhut nicht leisten können. Ich weinte aus Sehnsucht nach Madarjan, Surya, Husna, Gula, Hasina, Aadela und dem ganzen Land, das ich geliebt und verloren hatte. Besonders hart waren die Nächte. Tugendwächter der Taliban und amerikanische Gefängniswärter trampelten frech durch meine Träume. Es dauerte Monate, bis ich das erste Mal durchschlief. Mir erschienen die Gesichter der Kinder: Ali, Efat, Layli, Zakia, Schula und die anderen. Manchmal sahen sie glücklich und frei aus. Ich sah, wie sie sich über ihre Schulbücher beugten oder ihren Finger hoben, um eine Frage zu stellen. Doch manchmal blickten sie vorwurfsvoll. Obwohl ich wusste, dass mich keine Schuld traf, wachte ich traurig auf und vermisste sie. Manchmal meinte ich, Madarjan wäre zornig auf mich, weil ich etwas falsch gemacht hätte. Ich fragte mich, ob ich Surya im Stich gelassen hatte, als ich sie zurückließ. Ich wachte auf und bettelte Sulima an, sich mit ihnen in Verbindung zu setzen und ihnen zu sagen, wie sehr ich sie liebte. Leider kam sie nicht zu ihnen durch. Im Osten gab es kein Telefon, selbst die Telefonverbindungen nach Kabul waren unterbrochen. Endlich erreichten wir Onkel Daoud, und er überbrachte Madarjan eine Nachricht. Und ich erfuhr, dass niemand zornig auf mich war. Danach schlief ich besser.

Es war viel schwieriger, sich an die amerikanische Gesellschaft anzupassen, als ich gedacht hätte. Zum einen war ich völlig desillusioniert und schwer verbittert darüber, wie Amerika mich behandelt hatte. Ich dachte an meine Freundinnen in Haft. Ich war zornig darüber, dass Amerika sie immer noch gefangen hielt. Ich war zornig auf das Land und seine Führung. Es passierte mir sogar, dass ich auf harmlose Passanten zornig wurde. Sie nahmen ihre Freiheit für selbstverständlich. Um Ausländer scherten sie sich kein bisschen. Warum rannten sie ihren Kongressabgeordneten nicht die Türen ein, um die eingesperrten Asylsuchenden zu befreien?

Ich war froh, als mir klar wurde, dass viele Amerikaner von diesem System gar keine Ahnung haben und dass man sie also nicht verurteilen darf, sondern sie aufklären muss. Unterricht war immer mein wichtigstes Anliegen, und ich weiß aus Erfahrung, dass es viele Arten von Unterricht gibt. In Afghanistan hatte ich Mädchen, die aus den Schulen verbannt worden waren, in Mathematik, Naturwissenschaften und anderen Fächern unterrichtet. Jetzt, in den Vereinigten Staaten, möchte ich die Amerikaner darüber unterrichten, wie mit Menschen wie mir umgegangen wird, wenn sie ohne die richtigen Papiere ins Land kommen.

Ich kann mit Befriedigung behaupten, dass ich bei diesem Erziehungsprozess eine Rolle spiele. Im Mai 2001 sagte ich vor einem Unterkomitee des Kongresses über meine Erfahrungen in der Haft aus. Unter den anderen Zeugen waren auch ein tibetanischer Mönch und ein Junge im Teenageralter von der Elfenbeinküste. Seine Aussage war besonders erschütternd. Er war in sieben verschiedenen Haftanstalten untergebracht gewesen und hatte die Zelle mit erwachsenen amerikanischen Straftätern teilen müssen, einmal sogar mit einem Mörder. Ich staunte über den entsetzten Gesichtsausdruck der Senatoren. Nicht einmal die Gesetzgeber wussten, wie da vorgegangen wurde!

Am Ende der Sitzung sprach mich eine Frau an. »Ich bin die Assistentin von Senator Brownback. Der Senator würde gern mit Ihnen reden.«

Sie brachte mich zu ihm. »Es tut mir so Leid, wie Sie behandelt wurden«, empfing er mich. »Wir werden alles in unserer Macht Stehende tun, um zu helfen.«

Das Angebot des Senators rührte mich. Ich erkannte, dass die meisten Amerikaner nur nicht Bescheid wussten und dass sie zur Hilfe bereit sein würden, sobald man sie nur über die gängige Praxis unterrichtete.

Um die gleiche Zeit nahm der *Lutheran Immigration and Refugee Service* Kontakt zu mir auf. Das ist eine Organisation, die Asylsuchenden vielerlei Hilfen anbietet. Dazu gehört auch ein umfangreiches Aufklärungsprogramm für die amerikanische Öffentlichkeit. Sie veröffentlichte eine Broschüre über die Schicksale von Asylbewerbern in amerikanischen Haftanstalten, und die Verfasserin dieser Broschüre wollte auch mit mir sprechen. Ich freute mich über die Gelegenheit, die Amerikaner über Asylfragen und die allgemeine Behandlung der Asylbewerber zu informieren. Das vorliegende Buch, das aus diesen kurzen Niederschriften entstand, sollte ebenfalls der Aufklärung dienen.

Doch auch anderen Eigenheiten der Amerikaner stand ich anfangs verständnislos gegenüber. Schnell riss mir der Geduldsfaden, wenn Amerikaner sich beschwerten: »Ich habe in der Prüfung nur eine Zwei. Ich könnte mich umbringen.« Dann musste ich an die Frauen denken, die unter den Taliban Selbstmord begingen. Ein Bild von Nima erschien vor meinem geistigen Auge. Wie konnte jemand von Selbstmord schwätzen, nur weil er mit einer Prüfungsnote nicht zufrieden war? Oder ich hörte: »Mein Freund hat mich verlassen. Mein Leben ist vorbei.« Dann dachte ich: »Ich könnte dir Geschichten erzählen, wo du denkst, dein Leben ist *wirklich* vorbei.« Amerikaner verwenden Wörter wie Albtraum oder Tortur, um kleine Unannehmlichkeiten wie eine Schlange am Bankschalter oder eine Überschwemmung im Keller zu beschreiben. Und Ausdrücke wie »tragischer Verlust« benutzen sie im Zusammenhang mit einer Niederlage ihrer Baseball-Mannschaft. Manchmal schien ein unüberwindlicher Abgrund zwischen meinem Leben und dem meiner Klassenkameraden im College zu klaffen.

Inzwischen habe ich gelernt, nicht über andere zu richten. Gott weiß, was Er tut. Jedem von uns vermittelt Er die Erfahrungen, die er braucht. Manche scheinen ein leichteres Leben zu haben, manche haben es schwerer. Aber wir alle haben ein Recht nicht nur auf Freiheit und unseren Glauben, sondern auch auf Leid. Wir alle haben das Recht, unsere Verluste zu beklagen, welche auch immer.

Über die Jahre hat sich auch mein Glaube weiterentwickelt und verändert. Ich habe aufgehört, meine Haare zu bedecken. Religion ist für mich etwas ganz Persönliches geworden. Der Glaube sitzt so tief in mir, dass ich kein Bedürfnis mehr verspüre, allen anderen zu zeigen, dass ich Muslimin bin, indem ich bestimmte Kleidungsstücke trage. Ich trage den Islam in meinem Herzen, nicht auf dem Kopf.

Es ist wunderbar, mit Sulima zu leben – aber auch anstrengend. Wir unterscheiden uns charakterlich sehr stark. Sulima ist eine leidenschaftliche Aktivistin. Ihr Leben dreht sich um ihren Kampf für die Befreiung der afghanischen Frauen, auch heute noch. Und obwohl auch ich fest entschlossen bin, eine Veränderung der Lage in Afghanistan noch mitzuerleben, will ich auch mein Leben hier genießen. Ich will mich amüsieren. Ich will erleben, was mir so lange vorenthalten wurde: Ich will ins Kino gehen, Musik hören, tanzen, Gedichte lesen und mit Männern ausgehen. Es ist schwer, zu arbeiten und ins College zu gehen. Mir bleibt nicht die Zeit für alles, was ich tun will. Manchmal würde ich gern blaumachen und mich amüsieren. Doch Sulima braucht mich im Laden und veranstaltet oft einen Riesenzirkus darum, ob ich einen Pullover anziehen soll, wenn es draußen kalt ist, oder ob ein Mann, mit dem ich ausgehe, »der Passende« ist. Ich respektiere ihr Urteil und weiß, dass sie so handelt, weil sie mich liebt – aber manchmal will ich Dinge auf meine Weise tun.

Nichtsdestotrotz empfinde ich für Sulima neben Dankbarkeit auch Respekt und Hochachtung. In gewissem Sinn hat sie in ihrem Leben viel mehr durchgemacht als ich und ist ein wirklich selbstloser Mensch geblieben. Ich wusste früher nur, was sie in Afghanistan alles erlitten hat – und das war schon bemerkenswert genug. Doch ich hatte keine Ahnung davon, wie viel Schmerz und Erschütterungen sie auch nach ihrer Flucht erlebt hat. Bis sie mir ihre Geschichte erzählte.

Eine von uns – vielleicht Gula – hat Madarjan einmal gefragt, warum sie so viel von Sulima sprach. »Ich liebe euch alle«, antwortete sie. »Aber irgendwie liebe ich Sulima am meisten. Sie hat ein härteres Schicksal gehabt als ihr alle. Sie hat in unserer Familie stark gelitten, und trotzdem liebt sie uns alle noch immer und bringt viele Opfer für uns.«

Ich verstehe, was Madarjan ausdrücken will, und finde, sie hat Recht. Sulima war diejenige von uns, die die größten Schrecken erlebt hat. Wenn ich eine schöne Kindheit verbracht habe, dann deswegen, weil Sulima den Weg geebnet hatte. Ich habe von ihrer Vision und ihrer Selbstaufopferung profitiert – nicht nur in der Familie, sondern auch in unserer Gesellschaft. Leute wie Sulima, die für die Gleichberechtigung kämpften, haben die Umwelt geprägt, in der ich aufwuchs. Dafür werde ich ihr immer dankbar sein. Und dafür, dass sie mir das Leben gerettet hat, während ich im Gefängnis saß.

Mein größter und untertänigster Dank geht an Gott – dafür, dass Er mir die Kraft gegeben hat, all das durchzustehen, was ich erlitten habe. Das Licht des Propheten Mohammed leitete mich durch die dunkle Nacht der Unterdrückung. Es wird mich weiter führen, auch in der Freiheit.

Epilog

Von Sulima und Hala

Heute lebt Karim mit seiner Familie in Pakistan und arbeitet dort als Ingenieur. Wir haben wieder Kontakt zueinander. Wir haben nie richtig über die Vergangenheit gesprochen und die Streitpunkte auch nie aus der Welt geschafft, aber schließlich sind wir alle reifer geworden und haben – hoffentlich – die Schmerzen von früher überwunden.

Der Krieg hat Karim verändert: Er ist weicher geworden. Aber all das Schreckliche, das er miterleben musste, war zu viel für ihn. Er sucht Trost und Zuflucht im Alkohol. Wir hoffen, dass er im Leben noch etwas findet, was ihn von diesem Irrweg abbringt und heilt.

Husna ist verheiratet und lebt mit Mann und vier Kindern in England. Sie arbeitet als Grundschullehrerin und führt ein zufriedenes Leben.

Asims Frau ist an Lungenkrebs gestorben, kurz nachdem Hala Afghanistan verlassen hat. Bald darauf entdeckten die Taliban, dass er auch Frauen medizinisch betreute – nach den Gesetzen der Taliban durften männliche Ärzte Frauen nicht behandeln. Er wurde gefoltert und zum Tod verurteilt, aber er konnte mit seinen Kindern nach Pakistan entkommen. Rajab und seine Frau, die schon Hala so liebenswürdig beherbergt hatten, nahmen ihn für ein paar Wochen auf. Aber Asim fühlte sich in Peschawar nicht sicher – es gab dort zu viele Taliban-Sympathisanten und islamische Fundamentalisten. Genau wie Hala war auch er von Fundamentalisten aus der eigenen Familie verraten worden. Ein Cousin warnte Asim, dass ein paar weitläufige Verwandte hinter ihm her waren. Diese Vettern, alle Mitglieder der Religionspolizei, hatten gute Kontakte zu Fundamentalisten in Peschawar. Asim zog mit seinen Kindern in eine Kleinstadt, wo sie bei einem vertrauenswürdigen Freund untergekommen sind.

Er schickt uns E-Mails vom Computer dieses Freundes. In seiner letzten Nachricht schrieb er: »Ich weiß nicht, was ich tun werde und wie lang wir hier bleiben können. Ich will unseren Gastgebern nicht ewig zur Last fallen, und ich fürchte auch, dass meine Verfolger mich aufspüren werden. Daneben kann ich nicht ordentlich praktizieren, nur manchmal kommen Nachbarn, die Bescheid wissen, mit ihren Gesundheitsproblemen zu mir. Ich habe mich an die UNHCR (United Nations High Commission for Refugees) gewandt, aber noch keine Antwort erhalten. Ein gutes Ende ist noch nicht in Sicht.«

Wir fragten ihn, ob er es bereue, Frauen behandelt zu haben, und er antwortete: »Natürlich nicht! Wie hätte ich das verweigern sollen? Ich habe als Arzt die Pflicht zu heilen. Ich hoffe nur, dass ich eines Tages wieder richtig praktizieren kann.«

Zamin ist noch in Afghanistan. Wir haben kaum Kontakt zu ihm, weil während des Krieges die ohnehin geringen Möglichkeiten weiter erschwert waren. Wir wissen nur, dass er Dozent für Chemie an der Universität ist und zwei Kinder hat.

Gula lebt in England in der Nähe von Husna. Sie hat voriges Jahr einen Engländer geheiratet und ist schwanger. Sie ist Tierärztin und möchte nach der Geburt des Kindes weiterarbeiten.

Auch Surya fühlte sich in Afghanistan nicht sicher, und Khaled half ihr über die pakistanische Grenze. Wie Hala und Asim blieb sie eine Weile bei Rajab und seiner Frau, aber sie glaubte sich auch dort in Gefahr. Durch Rajabs Vermittlung kam sie bei seiner Schwester und deren Familie in Kamalpur, einer kleinen Vorstadt von Peschawar, unter.

Surya hat Zahnmedizin studiert, das Studium aber nicht abschließen können, als die Taliban alle Frauenbildung verboten. Jetzt arbeitet sie als Friseurin. Sie hat einen kleinen handverlesenen Kundenkreis und arbeitet in ihrer Wohnung. Auch sie würde gern aus Pakistan ausreisen und ihr Studium irgendwo wieder aufnehmen, aber sie hat noch keinen offiziellen Flüchtlingsstatus, genau wie Asim. Die UNHCR hat sie bis heute nicht vorgeladen.

Lange Zeit wussten wir nicht, wo Naim sich aufhält. Wir fürchteten schon, er wäre von den Taliban ermordet worden, aber vor ein paar Wochen erfuhren wir, dass er nach Indien fliehen konnte. Über seine Pläne für die Zukunft wissen wir nichts.

Kurz bevor dieses Buch geschrieben wurde, wurde uns ein großes Glück zuteil. Wir konnten Madarjan in die Vereinigten Staaten nachkommen lassen. Sie lebt jetzt bei uns. Sie ist siebzig Jahre alt, aber ihr schönes Gesicht sieht älter aus. In diesen Jahren der Brutalität hat sie so viel Angst und Sorge erlebt, dass sich tiefe Falten in ihr Gesicht gegraben haben. Aber sie beklagt sich nicht. Ihre ruhige Würde, ihre Geduld und nie versagende Freundlichkeit tun uns allen gut. Sie begrüßt unsere Gäste mit afghanischer Gastfreundschaft, bietet ihren eigenen Stuhl an und serviert selbst die Erfrischungen. Sie spricht kein Englisch, aber ihre Würde und Anmut sprechen mehr als Worte. Unsere amerikanischen Freunde sind immer sehr ergriffen von ihrem Wesen. Es ist ein Segen und ein Trost, dass wir Madarjan bei uns haben können.

Afghanistan lebt in unseren Herzen fort. Als wir miterlebten, wie sich die Amerikaner nach dem 11. September in Afghanistan engagierten, erfüllten uns Ängste und Zweifel. Würde eine neue Regierung besser sein als die alte? Wird Amerika Afghanistan wieder im Stich lassen, sobald es seine militärischen Ziele erreicht hat? Werden die Frauen dort je frei sein, ähnlich wie in den USA?

Wir wissen es nicht. Wir warten ab. Und zittern. Und hoffen. Und beten.

Nachwort

Von Batya Swift Yasgur

Ich lernte »Hala« im Juni 2001 kennen. Sie war eine von zehn Flüchtlingen, die mit Erfolg Asyl beantragt hatten und die ich für eine Broschüre des *Lutheran Immigration and Refugee Service (LIRS)* interviewte. Dieses Buch sollte die Öffentlichkeit auf die Probleme von Immigranten aufmerksam machen, die vor Verfolgung geflohen sind, ohne vollständige Reisedokumente in den USA ankommen und in Lagern festgehalten werden – oft jahrelang.

Wie viele Asylanten wollte auch Hala nicht ihren wirklichen Namen veröffentlicht sehen, weil sie Repressalien gegen die Familie in Afghanistan und Pakistan fürchtete. Natürlich respektierte ich Halas Wunsch, und weder im LIRS-Buch noch in diesem hier wird ihr wirklicher Name genannt.

Die Arbeit an dem LIRS-Projekt hat aus mir einen anderen Menschen gemacht und hat mir meine eigenen Erfahrungen in ein anderes Licht gerückt. Einige meiner Probleme erschienen mir nun völlig unbeachtlich, manchmal geradezu lächerlich, wenn ich die lebensgefährlichen Situationen dagegenhielt, welche die Asylanten hatten überstehen müssen. Aber auch die verbleibenden Probleme schienen mir jetzt lösbar oder zumindest erträglich, weil ich mir an dem Mut der Menschen, die ich da traf, ein Beispiel nahm.

Die Geschichten all dieser Asylanten und Asylbewerber erschütterten mich, all diese Brutalitäten, die sie in ihrem eigenen Land erlitten, und die schlechte Behandlung, die sie von Seiten der amerikanischen Einwanderungsbehörden erfuhren. Alte Erinnerungen wurden in mir wach an die Erlebnisse meiner jüdischen Vorfahren, die schon immer vor Verfolgung hatten fliehen müssen, zuletzt vor der Vernichtung durch die Nazis, und die so häufig von den Ländern, in die sie fliehen wollten, abgewiesen worden waren. Als Jüdin fühlte ich mich allen Verfolgten verbunden.

Am meisten beeindruckt war ich von Halas Geschichte. Immer wenn ich das Haus verließ und die Freiheit genoss, unbehelligt auf der Straße zu gehen, die Freiheit, mein Haar im Wind flattern zu lassen, die Freiheit, mit jedem zu sprechen, die Freiheit, meine Kinder nach meinen Vorstellungen zu erziehen, die Freiheit, zu beten, zu wem ich wollte – oder nicht zu beten, dann sah ich Hala und tausende von afghanischen Frauen vor mir, die unterdrückt und im eigenen Haus eingesperrt wurden. Und mit Beschämung dachte ich daran, dass Menschen wie sie, die ihr Leben riskiert hatten, um in die USA zu gelangen, in diesem »Land der Freiheit« in Auffanglager gesperrt und dort vergessen wurden. Die meisten Amerikaner wussten gar nicht, dass unser Land so mit den Asylbewerbern umging.

Als ich Hala das erste Mal für dieses Buch interviewte, lernte ich bei ihr auch ihre ältere Schwester kennen. Und bei Hummus, gefüllten Weinblättern und Joghurtsauce erzählte mir Sulima ihre Geschichte, die genauso ungewöhnlich und mitreißend war. Ich beschloss, die Geschichten der beiden Schwestern in einem Buch zu vereinigen, um die Welt auf ihr Land und die dortigen Verhältnisse aufmerksam zu machen.

Dann kam der 11. September, und das Scheinwerferlicht der Welt fiel plötzlich auf Afghanistan, dieses wilde und fremde Land, das den gefährlichsten und meist gesuchten Mann der Welt beherbergte. *Taliban* und *Kabul* waren auf einmal Wörter, die jedes Kind kannte. Illustrierte brachten Fotografien von Frauen, die unter der Burka völlig unsichtbar waren, und von wilden, bärtigen Männern mit Turban, die die Peitsche schwangen. Die Menschen im Westen waren entsetzt, als das volle Ausmaß der Unterdrückung durch die Taliban bekannt wurde.

Ich hoffe sehr, dass die Leser durch ihre Bekanntschaft mit Sulima und Hala nicht nur einen Einblick gewinnen in die bedrückenden Umstände, unter denen die afghanischen Frauen gelebt haben und zum Teil immer noch leben, sondern dass sie sich auch gedrängt fühlen, etwas für die Frauenbewegung in Afghanistan zu tun. Nachfolgend finden Sie ein paar Anregungen, wie Sie helfen können.

Ich bin stolz und glücklich, Sulima und Hala kennen gelernt zu haben und ihre Geschichte bekannt machen zu dürfen.